LES AMANTS MAUDITS

DU MÊME AUTEUR

Grand Prix de la Société des gens de lettres et prix Alexandre-Dumas pour l'ensemble de son œuvre

Paradis entre quatre murs, Laffont.
Le Bal des ribauds, Laffont ; France-Loisirs.
Les Lions d'Aquitaine, Laffont ; prix Limousin-Périgord.
Divine Cléopâtre, Laffont ; collection « Couleurs du temps passé ».
Dieu m'attend à Médina, Laffont ; collection « Couleurs du temps passé ».
L'Aigle des deux royaumes, Laffont ; collection « Couleurs du temps passé » et Lucien Souny, Limoges.
Les Dieux de plume, Presses de la Cité, prix des Vikings.
Les Cendrillons de Monaco, Laffont ; collection « L'amour et la Couronne ».
La Caverne magique (La Fille des grandes plaines), Laffont, prix de l'académie du Périgord ; France-Loisirs.
Le Retable, Laffont et Lucien Souny, Limoges.
Le Chevalier de Paradis, Casterman, collection « Palme d'or » ; Lucien Souny, Limoges.
L'Œil arraché, Laffont.
Le Limousin, Solar ; Solarama.
L'Auberge de la mort, Pygmalion.
L'Auberge rouge, réédition en 2001.
La Passion cathare :
  1. *Les Fils de l'orgueil*, Laffont.
  2. *Les Citadelles ardentes*, Laffont.
La Lumière et la Boue :
  1. *Quand surgira l'étoile Absinthe*, Laffont ; Livre de Poche.
  2. *Les Roses de fer*, Laffont, prix de la ville de Bordeaux ; Livre de Poche.
L'Orange de Noël, Laffont, prix du Salon du livre de Beauchamp ; Livre de Poche ; France-Loisirs et Presses Pocket.
Le Printemps des pierres, Laffont ; Livre de Poche.
Les Empires de cendre :
  1. *Les Portes de Gergovie*, Laffont ; Presses Pocket et France-Loisirs.
  2. *La Chair et le Bronze*, Laffont.
  3. *La Porte noire*, Laffont.
La Division maudite, Laffont.
La Passion Béatrice, Laffont ; France-Loisirs et Presses Pocket.
Les Dames de Marsanges :
  1. *Les Dames de Marsanges*, Laffont.
  2. *La Montagne terrible*, Laffont.
  3. *Demain après l'orage*, Laffont.
Napoléon :
  1. *L'Étoile Bonaparte*, Laffont.
  2. *L'Aigle et la Foudre*, Laffont.
Les Flammes du Paradis, Laffont ; Presses Pocket et France-Loisirs.
Les Tambours sauvages, Presses de la Cité ; France-Loisirs et Presses Pocket.
Le Beau Monde, Laffont ; France-Loisirs et Presses Pocket.
Pacifique-Sud, Presses de la Cité ; France-Loisirs et Presses Pocket.
Martial Chabannes gardien des ruines, Laffont, prix du Printemps du livre de Montaigut ; France-Loisirs.
Les Demoiselles des Écoles, Laffont ; France-Loisirs et Presses Pocket.

(voir suite en fin de volume)

Michel Peyramaure

Les amants maudits

roman

L'École de Brive

ROBERT LAFFONT

Couverture : Crédits photographiques

Portrait de G. Sand par A. Charpentier, musée Carnavalet, Paris ;
Portrait de A. de Musset par C. Landelle, musée d'Orsay, Paris.
© Bridgeman Giraudon.

Portrait de F. Chopin par A. Scheffer, château de Versailles, France.
© Bridgeman Lauros Giraudon.

Texte : lettre de G. Sand. © Photos 12.com-Hached.

Photo auteur : © Yves Dejardin.

ISBN 2-221-10246-0

LIVRE I

1

Cholera morbus

Paris : printemps 1832

Lorsque M. Martinaud mit le nez à la fenêtre de son appartement de la rue de Provence, il poussa un soupir d'aise : le temps était superbe ; après une semaine de pluie, le ciel, au-dessus des immeubles du Faubourg-Montmartre, s'épanouissait dans une clarté quasi surnaturelle ; une brise matinale un peu fraîche pour la saison jouait avec les fumées des boulangeries et des auberges. Il songea : beau temps pour faire quelques emplettes, à condition de se vêtir avec précaution.

Surpris du frisson qui lui parcourut le corps, il referma la fenêtre, s'habilla en chantonnant *V'là le bon vent* et jeta sur un calepin la liste de ses commissions : œufs, pain, moutarde, cresson... Son manteau sur ses épaules, il descendit les quelques étages qui le séparaient de la rue, avec dans la tête un léger vertige, consécutif, songea-t-il, à une nuit de mauvais sommeil.

À peine avait-il fait quelques pas sur le trottoir, il sentit comme une chape de glace sur ses omoplates. Il s'arrêta pour prendre son cresson devant l'éventaire de la marchande des quatre-saisons. Après l'avoir observé, elle lui dit :

— Quelque chose vous contrarie, monsieur Martinaud ? Vous êtes tout pâle et vous grelottez.

— Une mauvaise nuit, madame Berthe, et le froid, sans doute. De mauvais frissons, des maux de tête, mais rien de grave, allez...

Le froid ? Elle lui fit remarquer que la matinée était chaude pour la saison et ajouta :

— Vous couveriez une grippe que ça m'étonnerait pas. Le mieux que vous ayez à faire est de retourner chez vous et de vous coucher avec une tisane.

— La grippe, croyez-vous ? C'est bien possible. Je vais suivre votre conseil. Bien le bonjour, madame Berthe.

En prenant la direction de la rue Chauchat, il sentit comme un corps étranger s'introduire en lui, le grignoter fibre à fibre, crisper ses articulations et l'imprégner d'un malaise. Il trébucha en descendant du trottoir et se rattrapa à un lampadaire. Il marcha en titubant vers l'épicerie où il trouverait les œufs et la moutarde qu'il avait mentionnés sur son pense-bête. Des passants riaient et plaisantaient en le voyant marcher du pas incertain d'un ivrogne. Ils semblaient se dire : « Encore un qui tient son pompon ! À neuf heures du matin... »

Comme on faisait queue à l'épicerie, il passa outre en se disant qu'il reviendrait plus tard.

Comme il remontait la rue de Provence où se trouvait son boulanger, il éprouva une nausée qui le força à plonger sous un porche où il vomit son déjeuner mêlé à des glaires blanchâtres au pied du portier qui lui ordonna d'« aller faire ses saletés ailleurs ». Assis sur la borne, il écouta se répandre en lui une rumeur sans lien avec celle qui venait de la rue : roulement de fardiers et de carrioles, cliquetis de gourmettes des attelages, litanie du vitrier. Celle qui venait de naître en lui montait du plus profond de ses entrailles, lui noyait le cerveau, avec un goût de fièvre.

Il se fit un attroupement. On allongea M. Martinaud sur le trottoir, avec son sac à provisions sous la nuque. Le portier lui apporta un verre d'eau qu'il but et recracha avec un nouveau rejet de matière blanche. Le temps qu'il resta dans cette position, quelques minutes seulement, les badauds constatèrent qu'il changeait de mine. De pâle qu'il était, son visage avait viré au sépia puis avait pris la pigmentation d'une peau de nègre. Pris de convulsions, il vomit de nouveau et libéra ses entrailles. Des femmes s'écartèrent avec des cris et parlèrent d'alerter un sergent de ville.

M. Martinaud avait plutôt besoin d'un médecin. Mme Berthe alla prévenir celui du quartier. Au premier regard qu'il jeta sur le malade, le praticien lança :

— Écartez-vous ! Cet homme est contagieux. Je vais le faire conduire à l'hôpital.

On lui demanda ce dont souffrait ce malheureux. Il répondit qu'il l'ignorait, mais que c'était grave et que personne ne devait le toucher. Il le confia avec la consigne à la garde du portier et alla s'enquérir d'un véhicule. Il fallut du temps avant de trouver un char à bras et un homme pour s'y atteler. Ce n'est pas à l'hôpital que le médecin le fit conduire, mais à la morgue. En moins de temps qu'il n'en aurait mis pour faire ses courses, M. Martinaud était mort.

Le mal qui l'avait emporté avait un nom qui faisait froid dans le dos et que le médecin s'était bien gardé de prononcer : le *cholera morbus*. On n'en parlait qu'à mots couverts, avec une sorte de crainte superstitieuse et une pointe de vénération, comme de ces démons auxquels, sous d'autres latitudes, on offre, avec des présents, des invocations conjuratoires. On aurait presque pu l'appeler Monsieur, en le priant d'aller porter en d'autres lieux sa fureur, mais il était insensible à la pitié et aux remords.

En quelques jours, il avait étendu son règne de terreur à toute la ville. On évoquait le nom de M. Martinaud comme celui d'un héros tombé à la tête de son régiment. La rue Chauchat devint l'objet de la curiosité publique ; on y venait pour ainsi dire par curiosité ou en pèlerinage, afin de rendre hommage à la première victime du fléau ; certains proposèrent même de débaptiser cette artère pour lui donner le nom d'Isidore Martinaud.

Alexandre Dumas était de ceux sur lesquels la psychose cholérique n'avait pas de prise. Il estimait qu'ignorer le fléau, le tutoyer pour l'humilier, était le meilleur moyen de s'en protéger. Le choléra, ce voyageur des grands espaces, sévissant à Lille, on prévoyait qu'en quelques jours il aurait fait un saut jusqu'à Paris et pris possession de ce territoire fertile.

Il avait d'ailleurs assez de préoccupations avec le théâtre. Choléra ou pas, il se battait pour que les salles de spectacle, en dépit des décrets officiels, restent ouvertes, au pis-aller pour des représentations *à bénéfice*, au profit des parents des futures victimes de l'épidémie.

Il proposa à l'un de ses amis, employé dans un ministère, de faire une bonne œuvre en jouant une pièce qu'il venait d'écrire en trois jours, une comédie gaie : *Le Mari de la veuve.* Il y eut des grincements de dents et des froncements de sourcils. C'était une pièce de circonstance, mais les circonstances ne prêtaient guère à rire. Pourtant, comme il s'agissait d'un geste humanitaire, on accepta de la présenter au public.

Dumas était occupé, dans son cabinet de travail de la rue Saint-Lazare, à retoucher quelques scènes pour les adapter à la distribution, lorsque sa femme de chambre, Catherine, déboucha en trombe dans son bureau, comme poursuivie par une meute. Il lui lança d'une voix courroucée :

— Que me voulez-vous encore ? Vous voyez bien que je travaille !

— Le choléra, monsieur...

— Eh bien, quoi ? Le choléra...

— Il est à Paris, monsieur ! Un homme vient d'en mourir, rue Chauchat.

— Rue Chauchat ? Diable... C'est à portée de voix. Ce bougre... je ne l'attendais pas de sitôt. Il a dû prendre la diligence la plus rapide. Il va donc falloir que j'achève ma pièce dare-dare. Qu'en dit-on en ville ?

— Que le malade a été pris de convulsions en pleine rue, qu'il a vomi, est devenu noir comme un nègre et a passé en moins d'une heure.

— En moins d'une heure ? Diable... diable... On a dû oublier qu'il fallait le frictionner, au besoin avec une brosse à cirage.

— Oh ! monsieur, il n'y a pas de quoi plaisanter.

— J'en conviens. Pardonnez-moi. Et maintenant, fichez-moi la paix. J'ai du travail. Un conseil : si le choléra frappe à ma porte, ne lui ouvrez surtout pas !

Il se versa un demi-verre de rhum et se renversa dans son fauteuil.

— Il faut pourtant, dit-il, que j'aille aux nouvelles. Ça pourrait bien me servir pour ma pièce.

Il prit son chapeau, sa canne et sortit en sifflotant pour se rendre rue Chauchat où il trouva un bel attroupement. Il se fit raconter par la marchande de légumes les circonstances du drame, en prit note et, revenu dans son cabinet une heure plus tard, se remit au travail.

La *comédie gaie* fut jouée deux semaines plus tard, au Théâtre-Français, avec, en tête de la distribution, l'une des grandes comédiennes du moment : Mlle Mars. Déception ! cette pièce *de circonstance* n'attira qu'un public des plus modestes et essuya même des sifflets. Le choléra faisait peur au public. La direction avait pourtant pris soin de faire pulvériser dans la salle du chlore et du camphre. Les gazettes boudèrent le spectacle, si bien qu'on dut le retirer de l'affiche après seulement dix représentations. Le bénéfice était maigre. Il est vrai que Dumas s'était bien gardé de signer ce chef-d'œuvre...

Au soir de la dernière représentation du *Mari de la veuve,* Catherine étouffa un cri en le voyant paraître. Elle le trouva pâle comme un cierge et lui demanda s'il se sentait bien.

— Assez bien, Catherine, assez bien... Pourtant j'ai froid et suis pris de frissons. Le début d'une grippe sans doute. Préparez-moi un grog, avec une bonne rasade de rhum.

— Il faut vous coucher tout de suite ! À ce qu'on dit, c'est ainsi que ça commence.

— Quoi donc ? La grippe ?

— Non, monsieur, le choléra.

Il obéit, se coucha, toujours agité de frissons, ajouta à son grog un sucre imbibé d'éther. Comme ses grelottements l'agitaient plus fort qu'auparavant et qu'une mauvaise sueur l'inondait, Catherine le força à avaler un grand verre de malaga auquel elle avait mêlé une once d'éther. Il avala sans sourciller cette mixture et s'écria :

— Quel est ce remède de sorcière ? C'est l'épée de l'ange exterminateur que vous m'avez fait ingurgiter ! Nom de Dieu ! c'est pire que le choléra, c'est...

Les mots lui restèrent dans la gorge. Sa tête retomba lourdement sur l'oreiller. Il s'éveilla quelques heures plus tard avec l'impression que les flammes de l'enfer du Dante lui balayaient le corps.

— Que faites-vous encore ? hurla-t-il. Vous voulez donc me faire rôtir.

Catherine, aidée d'un médecin, promenait sous les draps une bassinoire brûlante.

— Cessez de protester, lui dit le praticien. C'est la torture ou le choléra. À vous de choisir. À moins que vous ne préfériez une application de sangsues...

Cholera morbus

Dumas resta près d'une semaine inerte, incapable de faire un pas hors de son lit. Son corps craquait de toutes parts comme une vieille charpente sous la bourrasque, il avait dans la tête des tourbillons nauséeux à vomir, mais il était vivant. Il se dit que le démon avait trouvé à qui parler.

Le choléra partit comme il était venu, à pas de loup, après avoir glané à Paris près de vingt mille victimes. Dumas se livra à un calcul : sur le million d'habitants que comptait la capitale il n'en était mort qu'un sur mille environ. Napoléon aurait été satisfait de cette bataille. Il n'y avait pas vraiment de quoi se mettre martel en tête et s'enfermer dans sa cave.

Au début du mois d'avril, le poète Alfred de Musset vint prendre des nouvelles de sa famille, comme il l'avait fait depuis le début de l'épidémie, une fois ou deux par semaine.

Il n'avait pas éprouvé trop d'alarme pour les siens : ils vivaient une existence sédentaire, en marge du Quartier latin. Son père ne sortait de son cabinet, où il travaillait à des études sur Jean-Jacques Rousseau, que pour de brèves promenades dans le square voisin, lorsque le temps l'y autorisait. Sa mère brodait, lisait, recevait de vieilles amies à l'heure du thé. Son frère aîné, Paul, et sa sœur cadette, Herminie, veillaient au grain.

Alfred disait à son père :

— Toutes les précautions contre l'épidémie sont vaines, sauf deux : lui tourner le dos ou fuir à la campagne.

Plus facile à dire qu'à faire. Lui tourner le dos, soit, mais tout abandonner pour se réfugier dans leur castel du Vendômois était une autre affaire.

Ce matin-là, Alfred fumait son deuxième cigare *puro* sur le balcon en attendant que son père revînt de sa promenade. Il l'aperçut tournant au coin de la rue d'une allure de somnambule, un livre sous le bras. Il s'aidait de sa canne et s'arrêtait tous les trois pas pour prendre appui contre le mur. Alfred fronça les sourcils, écrasa son cigare sous son pied et se porta précipitamment à la rencontre du vieil homme.

Il le trouva dans les bras du portier, le visage couleur de

brou de noix, les yeux révulsés, agité par des tremblements, son livre à ses pieds. On le porta jusqu'à l'étage, on le déshabilla prestement pour le laver car il avait vomi et déféqué d'abondance.

Le portier se proposa pour appeler le médecin de la famille.

— Inutile ! dit Alfred. Ces morticoles sont impuissants contre la contagion. D'ailleurs, il semble que tout soit inutile. Vous voyez bien qu'il est mort.

Il s'approcha de sa mère qui sanglotait dans son fauteuil, s'agenouilla près d'elle, lui prit les mains, les porta à ses lèvres, les mouilla de ses propres larmes. Il chercha les mots propres à la consoler, mais resta impuissant. Lorsque Herminie entra à son tour, accompagnée de Paul, il se leva et s'interposa entre eux et le cadavre.

— N'approchez pas ! dit-il. Notre père est mort du choléra. Allez plutôt chercher Adèle à la cuisine pour préparer le corps.

— Adèle..., bredouilla Herminie. Je viens de la croiser dans l'escalier. Elle courait comme une folle.

— Ma femme s'en occupera, dit le portier. Elle craint pas la contagion et l'a déjà fait pour des voisins. Moi, si j'étais à votre place, sauf votre respect, je foutrais le camp en Vendômois. Là-bas, vous seriez à l'abri. Si vous y aviez pensé avant, ce pauvre monsieur serait encore en vie. À commencer par vous, monsieur Alfred. Ma femme trouve que vous avez une mine...

— Faites monter votre femme, mon ami, et laissez-moi décider de ce que je dois faire.

Ce brave homme de portier avait raison, Alfred en était conscient, mais l'idée de devoir quitter Paris, d'abandonner ses amis, ses maîtresses, de se mettre volontairement en quarantaine alors que le succès commençait à lui sourire, lui semblait inconcevable. Il pressa contre sa poitrine son frère et sa sœur, étouffa un sanglot et alla se réfugier sur le balcon, entre les plantes vertes et l'hortensia qui bourgeonnait. Il alluma un petit cigare et s'assit au soleil, dans le fauteuil de rotin.

Il ne trouvait en lui qu'un pâle reflet de la grande émotion qu'il aurait dû ressentir. Il ne vouait à son père qu'une affection banale, exempte de tout conflit, notamment pour ce qui concernait sa carrière. M. de Musset lui avait laissé la bride sur le cou. Il ne l'avait pas, comme tant d'autres, dressé en vue d'une profession choisie par décision familiale. Il avait survolé le droit qui n'avait pas tardé à l'ennuyer, la médecine qui, à la première séance de dissection, l'avait écœuré. Son père lui avait proposé de faire carrière dans l'armée. Il lui avait répondu :

— L'armée ne m'attire pas le moins du monde. Je veux être écrivain, poète, auteur dramatique. Telle est ma vocation. Je veux être Shakespeare ou rien !

— Tu es doué, c'est certain. Tes poèmes pourraient se comparer à ceux de Victor Hugo. Pourtant c'est une voie où il y a plus d'appelés que d'élus. Tu ne peux espérer vivre de tes talents, du moins avant des années. Je crains pour toi de cruelles désillusions. Nous t'aiderons dans la mesure de nos moyens, mais ne t'attends pas à un pont d'or.

Alfred s'était mêlé depuis quelques mois au petit monde de la littérature et des arts. Il avait participé aux soirées de Charles Nodier, à l'Arsenal, y avait rencontré Hugo, Lamartine, Mérimée et ce boute-en-train d'Alexandre Dumas, que le maître de maison avait chargé, en raison de sa taille, d'allumer les bougies du lustre.

Ses *Contes d'Espagne et d'Italie*, un ouvrage en vers, avait conquis les uns par leur couleur et leur charme, scandalisé les autres par leur audace érotique. On en avait parlé dans les gazettes. En bien ou en mal, peu importait, l'essentiel étant qu'on en parlât. Le pavé de Paris se recouvrait lentement pour lui d'un tapis rouge. Il venait d'avoir vingt ans. Il avait la grâce et la séduction d'un Adonis.

Alfred ouvrit le *Figaro* du jour, abandonné sur le balcon.

La première page faisait état de la réaction des Parisiens vis-à-vis du choléra, dont on parlait comme d'un conquérant. Parti des rives du Gange, il avait suivi le chemin des invasions asiatiques, traversé la Perse où il s'était attardé avant de prendre son élan vers la plaine russe et d'opérer des holocaustes géants à Moscou et à Saint-Pétersbourg. Avait-il ensuite embarqué sur un navire de la Baltique ? Toujours est-il qu'après avoir grappillé quelques milliers de victimes dans les îles scandinaves, il avait franchi le Skagerrak pour débarquer en Angleterre où, durant des mois, il avait vidé les maisons pour garnir les cimetières. On s'était dit qu'il ne franchirait pas le *Channel*. Illusion ! Ce monstre d'Apocalypse avait toutes les audaces. À peine avait-il pris pied à Lille, il s'apprêtait à fondre sur Paris. Il s'y était installé depuis des semaines et ne paraissait pas disposé à s'en retirer de sitôt.

Alfred confia au portier le soin de trouver un prêtre pour donner au mort les derniers sacrements.

— Monsieur, répondit le bonhomme, vous n'en trouveriez pas un dans tout l'arrondissement pour se hasarder, au risque d'y laisser sa propre vie, à bénir un mort par contagion, ou alors un saint, peut-être, mais ça ne court pas les rues. Vous pourriez faire appel aux Sœurs de charité, mais elles sont mobilisées dans les hôpitaux et ne vous seraient pas d'un grand secours pour l'âme de ce pauvre monsieur Musset. Il partira sans les sacrements, mais il a sa place en paradis, vous pouvez en être sûr.

Un fourgon de l'armée vint enlever le corps. Il était devenu bleu de la tête aux pieds et puait affreusement. On l'enveloppa dans un drap pour le conduire à la morgue, à défaut d'une bière, article touché par la pénurie. C'est Alfred et Paul qui se chargèrent de cette corvée.

Au retour, ils avaient pris une décision : pour conjurer le risque d'offrir au choléra un nouveau sacrifice dans la famille, on ferait ses bagages pour le château du Vendômois.

Alfred, lui, resterait à Paris.

George installa Solange dans sa lisière avec quelques jouets et lui tendit une brioche.

— Ma chérie, tu vas te tenir tranquille, le temps que maman aille aux provisions. Elle n'en a pas pour longtemps.

Elle jeta un châle sur ses épaules, fit quelques pas le long des quais déserts, s'engagea rue de la Huchette où se trouvaient l'épicerie et la boulangerie où elle avait ses habitudes. Elle allait entrer dans cette dernière boutique, quand elle eut un mouvement de recul : on était en train d'en extraire, en la tirant par les jambes, une jeune femme en proie à des convulsions, la poitrine souillée d'un vomi couleur de riz recuit.

Elle entendit, venant du comptoir, la voix de la boulangère :

— Laissez-la sur le trottoir ! Il se trouvera bien une voiture pour la ramasser. Surtout, évitez de la toucher.

Le temps que l'on prévienne la famille, les commentaires allaient bon train. On accusait le gouvernement de ne rien faire pour juguler la contagion. Peut-être même y trouvait-il son compte : un bon moyen de se débarrasser des vieux et des pauvres ! Le bruit circulait même qu'on empoisonnait les fontaines à l'arsenic pour éliminer plus radicalement les bouches inutiles et assainir les quartiers dangereux pour la stabilité du régime. On allait jusqu'à distribuer aux enfants des friandises empoisonnées...

— Pardieu ! s'écria un vieillard en brandissant sa canne.

Cette épidémie fait le compte du gouvernement ! Quand on se méfie du choléra on ne pense plus à faire de la politique.

George héla une tapissière bâchée qui débouchait du quai pour faire sa tournée de ramassage des cadavres au lieu du mobilier qu'elle transportait d'ordinaire. Il n'y eut pas de sacrements car il n'y avait pas de prêtre. Un officier de police constata que la jeune femme était bien morte. Il nota les circonstances du décès sur un calepin et invita la famille à se mêler à celles qui accompagnaient le convoi funèbre jusqu'à la morgue ou à la fosse commune.

— Ma fille était pieuse, pleurnicha un vieil homme. La voir partir sans les sacrements me fend le cœur.

— Que voulez-vous, répondit l'officier, nous relevons huit cents morts par jour. Alors, à la porte du bon Dieu, on doit faire queue. Vous seriez général ou député, ce serait le même tabac.

Le convoi s'étant ébranlé, il y eut un début d'émeute dans la boulangerie. Les fournisseurs hésitant à franchir les barrières ou même à emprunter le fleuve, la farine se faisait rare. George dut jouer des coudes pour se procurer une miche de gruau mêlée à du son. À peine pour un repas. Elle protesta. En vain.

— Faudra vous en contenter, ma belle ! lui jeta la boulangère. Si vous n'êtes pas contente, mangez de la brioche, comme on disait au temps de la Révolution !

À l'épicerie voisine, elle ne put se procurer que des pois chiches, une livre de riz et une bouteille de lait pour Solange. On ne trouvait plus ni vin ni alcool, certains clients s'en servant comme d'antidotes contre la contagion.

Une rumeur d'émeute montait du bord de la Seine, lorsque George sortit de l'épicerie. Un beau raffut ! Des chiffonniers, réquisitionnés pour nettoyer les quartiers où l'épidémie sévissait avec le plus de virulence, donnaient de la voix contre le gouvernement qui, pour un salaire de misère, les obligeait à travailler jour et nuit. Accrochée à son sac, de crainte qu'on ne lui volât ses provisions, elle suivit de l'œil ce cortège d'où montait un grondement de tempête. Paris vomissait ses souffrances, sa misère, son désespoir à travers cette horde misérable. Elle songea à se mêler à elle puis renonça : elle ne pouvait laisser sa fille longtemps seule.

Solange avait fait des siennes en son absence. Sa lisière renversée, elle avait rampé à travers la chambre, taquinant le chat, grignotant les pommes une à une, pleurant et tapant des poings contre la porte. Grasse, rose, assez jolie, elle marquait sa présence en ce monde par un caractère exigeant et capricieux.

George la remit dans sa lisière en la grondant, lui jeta sa poupée favorite avec un morceau de sucre et prépara le repas de midi. Alors que Solange, repue, venait de s'endormir, elle s'attabla pour écrire à son mari.

Casimir Dudevant avait renoncé à la suivre à Paris, où il se sentait en exil. Seule comptait pour lui leur terre de Nohant, en Berry, dans les parages de La Châtre. Il passait son temps à vivre à sa convenance, chassant, administrant le domaine à sa manière, qui n'était pas celle que George souhaitait : il avait, à peine installé, fait couper quelques arbres du parc dont les ombrages avaient abrité les jeux de l'adolescente, sacrifié sans vergogne les chiens et les chevaux inutiles mais pour lesquels elle s'était prise d'affection. Bon administrateur, féru d'agriculture, il ignorait le sentiment et n'avait en tête que le profit. Là où sa jeune épouse voyait poésie et agrément, il ne discernait que superfluité.

Que raconter à Casimir ? Que le choléra continuait à sévir ? Elle le lui avait déjà dit dans ses lettres précédentes. Que Solange, gourmande qu'elle était, avait eu une indigestion de riz au lait ? Cela lui importait peu. Elle se contenta de quelques phrases banales, d'un témoignage d'affection qui ne l'était pas moins, et, en post-scriptum, de quelques conseils au cas où le choléra gagnerait les campagnes du Berry : éviter de se rendre en ville, n'accepter aucune visite d'étrangers, porter des vêtements chauds et de grosses chaussettes ; elle se proposait de lui envoyer des pantoufles fourrées comme des douillettes...

Quitter sa grande maison de Nohant, ses serviteurs, ses amis, n'avait pas été une mince affaire, mais elle en avait accepté sans réserve les inconvénients : vivre sans trop compter sur les revenus du domaine, travailler, s'occuper de Solange et de Maurice, en pension au lycée Henri-IV. Tel était le prix de sa liberté. Vivre avec Casimir, supporter ses beuveries avec des drôles de son acabit, ses infidélités avec les servantes et les filles d'auberge lui était devenu insupportable. Le jour où elle avait découvert, décacheté et lu son testament (« à n'ouvrir qu'après ma mort ») où il l'accusait de perversité, les dés étaient jetés. Elle lui avait proposé, sinon un divorce, du moins une séparation. Il avait accepté. Libre, elle était partie pour Paris, avec deux idées en tête : y vivre de sa plume et y retrouver Jules Sandeau.

George ouvrit la fenêtre sur le soleil d'avril inondant ce grand cimetière qu'était devenu Paris depuis le choléra. De son cinquième sous les toits, quai Saint-Michel, la vue embrassait la Seine, l'île de la Cité, les tours de Notre-Dame et, au loin, les hauteurs champêtres de Montmartre : un paysage urbain qui changeait d'aspect à toute heure du jour, ce dont elle ne se lassait pas.

La journée était tiède mais elle ressentait une impression de froid et, au côté, une crampe que chaque mouvement un peu brusque ravivait. Monter cinq étages, son sac à provisions au bras, l'avait éreintée. Elle s'ébroua, s'observa dans son miroir sans déceler d'autre détail notable qu'une pâleur qu'elle attribua à la fatigue, et des cernes sous les yeux, suite à ses ébats nocturnes avec son *petit Jules*. Rien de suspect, en somme. Elle trouva même un air de santé à son visage qui paraissait, sous l'ample chevelure sombre, plus long qu'il n'était, malgré les yeux larges et profonds qui le tiraient vers le haut.

Elle s'assit à la table de cuisine qu'elle venait de débarrasser et se remit au travail : une dizaine de tabatières, des pipes de porcelaine à décorer, des éventails à peindre de scènes en miniature, toujours les mêmes avec, pour unique variante, les initiales des clients et, parfois, des formules de commande qui la faisaient sourire.

À peine assise, sa vue se brouilla et la sensation de froid qu'elle avait éprouvée un moment plus tôt se fit plus insistante. Elle ferma la fenêtre et se prépara un café. Alors qu'elle reprenait ses pinceaux et s'apprêtait à dessiner les contours d'une tulipe sur une tabatière, elle constata avec stupeur que sa main tremblait.

« Et si c'était... », se dit-elle. Elle n'osa formuler le mot et s'efforça de chasser cette idée de sa tête. Pourtant, pouvait-elle ignorer que l'épidémie avait fait plusieurs victimes dans le quartier, et jusque dans l'immeuble ? Elle songea que l'altitude pouvait constituer un élément dissuasif pour le choléra. Elle l'imagina montant, marche après marche, pareil à une grosse tarentule, s'arrêtant à chaque palier pour renifler sous les portes, s'essoufflant et négligeant d'accéder au cinquième...

Elle parvint à dessiner le contour d'une corolle, mais renonça à poursuivre son travail. Il eût fallu tout reprendre, et les clients manquaient souvent de patience. Elle eut un vertige en se levant, s'accrocha à la table, le temps qu'il se dissipât.

Penchée sur le petit lit de Solange, elle constata qu'elle dormait encore, draps rejetés, un pouce dans sa bouche ouverte sur une épaisse salive, repliée sur elle-même comme une grosse chatte repue. Elle repoussa machinalement les pantoufles que Jules avait laissé traîner sur la carpette et, sans que rien annonçât cette faiblesse, ses jambes fléchirent et elle sombra dans la nuit.

Jules la découvrit au retour du *Figaro,* inerte, grelottante, des traces de vomi autour de son visage, pâle comme un cierge. Affolé, il fouilla dans le buffet pour y chercher la bouteille d'eau-de-vie. Après l'avoir dévêtue, il lui frictionna vigoureusement le corps et lui tapota ses joues en gémissant :

— C'est moi ! Réveille-toi, nom de Dieu ! Parle-moi ! parle-moi !

Il se souvint des conseils d'Henri de Latouche, son collègue du *Figaro* : en cas de symptôme de la contagion, le sucre arrosé d'éther est souverain. Mais où trouver de l'éther ? Il bondit chez la voisine, amie de George : elle était absente. Chez le voisin, retraité de la Préfecture : il refusa d'ouvrir sa porte. Il ne put en trouver que chez le portier et appliqua cette thérapeutique sans retard.

Ce qui le rassurait, c'est que le visage et le corps de George n'avaient pas pris cette teinte brunâtre propre aux cholériques avérés, que les déjections étaient discrètes et les soubresauts sans violence. Il lui fit une rapide toilette, la frictionna de nouveau et l'allongea sur le lit.

— Maman ! gémissait Solange. Maman morte !

— Vas-tu te taire ! hurla-t-il. Elle n'est pas morte, ta maman, elle dort. Tu devrais en faire autant. Allez, ouste !

— Chocolat..., dit-elle d'une voix suppliante.

— Oh toi ! tu ne perds jamais le nord.

Il lui jeta, comme à un chien, un carré de chocolat aux noisettes et la porta dans son lit.

— Maintenant, tu vas te tenir tranquille. Je te réveillerai pour le dîner. Dors bien, mon ange.

Il aimait cette gamine comme si elle eût été sienne. Il l'emmenait en promenade au Jardin des Plantes, lui montrait les éléphants et lui disait :

— Tu vois, Sol, si tu continues à dévorer, tu seras comme eux d'ici quelques années, et tu leur tiendras compagnie dans leur parc.

Elle préférait les séances de Guignol du Luxembourg et les promenades sur le Pont-Neuf qui sent bon la friture et le nougat.

George était toujours assoupie avec, de temps à autre, de brusques sursauts et des cambrures des reins, mais sans qu'une nouvelle déjection annonçât une aggravation. On avait relevé de nombreux cas identiques : le choléra flairait sa victime, soufflait sur elle son haleine fétide et la dédaignait sans raison apparente pour passer à des proies qui suscitaient davantage sa convoitise.

Il prit sur une tablette le manuscrit d'*Indiana*, le roman que George venait de commencer, et le feuilleta. Il était très différent de celui qu'ils avaient écrit à deux mains et qui avait été publié sous la signature de J. Sand : *Rose et Blanche*. Cette lecture rapide lui procura à la fois satisfaction et amertume. Le style de George avait pris de la densité, de l'élégance, un bonheur d'expression qui le ravissait, mais il devinait que, capable de voler de ses propres ailes, elle renoncerait à une collaboration désormais sans objet.

Dans *Indiana*, George racontait les démêlés sentimentaux d'une jeune créole originaire de la Réunion, mariée à un vieux colonel et en proie à la tentation de l'adultère. Certaines tournures de phrases et des descriptions précises lui rappelaient Rousseau et Chateaubriand, mais avec des élans qui lui appartenaient en propre.

Il en lut une cinquantaine de pages, s'endormit à même la table, la tête pleine d'images d'île bienheureuse. Solange le réveilla alors que le soir tombait. Elle avait faim et réclamait sa bouillie. Il la lui prépara, lui fit répéter son alphabet, la laissa dessiner des maisons et des personnages ventrus, avant de la coucher, au premier bâillement, dans la pièce voisine où était son lit.

Il examina George, et, constatant qu'elle avait un sommeil paisible, alla s'allonger sur le sofa après avoir jeté sur un calepin quelques idées pour son article du lendemain.

Il dormit mal et se leva de bonne heure pour aller faire les courses. George et Solange dormaient encore.

La ville s'éveillait dans la rumeur funèbre des premiers

convois de cholériques en route pour la morgue ou la fosse commune. Les éclats d'une émeute venaient de la rive opposée, du quai de la Mégisserie où, naguère, la mère de George, Sophie Delaborde, aidait ses parents à la vente des oiseaux et autres animaux de compagnie. Rien de comparable, du moins à ce qu'il lui sembla, au soulèvement de l'année précédente, qui avait jeté dans les rues, l'arme au poing, à la fois les républicains et les carlistes, partisans des Bourbons, contre le gouvernement du roi Louis-Philippe. Des émeutiers, il s'en souvenait, avaient tenté de mettre le feu à Notre-Dame.

Lorsqu'il eut regagné son cinquième, Jules trouva Solange en larmes auprès de sa mère qui venait elle-même de se réveiller. Il demanda à George comment elle se sentait. Elle se contenta de sourire et de lui prendre la main. La fièvre avait amorcé sa décrue, son visage s'était décrispé, mais le pouls était encore convulsif. Il lui fit avaler de l'éther sur un sucre et boire un verre de madère. Elle murmura :

— Solange... Il faut lui préparer sa bouillie. Tu trouveras...

— Je sais où trouver ce qu'il lui faut. Repose-toi. Tu es trop faible encore pour te lever.

— Elle n'est pas malade, au moins ? Je craignais...

— Rassure-toi. C'est une nature robuste.

Il faillit ajouter : « comme ton mari », mais se reprit à temps. Il n'ignorait pas que, si Maurice, son premier enfant, avait un père légitime, Solange était d'un autre. Cet *autre*, il le connaissait bien : c'était Stéphane Ajasson de Grandsagne, qu'on appelait familièrement Stény. Aurore, qui n'était pas encore George, avait rencontré à Paris, cinq ans auparavant, ce vague cousin, un étudiant dont elle avait fait son premier amant. Il était, disait-on, « moitié fou et moitié poitrinaire », mais d'une beauté attendrissante. Peu de temps après son retour à Nohant, George avait accouché d'un enfant jugé prématuré : Solange. Casimir n'y avait vu que du feu. En apparence du moins.

— Je vais prévenir notre ami Émile Regnault, dit Jules. Il te connaît bien et te soignera mieux qu'un autre médecin.

George avait déjà fait appel aux services de cet interne d'un hôpital voisin pour les maux de cœur et d'estomac dont elle souffrait fréquemment. Il montait de temps à autre les cinq étages de l'immeuble pour se faire offrir un verre de madère et se livrer avec sa patiente à des privautés anodines sur lesquelles Jules préférait fermer les yeux. Il n'avait aucune certitude quant à la nature et à la fréquence de leurs rapports, mais des soupçons l'obsédaient. Il savait que George se prévalait d'une liberté dont ni elle ni son amant n'avaient fixé les limites.

Lorsqu'il jouait les inquisiteurs, elle répliquait avec assurance :

— De quel droit m'interdirais-tu d'user d'une liberté dont toi-même abuses ? Si j'ai choisi de vivre séparée de mon mari, ce n'était pas pour m'enfermer au couvent des Augustines anglaises, où, tu le sais, j'ai passé quelques années de ma jeunesse. Nous ne sommes pas mariés, que je sache, et je ne t'ai pas juré une fidélité éternelle.

Penaud, le *petit Jules* battait en retraite. Elle l'avait surpris au cours d'un tête-à-tête qui ressemblait à un corps-à-corps, avec leur lingère. Cet incident avait provoqué dans leur couple une crevasse qui ne faisait que s'élargir avec le temps. Jules s'absentait pour des motifs évasifs, découchait, rentrait au petit matin, ses vêtements imprégnés d'odeurs suspectes.

Émile Regnault se présenta dans l'heure qui suivit. Après avoir examiné sa patiente, il lui dit :

— Eh bien, ma chérie, tu l'as échappé belle. Tu as été victime d'un faux choléra. On a relevé des cas similaires qui semblent tenir du miracle. Ce qui m'inquiète, c'est ta santé en général. Te nourris-tu convenablement ?

— Je ne me prive de rien. C'est la fatigue qu'il faut accuser. Entre la décoration de mes tabatières, mes articles au *Figaro*, mes romans, les entretiens avec mon éditeur, les soins de mon ménage, je n'ai guère le temps de regarder passer les hirondelles. C'est beaucoup pour une seule femme, non ?

— C'est beaucoup trop. Viendra un moment où tu seras obligée de faire un choix. Le premier et le plus raisonnable serait d'aller te reposer quelques semaines à Nohant.

— C'est ce que je compte faire, comme tous les ans, l'été venu. Si je reste trop longtemps loin de chez moi, je dépéris...

LIVRE II

1

Un dîner au Lantier

Mme la baronne Dudevant semblait encore porter sur ses traits l'obsession que lui avait occasionnée au printemps passé le grand holocauste du choléra. Cette vieille dame semblait, à la voir et à l'entendre, considérer comme un miracle, et en quelque sorte une injustice, que le choléra l'eût épargnée, alors que tant d'enfants en avaient été victimes. Elle l'avait redouté à l'égal de ces agitateurs qui passaient sous ses fenêtres en proférant des insultes calomnieuses contre le bon roi Louis-Philippe, que Dieu avait confié à la France pour son salut.

Cette soirée de juin était paisible. Le feu qui avait longtemps couvé semblait s'être éteint sous la grosse marmite révolutionnaire qui avait répandu ses vapeurs brûlantes jusque dans son quartier.

En attendant la visite annoncée de sa belle-fille, Aurore, qui – Dieu sait pourquoi ! – se faisait appeler George et collaborait au *Figaro,* elle parcourut de nouveau les numéros de ce journal, qu'elle avait conservés depuis le 5 juin. Ils faisaient état des émeutes qui avaient troublé la capitale, une ignoble conjuration de *rouges* et de carlistes visant à jeter le bon roi au bas de son trône.

Le 5 juin... Elle se souvenait de cette journée, comme si elle datait de la veille. On portait au Père-Lachaise, ce jour-là, un des chefs de l'opposition, le général baron Jean-Maximilien de Lamarque, vétéran des guerres de l'Empire et député des Landes. Le choléra l'avait emporté. Que le diable ait son âme ! On lui avait trouvé une bière, à lui, alors que tant d'innocents étaient jetés à la fosse commune, avec des pelletées de chaux vive en guise de bénédiction. Pour tirer le char funèbre, les chevaux avaient été remplacés par des hommes.

Un article faisait état de l'agitation qui s'était emparée de la foule lorsque M. de La Fayette, qui flattait le souverain sans cesser de rêver à la République, avait tenté de prendre la parole. Il avait eu le bon goût de se retirer dignement lorsqu'il avait vu surgir les drapeaux et les bonnets rouges de la canaille républicaine, et entendu les chants et les cris séditieux qui allaient transformer ces obsèques en émeute.

Un coup de feu, tiré par on ne savait qui, avait suffi à transformer l'émeute en insurrection. Elle ne devait durer que quarante-huit heures, mais cela avait suffi pour que le trône en fût ébranlé. Le bon roi, à Saint-Cloud pour se mettre à l'abri avec sa famille, était revenu aux Tuileries et, courageusement, alors que roulaient les derniers feux de peloton, s'était montré à son peuple, en affirmant que cet accès de fièvre n'était que la conséquence de l'épidémie et qu'il fallait se montrer clément.

« Se montrer clément avec ces gredins, qui ne savent qu'inventer pour jeter le trouble dans le royaume ! se dit la baronne Dudevant. On aurait dû plutôt les fusiller, tous ! »

Elle frémit en relisant le bilan de l'insurrection brève mais sanglante : plus de huit cents victimes, morts et blessés confondus ! Ils pouvaient être contents, les *rouges* : ils avaient leurs martyrs... Elle en voulait au *Figaro* de ne pas prendre plus ouvertement le parti du roi. Elle allait s'en expliquer avec Aurore, qui collaborait à ce journal. Étrange créature... On disait qu'elle s'habillait en homme, qu'elle fumait et même qu'elle écrivait des romans immoraux. Une femme, écrire des romans... Décidément, le monde tournait à l'envers !

Mme Dudevant regarda l'heure à la pendule du salon et,

en attendant la visite de sa belle-fille, croqua quelques friandises au chocolat pour apaiser sa petite faim de cinq heures.

Lorsque Aurore tira le cordon, Mme la baronne Dudevant prit la mine souffreteuse qu'elle se donnait pour inspirer de la condescendance à ses visiteuses. Elle attendait sa belle-fille avec un répertoire d'arguments affûtés comme des poignards, afin de la confondre, de l'humilier peut-être, de lui faire honte en tout cas.

Elle laissa Aurore debout en face d'elle, comme pour la contraindre à faire antichambre, avant de la prier de s'asseoir sur une chaise, dans la bonne lumière, comme pour une confrontation policière. Aurore s'enquit de sa santé ; elle lui en donna des nouvelles d'un air morose, avant d'ajouter :

— Ma fille, je constate avec plaisir que vous avez survécu à l'épidémie. J'avoue que je craignais le pire pour notre petite Solange. Au fait, pourquoi être venue sans elle ? J'aurais aimé la voir.

— Je craignais qu'elle ne vous importune. Vous la connaissez, madame : elle est remuante et capricieuse. Il faut la surveiller sans relâche pour lui éviter de faire des bêtises.

Mme Dudevant prit un air de reproche pour s'étonner qu'elle fît durer son séjour à Paris. Sa place était auprès de son mari, en Berry, et pas dans les bureaux d'un journal qui... enfin, elle se comprenait. Qu'avait-elle à faire de si important dans la capitale ?

— Beaucoup de choses, madame, pour gagner ma vie : des travaux à domicile, des articles, des romans...

Mme Dudevant égrena un rire sec comme un grincement de porte.

— Des romans ! Eh bien, parlons-en. Vous avez donc la prétention d'en *imprimer* ?

— Certes, madame.

— Une femme, *imprimer* des livres... Seigneur Dieu, dans quel siècle vivons-nous ?

— Dans un siècle, madame, où la société évolue dans le

bon sens. Faut-il vous rappeler que les femmes ne sont plus des esclaves de leur mari et de leur milieu ? Contrairement à ce que prétend l'Église, nous sommes dotées d'une âme et nous souhaitons nous émanciper.

Aurore se dit qu'elle était allée trop loin quand elle vit la baronne soulever ses mains et les laisser retomber sur ses accoudoirs, avant de lui dire :

— J'espère, au moins que votre nom n'apparaîtra pas sur la couverture. Ce serait un scandale et je ne vous le pardonnerais pas. Quand on est une femme, il faut éviter de se faire connaître, surtout par des livres.

— Je vous en donne l'assurance, madame, répondit Aurore.

Elle avait redouté que la vieille dame ne lui demandât de quel nom elle comptait signer ses œuvres. Comment aurait-elle pu justifier le pseudonyme qu'elle avait choisi : George Sand ? Par bonheur, il n'en fut pas question.

— J'ai reçu, pas plus tard qu'hier, ajouta la baronne, des nouvelles de mon fils. Je puis vous révéler qu'il s'ennuie de vous et attend votre retour avec impatience. Je n'arrive pas à comprendre comment vous vivez. Enfin, c'est peut-être la nouvelle mode. Dans le temps, mon époux et moi...

La vieille dame semblait avoir oublié que Casimir n'était pas son fils, mais le fruit des amours ancillaires du colonel-baron Dudevant. Aurore la rassura : Casimir n'était pas malheureux ; il menait la vie qui lui convenait, sans avoir à se préoccuper du sort des enfants ; le couple correspondait régulièrement...

— Vous ne comptez tout de même pas, glapit la baronne, vous installer définitivement à Paris ? Si cela devait se produire, la situation deviendrait insoutenable et j'y mettrais bon ordre.

— Certes non, madame. D'ailleurs, je dois partir sous peu pour Nohant où je compte passer l'été à travailler.

— À vos livres, sans doute ?

— À mes livres mais aussi à la gérance du domaine. Il

requiert ma présence. Casimir ne peut y suffire. Puis-je vous l'avouer ? À Paris je rêve de Nohant et, à Nohant, j'ai la nostalgie de Paris.

La baronne fit dévier la conversation sur la situation politique. Elle voulait en avoir le cœur net quant à l'opinion de sa belle-fille. Aurore ne se laissa pas entraîner dans cette controverse ; elle y voyait un piège. La vieille dame fit les frais de l'entretien : cette insurrection était une monstruosité ; à la place du roi, elle aurait fait exécuter tous les mutins au lieu de ne leur infliger que des peines de prison et d'exil : une faiblesse qu'il risquait de payer cher...

— Qu'en pensez-vous, ma fille ?

— Pardonnez-moi, madame, mais, dans le journal où je travaille, la politique n'est confiée qu'à certains journalistes...

Persuadée que sa belle-fille lui cachait ses sentiments, la vieille dame parut déçue de cette échappatoire. Elle le manifesta par des regards de droite et de gauche, comme pour prendre à témoin des personnages imaginaires de ce qu'elle tenait pour de la mauvaise volonté. On ne l'eût pas étonnée en lui confiant que sa belle-fille était une *rouge.*

Comme Aurore se levait pour prendre congé, elle lui dit, en sonnant la soubrette :

— Vous êtes donc si pressée d'aller écrire vos articles et vos romans ? Avant de partir, vous prendrez bien un verre de malaga ?

Dans les milieux littéraires de la capitale, le roman de George Sand, *Indiana*, fit sensation. C'était le premier qu'elle eût écrit seule, ce qui piqua la curiosité des critiques et du public. D'autre part, cette histoire d'adultère à l'ombre des cocotiers, cette apologie de la liberté sociale, sentimentale et sexuelle des femmes, choqua parfois mais passionna le plus souvent. Enfin, on se demanda qui se cachait derrière ce pseudonyme à consonance anglo-saxonne.

Une première confrontation avec un critique réputé, Keratry, faillit faire perdre ses illusions à la romancière. Il lui avait dit, avec un air de fausse compassion :

— Madame, au lieu d'écrire des livres comme *Indiana*, faites plutôt des enfants !

En revanche, Hugo avait lu ce roman et l'avait aimé. Le critique Sainte-Beuve en était fou. Henri de Latouche, journaliste au *Figaro*, l'avait feuilleté distraitement avant de lui dire :

— Ma chère, pour le peu que j'en sais, c'est un pastiche de Balzac que vous nous servez là ! Vous êtes, si je puis dire, de l'École de Balzac. Tenez, ce passage, par exemple...

Elle répliqua d'un ton sec :

— Avant de vous faire une opinion sur ce roman, lisez-le donc !

Latouche emporta le roman et passa une nuit à le lire. Le lendemain, il adressa à George un billet qui la fit fondre de plaisir : « Je dois faire amende honorable. Votre livre est un chef-d'œuvre. Balzac et Mérimée sont morts sous *Indiana.* Ah ! mon enfant, que je suis heureux... » L'article publié à la suite de sa lecture était à l'avenant : l'écho d'une longue extase. Ceux qui suivirent étaient de la même eau : un concert de louanges pour la plupart

Un article du poète Alfred de Musset, paru à la première page du *Temps,* mit un comble à son bonheur. Rien des dithyrambes précédents, mais les marques d'une satisfaction profonde qui lui mit du baume au cœur.

Elle avait rencontré le poète en diverses occasions : à un concert privé du jeune pianiste polonais Frédéric Chopin, à une soirée chez les Nodier, dans les couloirs d'un journal, sans qu'il lui témoignât une attention particulière.

À quelques jours de la visite de George à la baronne Dudevant, sa belle-mère, Sainte-Beuve dit à George :

— Il faut que je vous présente Musset. La semaine prochaine, il sera des nôtres pour un repas donné par Buloz, au Lantier. Il semble que vous y soyez invitée. Musset, en tout cas, souhaite votre présence. Ne le décevez pas. Depuis qu'il a lu *Indiana,* il m'en parle à chaque rencontre. C'est une tête folle, aussi poète dans le quotidien qu'il l'est dans ses vers. Il faudra rester sur vos gardes : c'est un séducteur...

Ancien ouvrier imprimeur devenu journaliste, François Buloz occupait depuis peu le poste de rédacteur en chef de l'une des gazettes les plus lues du royaume : *La Revue des Deux-Mondes.* Il y accueillait l'élite de la littérature et faisait autorité dans le domaine des arts. Accueillir une femme dans le cercle de ses collaborateurs lui avait paru propre, non seulement à créer une ambiance moins austère mais aussi à récuser d'éventuels reproches de misogynie.

George Sand arrivait à point nommé pour assumer ces fonctions implicites. Elle était précédée de cette *Indiana* qui bousculait la sacro-sainte tradition de l'esclavage conjugal, proclamait avec une rare audace le droit à l'adultère et commettait ainsi un attentat contre la société et contre l'Église.

François Buloz avait décidé, en ce mois de juin où, après l'épidémie, la vie reprenait son cours normal, de réunir la crème de ses collaborateurs dans son restaurant de prédilection : le Lantier.

Avec son aspect de taverne à l'ancienne, ses peintures écaillées, son décor obsolète et son manque de confort, cet établissement ne payait pas de mine, mais il s'y sentait à l'aise et y avait ses habitudes. Si la nourriture y était moins élaborée qu'au Rocher de Cancale de la rue Montorgueil ou au Café de Foy de la galerie Monpensier, du moins en avait-on pour son argent. Attentif aux finances de sa gazette, Buloz évitait de les gaspiller en réceptions dispendieuses et en repas princiers.

Sur le coup de sept heures, lorsque George eût poussé la porte du Lantier, une rumeur et un mouvement de salle d'armes régnaient déjà au rez-de-chaussée : claquement sec des commandes aux cuisines, cliquetis des couverts, souples norias des garçons se croisant dans les allées...

Elle arrêta l'un d'eux, porteur d'un plateau chargé de coupes de punch antillais et lui demanda où elle trouverait monsieur Buloz.

— Au premier, monsieur... pardon : madame.

Il avança de trois pas, amorça une volte avec une expression de surprise béate, pour jauger d'un coup d'œil plus précis cette créature qui affichait une drôle de dégaine. George avait revêtu sa tenue favorite : l'habit emprunté à son amant, auquel elle avait ajouté une ceinture rouge d'où sortait le manche d'un poignard.

— Pardonnez-moi, madame..., balbutia le garçon, mais... cette arme... Il est interdit d'en porter dans cet établissement. Le patron est formel, et je dois...

— ... le prévenir ? Faites donc ! mais rassurez-vous : cette arme, comme vous dites, ne me sert qu'à tuer le temps, à couper ma viande et à me curer les dents. Les couteaux des restaurants ne conviennent pas pour ces fonctions. Je n'ai pas l'intention de trucider monsieur Buloz, allez !

— Madame plaisante ? Il n'y a que des messieurs à ce repas du premier.

— Justement ! Je vais réparer une omission.

Elle avait gravi les premières marches quand le maître d'hôtel, alerté par cette discrète algarade, s'interposa.

— Pardonnez à ce butor, madame Sand. Ces messieurs vous attendent.

Sainte-Beuve vint à sa rencontre, souriant, bras écartés, précédé de sa bedaine de notaire.

— Vous enfin, ma chère enfant ! Suivez-moi... Vous êtes à la place d'honneur, à la droite de notre cher François, que vous voyez là-bas, en train de boire une coupe de punch en compagnie d'Alexandre Dumas, ce géant frisé comme un négrillon. À table, il ne sera pas loin de vous. Savez-vous (hum ! ne le répétez pas !) qu'il a failli renoncer à accepter cette invitation sous un prétexte futile : la cuisine du Lantier, selon lui, est médiocre et ses vins ordinaires. Il ne se plaît que dans les restaurants à la mode. C'est le type parfait du dandy ou... comment disent les Anglais ?

— Snob ?

— C'est cela : snob. Mais un grand poète, ma chère.

Victor Hugo s'était fait excuser, de même qu'Alfred de Vigny et quelques autres collaborateurs célèbres. George aperçut sans plaisir un critique réputé : Gustave Planche, pisse-vinaigre, terreur des écrivains débutants, joli garçon mais austère comme un conseiller au Parlement. Il joignait à une réputation précoce d'ivrognerie des manies vulgaires, comme de se curer les oreilles en public avec une allumette. George lui serra la main, lui fit un mince sourire et passa.

— Planche est amoureux de vous, ma chère..., souffla Sainte-Beuve. Mais oui, mais oui... Il me l'a confié. Une relation à ménager et à entretenir...

Buloz ôta son cigare de ses lèvres, pressa George contre sa forte poitrine et lui fit sur sa tenue un compliment biseauté : il la trouvait « originale ». Mérimée s'inclina, l'examina d'un regard appuyé, comme il l'aurait fait d'une pouliche, et lui fit en quelques mots très secs compliment d'*Indiana.*

Elle chercha des yeux Alfred de Musset. Il était en train de converser, en fumant un petit cigare qu'il tournait délicatement entre le pouce et l'index, les yeux dans le vague, avec Buloz et un géant dodu qui s'exprimait avec des gestes de théâtre et une voix tonitruante : Alexandre Dumas. Elle s'approcha du petit groupe qui les entourait mais resta en marge. Elle entendit le colosse vociférer d'une voix entrecoupée de rires gras :

— Mais oui, mes amis, je la vois encore, cette pauvre Catherine, entrer dans mon cabinet et me lancer d'une voix mourante : « Monsieur ! le choléra... Il est rue Chauchat... » J'ai quelque peu ironisé sur ce visiteur qui ne s'était pas fait annoncer et avec lequel, j'en ai conscience, il valait mieux ne pas plaisanter. Il s'est vengé en me collant ses miasmes, mais il en a été pour ses frais. Mais oui, mes amis, j'ai vaincu Sa Majesté le Choléra ! Vous avez devant vous un miraculé...

— Donnez-nous votre secret, dit Musset. Cela pourra nous servir pour la prochaine fois. Mon père n'a pas eu votre chance.

— Obtenir ce miracle est tout simple, mon ami, mais je vous préviens, c'est un remède de cheval : une once d'éther dans un grand verre de malaga. Si vous avez de la religion, ajoutez une prière. Ça ne coûte rien et ça peut être utile.

George tenta de faire état de sa propre expérience du choléra mais on ne l'entendit pas, Dumas étant parti sur un autre sujet : les émeutes qui avaient accompagné l'épidémie. Buloz interrompit cette logorrhée en battant des mains et en annonçant que madame était servie. Il s'avança vers George, lui prit le bras pour la conduire à sa droite, sa gauche étant réservée à l'un de ses collaborateurs éminents, Félix Pyat, qui avait une manie : noter sur un calepin les mots d'esprit qui fusaient autour de lui.

Le dîner fut des plus animés. George se contenta d'écouter les conversations et de s'en délecter. Pyat, ses lorgnons au bout du nez, prenait des notes à la volée, sans sourire, avec le sérieux d'un greffier de tribunal, comme s'il assumait une fonction ou préparait un florilège. Buloz plastronnait et pontifiait avec les mines d'un gourou de phalanstère, buvant avec délectation un médiocre argenteuil et postillonnant de droite et de gauche.

George ne quittait pas Musset des yeux, en réprimant l'envie qu'elle avait d'attirer son attention. Il mangeait avec distinction, du bout des lèvres, buvait avec une grimace discrète un vin qui n'avait rien des nectars servis au Café de Foy. Il ne semblait pas lui vouer le moindre intérêt, au point qu'elle en fut choquée. Son éloge du *Temps* n'était-il qu'un article de complaisance et, dans ce cas-là, pour quels motifs ? Il semblait écouter avec intérêt le responsable de la chronique des voyages, qui l'entretenait des merveilles de la Corse et de la Sardaigne. Elle attendrait, pour faire plus ample connaissance avec le poète, les liqueurs et les fauteuils du salon.

Des invités étaient arrivés alors qu'on avait entamé le menu. Honoré de Balzac se présenta avec le poulet à la crapaudine. Il s'assit à sa place, près de Musset qui, renonçant aux splendeurs de la Méditerranée, se tourna vers lui.

George s'efforça de ne rien perdre de leur entretien qui portait sur les prostituées, celles des maisons et les « occasionnelles », un sujet qui semblait les passionner.

— Il se produit un phénomène singulier, dit Balzac en attaquant, sa serviette autour du cou, le poulet à la crapaudine, avec la mine gourmande d'un ours tombé sur une ruche. La fin de l'épidémie semble avoir débridé les mœurs. Les bordels font le plein, au point qu'il faut retenir les filles une semaine à l'avance. On trouve sur le trottoir quantité de lorettes et de grisettes, mais là, mon cher, gare ! Ce ne sont le plus souvent que des gamines inexpérimentées et l'on risque de se faire *poivrer*.

Il ajouta, à l'intention de George qui ne perdait rien de ses propos :

— Veuillez pardonner, madame, ce langage de viveurs. J'ai failli oublier la seule présence féminine de cet aréopage, et j'en suis confus.

George hocha la tête avec un sourire d'indulgence.

— Le phénomène dont vous parlez, dit Buloz en attaquant le fromage, est connu depuis le Moyen Âge, et même sans doute bien avant. La fin des guerres, des révolutions et des épidémies engendre ce genre de réaction. Les épreuves terminées, on se jette dans le plaisir. Qu'en dites-vous, chère amie ?

— Sans doute, répondit George. J'ai échappé de peu, moi-même, au choléra, comme monsieur Dumas, mais...

Le reste de sa phrase se dissipa dans un brouhaha. Sans attendre les jattes au chocolat du dessert, des convives se levaient pour passer au salon. Elle suivit le mouvement avec une âcreté d'amertume dans le cœur. Elle prenait conscience que sa présence à ces agapes ne se justifiait en rien. On ne lui marquait pas plus d'intérêt qu'à un saute-ruisseau de la revue. Elle fut sur le point de prendre congé, mais Buloz l'avait prise familièrement par la taille pour la guider vers le salon.

Elle s'assit dans un Voltaire délabré, sous une mauvaise copie du *Canard blanc* d'Oudry. Le reste du mobilier se composait de quelques fauteuils et de deux sofas avachis, creux comme des mangeoires.

La plupart des convives préférèrent rester debout, d'autres se vautrant dans les fauteuils et les sofas, les yeux mi-clos, comme pour une sieste.

George sortit de sa ceinture sa blague de tabac d'Égypte, sa petite pipe en merisier de Bosnie, cadeau de Jules, qu'elle entreprit de bourrer du bout des ongles. Elle sourit en constatant qu'on l'observait avec curiosité. Pyat s'inclina pour lui offrir une allumette. Elle le remercia d'un clignement de paupières et d'un sourire.

Un petit groupe s'était aggloméré autour de Sainte-Beuve. George, constatant qu'on lorgnait dans sa direction, se dit qu'elle devait être le point de mire de l'assistance. Elle aurait pu, rien qu'aux regards qui convergeaient vers elle et au mouvement des lèvres, deviner la teneur de leurs propos.

MUSSET. – Intéressant, ce physique ambigu. J'aime assez cette chevelure couleur tabac d'Espagne, ces yeux d'Andalouse, ce petit poignard...

MÉRIMÉE. – Cette créature, mon cher, aurait pu vous inspirer un nouveau chapitre pour vos *Contes d'Espagne.*

BALZAC. – À vrai dire, elle ne m'inspire guère. Le nez est trop long, la croupe un peu forte à mon goût, mais elle a un certain charme et beaucoup de *particulier.*

PLANCHE. – Certes, elle aurait besoin de quelques *retouches,* mais quelle belle âme, et que de talent...

MÉRIMÉE. – Avez-vous remarqué ses silences ? Elle manque singulièrement de conversation. Dans les salons, elle doit faire tapisserie.

MUSSET. – Pourtant, dans son roman, elle manie fort bien les dialogues.

BALZAC. – Messieurs, si vous voulez mon avis, je vois en elle l'image d'une génisse. Avouez qu'elle ressemble à la vache Apis des anciens Égyptiens...

PYAT. – Je dirais plutôt qu'elle ressemble à une dormeuse éveillée, à une somnambule...

MÉRIMÉE. – On dit pourtant qu'elle passe ses nuits davantage à veiller qu'à dormir. Ce pauvre Sandeau en sait quelque chose. Il paraît qu'elle l'épuise.

MUSSET. – Ce qui avive ma curiosité, c'est ce poignard qu'elle porte à la ceinture. Une coquetterie, un défi, un symbole ? Elle me rappelle les guerrières du Monténégro. J'ai bien envie, messieurs, d'aller dire deux mots à ce sphinx...

Il alluma un *puro* et s'avança vers George d'une allure nonchalante, les mains dans les poches de son gilet. Il s'inclina d'un air un peu trop cérémonieux, comme pour l'inviter à danser, demanda la permission de lui tenir compagnie et s'assit près d'elle, sur une chaise, jambes croisées.

— Vous ne paraissez guère apprécier la compagnie des messieurs, dit-il. Vous êtes pourtant l'invitée d'honneur de cette petite fête.

Sans attendre sa réponse, il ajouta :

— J'aurais aimé parler plus en détail, dans mon article du *Temps*, de votre *Indiana* qui mérite mieux que ce billet, mais la place m'était comptée. À l'occasion, je ferai mieux. Je garde en mémoire certaines scènes, comme si je les avais eues sous les yeux. Notamment celle où la servante, Noun, donne à Raymon l'illusion qu'il étreint sa maîtresse. Cette audace me plaît, et quelle belle écriture ! Savez-vous qu'on s'arrache votre roman jusqu'en province ? C'est la gloire, mon amie. Et si jeune...

— Cette occasion dont vous me parlez, monsieur Musset, il ne tient qu'à vous de la provoquer.

Il lui demanda où elle logeait, nota l'adresse sur un calepin relié de maroquin rouge, promit de lui rendre visite dans les jours à venir et se leva.

— Me permettrez-vous une question indiscrète ? dit-il. Que signifie ce poignard ?

Elle répondit, avec un sourire :

— C'est ce que j'appelle mon « porte-respect ». J'aime me promener dans Paris, et pas seulement sur les Champs ou au Luxembourg. Ce n'est pas sans risque. Cette arme est aussi efficace qu'un chevalier servant, et moins encombrante.

— Voilà, dit-il en s'inclinant, une réponse qui ne manque pas d'esprit. Pourtant, elle me déçoit : il m'aurait été agréable d'être le chevalier servant dont vous parlez. Enfin, puisqu'un poignard vous suffit...

Il ajouta :

— Quelle marque de tabac fumez-vous dans cette jolie pipe ?

— Il vient d'Égypte. Je puis vous donner l'adresse de mon fournisseur.

— Grand merci ! Je ne fume que les cigares. Des havanes, des *puros*, des *regalias* ou des *londres*. Je me les procure rue Laffitte. On y trouve le plus riche assortiment de tout Paris et la marchande la plus jolie. Un corps... des yeux...

— Une de vos conquêtes ?

— Je suis un peu amoureux d'elle, je l'avoue.

Buloz le héla de l'extrémité du salon pour lui demander son avis sur le dernier numéro de la revue. Il s'inclina devant George pour lui baiser la main.

— Pardonnez-moi, dit-il. J'espère que nous reprendrons bientôt cette conversation.

— Quand il vous plaira, mais ne tardez pas trop. Je vais me mettre au vert d'ici peu.

— Si c'est nécessaire, dit-il, je remettrai mes rendez-vous...

2

« Ma liberté me tue... »

George relut les termes du contrat concernant son nouveau roman : *Valentine,* et y apposa la signature : George Sand, comme elle l'avait fait pour le précédent. L'équivoque contenue dans ce pseudonyme la servait.

Elle avait renoncé aux plages à cocotiers de La Réunion pour situer l'intrigue de *Valentine* dans un cadre qui lui était connu : le Berry. Elle était née à Paris, rue Meslay, mais des racines profondes et vivaces la rattachaient à cette province et à ce domaine, acquis par la famille depuis la Révolution. Son père y était mort l'année de sa naissance, au début du siècle, d'une chute de cheval.

La passion avait gouverné sa plume au cours de la rédaction de ce livre. Elle s'était plu à tramer des chassés-croisés de sentiments entre l'héroïne, le comte de Lansac et le jeune orphelin Benedict... Là encore, les traditions matrimoniales étaient bousculées, autour de la statue omniprésente de la Liberté individuelle. Les bonnes âmes allaient encore crier au scandale ? Eh bien, tant mieux ! Après tout, la morale était sauve, l'héroïne étouffant, *in fine,* sous le poids de ses fautes. Elle payait son tribut à la liberté. Les mœurs et les lois de la tribu triomphaient, mais ce que l'auteur avait à dire était dit.

Elle s'était délectée de la peinture qu'elle avait faite dans cette œuvre d'un milieu naturel qui lui était familier depuis son enfance : sa part d'existence la plus intense. Elle vivait, comme elle l'avait dit à la baronne Dudevant, entre deux nostalgies : celle de Nohant à Paris et celle de Paris à Nohant, mais, placée devant un choix, c'est dans cette dernière résidence qu'elle aurait aimé finir ses jours.

Elle irait porter le contrat à Buloz qui l'attendait avec impatience, puis elle partirait pour passer en Berry quelques semaines de l'été.

Musset faisait attendre la visite promise, du bout des lèvres il est vrai. Elle espérait sa visite avec plus de curiosité que d'impatience. De leur brève rencontre, au dîner du Lantier, elle n'avait retiré qu'une impression diffuse sur ce personnage qui semblait vivre entre deux eaux : sa poésie et la réalité, que l'on disait ivrogne, débauché et séducteur. Ce dernier aspect de sa personnalité ne lui faisait pas peur. Des séducteurs, elle en avait connu quelques-uns, et avait appris à les rembarrer. Elle-même était armée pour séduire et usait sans complexe de cette qualité.

L'avant-veille de son départ, elle reçut un billet du poète lui annonçant sa visite pour le lendemain, à quatre heures. À une journée près, ils se manquaient.

Quatre heures ? Cela lui convenait. Jules serait retenu au journal. S'il revenait entre-temps et les surprenait, eh bien, tant pis ! Il ne ferait que rompre un entretien entre écrivains.

Il faisait, dans ce cinquième sous les toits, une chaleur accablante. George confia Solange à la voisine, Adèle, qui n'avait rien à lui refuser, surtout depuis qu'elle lui avait offert *Indiana* et lui avait promis *Valentine.* Il fallait, chaque matin, arroser les géraniums de la fenêtre. La nuit, elle dormait nue sur la carpette, membres écartés pour ne rien laisser perdre des premiers souffles de la nuit. Elle laissait le lit à Jules que la chaleur ne semblait pas incommoder et qui dormait du sommeil profond des ivrognes. Car Jules rentrait souvent ivre au domicile.

Musset arriva à l'heure dite, vêtu comme il l'était au restaurant, sans son gilet, en raison de la chaleur, mais avec, en plus, un œillet rouge à la boutonnière. Il lui baisa la main, lui présenta un paquet qu'elle se hâta de défaire avec un air gourmand.

— Du tabac ! s'écria-t-elle. Il y en a au moins une livre. J'en ai pour des semaines. Merci, mille fois merci !

— Du tabac d'Égypte. Celui que vous aimez. Ne me remerciez pas. C'est peu de chose.

Elle le fit passer au salon où, sur un guéridon, elle avait disposé liqueurs et pâtisseries, lui proposa de s'installer sur le sofa et de se mettre à l'aise.

— Il fait très chaud dans cet appartement, dit-elle, mais on annonce de l'orage pour cette nuit. Il sera le bienvenu. J'adore les orages.

Il tira un *regalia* de la pochette de sa redingote, en froissa la cape entre le pouce et l'index et l'alluma en détendant ses jambes. George l'observait à la dérobée en bourrant sa pipe de Bosnie. Elle lui trouvait une beauté singulière, comme un peu fanée en dépit de sa jeunesse : une abondante chevelure et une barbe de la même blondeur à reflets dorés, des yeux d'un bleu de faïence, un air angélique légèrement gâté par un nuage de spleen, la maladie du siècle.

Elle savait, par les confidences de Sainte-Beuve, qu'il menait une vie dissolue, fréquentait les restaurants et cafés à la mode, les lieux de plaisirs les plus vulgaires, comme le Vauxhall et le bal de la Courtille, à Belleville, qu'il jouait jusqu'à l'aube à la *bouillotte* dans des tripots infâmes et en sortait souvent décavé. On ne comptait plus ses maîtresses. Il puisait sans discrimination dans le vivier des barrières et dans les salons du faubourg Saint-Germain, sans compter une attirance particulière pour les maisons closes. En règle générale, dans ce domaine, il choisissait des femmes d'expérience et fuyait les oies blanches qui exposaient leur pucelage à prendre dans les réunions mondaines.

Elle l'entendit murmurer, un verre de cognac à la main :

— Permettez-moi deux questions indiscrètes : est-ce que vous vous habillez souvent en homme, et pourquoi ?

Elle s'assit près de lui avec son verre de limonade tiède.

— Cela m'arrive assez souvent. Ce goût pour les tenues masculines remonte à mon enfance. Lorsque ma mère eut rejoint mon père en Espagne où il tenait garnison, elle me fit confectionner un costume militaire en m'appelant son « petit soldat ». Dans ma province, je m'habille comme mes paysans, pour les grands travaux et pour les tâches quotidiennes. À Paris, j'en conviens, cela peut passer pour de l'excentricité, pire, pour de la provocation ou laisser croire à des mœurs contre nature, comme on dit. Je m'en moque. Se vêtir comme les hommes permet de mieux les comprendre et, le cas échéant, de s'en défendre. Cela vous choque ?

— Vous juger ? Dieu m'en garde ! Vous avez trouvé un moyen d'affirmer votre liberté. Et vous allez peut-être lancer une mode...

Il ajouta en repliant ses jambes :

— Laissez-moi vous regarder, George. Vous me rappelez...

— Une de vos maîtresses ?

— Je ne plaisante pas. Je veux parler du maréchal de Saxe, notre ancêtre commun. Il y a quelques traits de votre visage dans le portrait qu'en a fait Van Loo. Il faudra qu'un jour nous comparions nos généalogies. Nous allons déranger bien des fantômes ! Mes origines à moi remontent plus haut encore : il paraît que je descends de la belle Cassandre, la favorite du Vert Galant.

« Il faudra qu'un jour... » Elle vit dans ces quelques mots la promesse de relations amicales et s'en réjouit. Ce garçon, de cinq ans son cadet, lui plaisait. Elle le devinait prêt à des entretiens et à des confidences. Cela la changerait des conversations banales avec ce pauvre Jules Sandeau.

Il se servit un troisième verre de cognac avant d'ajouter :

— Buloz m'a confirmé la publication imminente de *Valentine*, un livre qui pourrait bien faire autant de bruit que le premier, à ce qu'il m'a dit. J'admire votre facilité autant que votre talent. Là où vous rédigez un livre j'écris un vers ou deux.

— Seriez-vous paresseux ?

Il éclata de rire.

— Paresseux ? Peut-être le suis-je, peut-être pas. C'est un trait de ma nature qui me laisse perplexe. L'envie d'écrire s'empare de moi, de jour et de nuit, mais, lorsque je me trouve au pied du mur, j'ai l'impression de m'asseoir à un banc de galère. La feuille blanche m'attire et me rejette. Le doute, ma chère, vous ne savez ce que c'est. Avez-vous une recette, un secret ?

— Ni recette ni secret. Je m'installe à ma table de travail, devant mes feuilles de papier bleu rayées, mon encrier, mes plumes, et les mots viennent comme on tire le fil d'une pelote de laine.

Brusquement, il se déclara surpris de ne pas voir Solange, dont Sainte-Beuve lui avait appris l'existence en même temps que celle de Sandeau. Elle lui expliqua qu'elle l'avait confiée à la voisine, car elle aurait troublé leur entretien. Il lui demanda si elle aimait les enfants. Elle les aimait. Sa fille lui donnait du souci, mais Maurice la comblait : elle le revoyait les jours de congé et pour les vacances en Berry. Il était sensible et manifestait des dons artistiques qui lui valaient l'estime de ses maîtres.

— Mais vous-même, Alfred ?

La question dut lui paraître saugrenue, car il lui décocha un regard torve.

— Le mariage... les enfants... Dieu m'en préserve. Je ferais un piètre père de famille. Et puis, comme vous, je tiens à ma liberté.

Il avait vidé à moitié la bouteille de cognac sans éprouver, du moins en apparence, la moindre incommodité, quand il se leva pour annoncer son départ.

— Je regrette de devoir vous quitter si tôt, dit-il, mais j'ai un rendez-vous qui ne peut attendre. J'aurais aimé vous parler d'*Indiana* et de cette *Valentine* qu'il me tarde de lire. Ce sera pour une autre fois. Il me reste pour aujourd'hui une mission à accomplir : aller promener aux Champs la jeune comtesse Eugenia-Maria de Montijo de Gusman de Treba. Excusez du peu ! Cette enfant est la fille d'un Grand d'Espagne, ami de notre famille, qui s'est pris de sympathie pour moi, au point de me confier sa progéniture. Elle et moi faisons bon ménage. Je la gave de gaufres, de chocolat et de sirop d'orgeat. Elle me remercie en me disant qu'elle m'aime. J'ai les avantages de la paternité sans en avoir les inconvénients. Risible, n'est-ce pas ?

Il coiffa son haut-de-forme, prit sa canne et souleva la main de George pour la baiser, en murmurant sur le ton d'un marivaudage :

— Je te baise avec ferveur, petite main si blanche et si douce, qui écris de si belles choses. Petite main adorable, quand te reverrai-je ? Que me réponds-tu ?

— Quand il vous plaira, mon ami.

— George, resterez-vous longtemps loin de moi ?

— Trois ou quatre semaines tout au plus. Buloz souhaite que je sois présente pour la sortie de *Valentine.*

— Le temps va me paraître long. M'écrirez-vous ? Je demeure...

— Je connais votre adresse, rue de Grenelle. Elle est déjà inscrite sur mon carnet...

La campagne berrichonne faisait pitié.

Il n'avait pas plu depuis deux mois. La canicule avait donné au paysage une couleur de cendre. Les arbres commençaient à perdre leurs feuilles. L'Indre n'était plus qu'un ruisselet entre les cailloux. On ne pouvait mettre le nez dehors qu'à la tombée de la nuit tant la chaleur était intense. On ne comptait plus les cas d'insolation.

Après des mois d'absence, les retrouvailles entre George et Casimir manquèrent, elles, de chaleur.

Le départ de son épouse l'avait ulcéré. Il compensait son absence par d'interminables parties de chasse, des coucheries avec les servantes et des beuveries avec ses amis de La Châtre. Autant de palliatifs qui ne comblaient qu'imparfaitement le vide laissé par la fugueuse. Il lui écrivait des lettres débordant de bons sentiments, auxquelles George faisait écho sur le même ton pour préserver une apparence d'intimité.

La séparation d'avec Sandeau avait failli dégénérer en drame conjugal. Il s'était proposé de la suivre ; elle avait refusé.

Ayant appris la visite de Musset, il gardait rancune à sa compagne de ne l'avoir pas prévenu, et l'accusait d'avoir agi en cachette pour protéger un moment d'intimité. Elle ripostait en lui reprochant ses propres écarts de conduite, dont elle détenait les preuves formelles. Elle quittait une maison branlante pour retrouver une ruine.

En bouclant son bagage, elle lui avait jeté :

— Je ne veux pas de toi à Nohant. J'ai besoin d'être seule, en famille. Toi, tu vas partir dans la tienne, à Parthenay. Nous nous retrouverons d'ici quelques semaines.

Il dut prendre cette objurgation pour un congé définitif car il s'accrocha à elle en versant quelques larmes dans la cour des Postes où attendait la diligence.

Leurs rapports avaient pris, à l'origine, l'apparence d'une idylle champêtre. Bien qu'elle fût son aînée de sept ans, leur couple rayonnait dans leur cercle d'amis. Ils étaient jeunes, ils étaient beaux. Jules, dont le père exerçait la profession de contrôleur des Finances à La Châtre, la rejoignait le soir dans la chambre où elle consommait son adultère en l'absence de Casimir, tandis que leur ami, Gustave Papet, faisait le guet derrière un buisson.

La belle amour avait duré le temps des roses. Lorsque, à Paris où ils avaient décidé de vivre ensemble, elle l'avait surpris entre les bras de leur lingère, elle s'était vengée de cette infidélité dans ceux de Stéphane de Grandsagne. Ces rapports biseautés, au cours des années, mirent du vinaigre dans l'ambroisie.

Ils en étaient au point où une rupture devenait inévitable. George l'envisageait avec sérénité ; lui avec angoisse. Ils ne formaient plus un couple véritable, mais une sorte de hiérarchie maritime : elle tenait le rôle du capitaine et lui du quartier-maître, et le navire allait comme il pouvait. Elle avait publié un roman à succès ; lui des bluettes. On retiendrait son nom ; pas le sien. Elle portait en elle le feu du génie et lui une triste chandelle de talent que le moindre courant d'air menaçait d'éteindre.

Elle écrivit à Musset quelques jours après son arrivée et attendit une réponse qui ne vint pas. Elle finit par se dire que, sollicité qu'il était par de grandes égéries et des *occasionnelles,* il était en passe de l'oublier.

Un matin de la mi-juillet, elle s'éveilla dans un grand mouvement d'impatience et dit à Casimir qui prenait son déjeuner dans la salle commune :

— Il faut que je parte. J'ai à faire à Paris. Buloz insiste pour que je sois présente à la sortie de mon livre. C'est important pour lui comme pour moi. J'ai besoin d'argent, tu le sais, et j'attends les avances. Si je comptais, pour nous faire vivre, sur les revenus du domaine, je n'y arriverais pas. Je vais amener Solange avec moi. Elle se plaît davantage à Paris qu'ici.

— Les revenus du domaine, parlons-en. Nous avons traversé des périodes difficiles, tu le sais : des hivers terribles, puis la sécheresse. Je vais pourtant faire l'impossible pour t'envoyer des fonds plus importants.

— C'est ce que tu me disais l'été dernier. J'attends encore. Tu ne m'adresse que des broutilles.

Musset. Revoir Musset. Faire son siège au besoin. Chaque jour qui passait lui faisait sentir à la fois la précarité de leurs relations et le désir qu'elle avait de le retrouver. Elle ferait en sorte qu'il fût informé de son retour. Par Sainte-Beuve, évidemment, auquel elle venait de l'annoncer.

Elle avait lu, durant ce bref séjour, les *Contes d'Espagne et d'Italie*. Des vers chantaient dans sa tête, mais ce recueil de poèmes vifs et légers l'avait laissée sur sa faim. Elle se disait qu'il ne contenait que des promesses, qu'il lui manquait peut-être un grand amour pour bouleverser son inertie et le jeter dans les délires de la création.

Elle ignorait que, depuis leur séparation, il avait fait beaucoup mieux.

La soirée se présentait sous un jour réjouissant.

Ils sortirent du théâtre où Dumas les avait conviés à assister à la centième représentation de son drame : *Anthony*, qu'interprétait une des grandes comédiennes du temps, la belle Marie Dorval, maîtresse épisodique de Jules Sandeau.

— Il faut fêter ça ! leur jeta Dumas. Allons manger des glaces au Tortoni, puis, si ça vous chante, nous irons finir la soirée au Divan. C'est moi qui régale, mes amis. Je me sens de taille à baiser le harem du Grand Turc !

— Moi, dit Hugo, je crois que je vais vous laisser partir seuls.

— Vous auriez tort, maître ! dit Musset. Si vous ne nous suivez pas au bordel, nous vous renions.

À la suite d'une généreuse ingestion de liqueurs fortes, il était sérieusement éméché mais marchait droit et parlait clair. Il avait dormi durant le dernier acte et se sentait prêt à monter au créneau.

Sainte-Beuve et le poète Antoine Deschamps hélèrent un fiacre. Ils s'y entassèrent en chantant les *Filles de La Rochelle*, et fouette cocher ! La journée avait été caniculaire, mais un peu de fraîcheur tombait des arbres. Le boulevard grouillait d'une foule joyeuse. Les terrasses des cafés et des restaurants étaient combles et l'on entendait monter du fond des salles des flonflons d'orchestres jouant les airs à la mode. Dumas, debout à l'avant du fiacre, distribuait des saluts aux filles des trottoirs.

Une chaleur d'étuve régnait dans la salle de réception et le grand salon du Divan, avec des odeurs aigres de sueur, mêlées à celles de la vieille étoffe et du tabac. La patronne, que Dumas appelait la « Mère supérieure » et Deschamps « Maman », fit claquer ses mains pour rassembler ses filles. Elles n'étaient que trois, et pas du premier choix.

— C'est tout ce que tu as à nous proposer ? grommela Dumas.

— Que veux-tu, mon gros lapin, protesta la patronne, depuis la fin de l'épidémie, ça ne désemplit pas. Je vous donne ce qui me reste. Faudra vous en contenter ou aller voir ailleurs. Si vous restez, le champagne sera pour ma pomme. Et c'est pas celui qu'on fabrique en Normandie !

Elle se tourna vers ses filles.

— Ernestine... Olga... Lucette... Approchez et occupez-vous de ces messieurs.

— Mes amis, dit Dumas, il manque des soldats à la revue. Il faudra donc tirer au sort.

— Ce sera inutile, dit Hugo. Je préfère m'abstenir.

— Maître, dit cérémonieusement Sainte-Beuve, vous nous désobligeriez en refusant l'invitation généreuse de notre amphitryon. Couvert de décorations que vous êtes, comme un brillant officier, vous ne pouvez renoncer à monter en première ligne.

— Je le regrette, mais... j'ai un échauffement.

— Aïe ! fit Mérimée. C'est évidemment un cas de force majeure qui vous exempte du service. Croyez bien que...

Les éclats de rire des filles, les protestations de la Mère supérieure lui coupèrent la parole. Cette dernière protestait avec vigueur :

— Mais que faites-vous, monsieur Dumas ? Un champagne de ce prix !

— Comme vous le voyez, ma mère : j'arrose ma centième et je rafraîchis la marchandise. Votre étalage sent un peu la sardine de la veille.

Il avait pris la bouteille de champagne et en dispersait le

contenu sur ces demoiselles qui glapissaient et s'amusaient comme des folles.

— Monsieur Dumas, gémit Olga, c'est pas gentil. Va falloir que je me remette de la poudre de riz.

Hugo avait profité du tumulte pour s'éclipser sur la pointe des pieds. Ils vidèrent les trois bouteilles offertes par la mère maquerelle, puis ils firent leur choix sans en débattre. Dumas se leva le premier en s'écriant :

— Eh bien, cavaliers, le clairon sonne. Il est temps de monter en selle...

Un après-midi de la fin du mois de juillet, Alfred de Musset, au retour d'un rendez-vous quai de Conti, fit arrêter son fiacre devant le domicile de George Sand et pria le cocher de l'attendre. Il demanda le cordon au portier et monta marche à marche, car il s'essoufflait vite, l'escalier qui menait au cinquième, en se souvenant d'un mot d'Edmond de Goncourt : « J'aime ces escaliers étroits et raides. Ils font peur aux adolescents qui vont perdre leur pucelage... »

Arrivé sur le palier, il cogna contre la porte avec le pommeau de sa canne, et, n'obtenant pas de réponse, y colla l'oreille. Il tenta de l'ouvrir, mais elle était fermée à clé. Il se dit qu'il aurait aimé, en l'absence de George, se promener dans son appartement, respirer sur son lit et dans ses linges son odeur, retrouver son image dans les dessins que Maurice avait faits d'elle et qui tapissaient un pan de cloison.

Il écrivit sur son calepin un quatrain de sa comédie, *Mardoche* : le portrait de son héroïne, Rosina :

> *Sa peau un peu brûlée à ces soleils de plomb*
> *Qui font dormir le pâtre à l'ombre du sillon,*
> *Une lèvre à la turque et, sous un col de cygne,*
> *Un sein vierge et doré comme une jeune vigne...*

Il roula le feuillet et l'introduisit dans le trou de la serrure. Avec un peu de chance, George le trouverait avant Sandeau.

Cette « petite Sand » l'intriguait et le fascinait plus qu'il ne voulait l'admettre. Il lui arrivait même d'éprouver la ferme volonté de renoncer à revoir cette femme aux yeux de génisse, comme disait Balzac, cette somnambule, mais l'image qu'il substituait à celle d'*Indiana* devenait obsessionnelle. Il ne se passait pas un jour, pas une heure où son souvenir ne vînt le hanter, comme ces chansons qui s'accrochent à la mémoire et ne la lâchent plus. Il tentait de l'occulter en se vautrant dans son travail et dans ses passions : le sexe, le jeu et la boisson.

Il avait, pour satisfaire la première, deux commensaux d'une fidélité exemplaire : Roger de Beauvoir, un dandy excentrique qui portait un gilet en poil de chèvre et une canne au pommeau en corne de rhinocéros ; Alfred Tattet, sa part d'ombre, son mauvais génie, toujours disposé à l'accompagner dans ses pires débauches, attentif à observer, comme un entomologiste les insectes, ce génie en proie aux affres de la création et de ses contradictions, à sa lutte contre l'ange.

Leurs promenades dans la jungle du Paris interlope ressemblaient à des expéditions de chasse. Ils traquaient le menu gibier comme les grands fauves, retrouvaient dans les rues chaudes de la Cité Belle-Cuisse, Poil-Ras et quelques autres rats d'égout, passaient des nuits au Chabanais ou au Divan, allaient réveiller une actrice célèbre, une lionne de cabaret, une madone des beaux quartiers ou quelque marquise en proie aux vapeurs du retour d'âge.

Musset, pris de boisson, se livrait parfois à des fantaisies de mauvais goût, comme de se mettre, en pleine rue, devant la terrasse d'un café, à déclamer des vers en brandissant sa canne. Ses amis n'oublieraient pas cette mémorable soirée au Chabanais où il avait fait l'amour en leur présence, dans un cercle de vingt bougies, comme pour veiller un mort récalcitrant.

Aux tripots parisiens il préférait les salles de jeu de Mortefontaine et d'Enghien, où il se rendait une fois ou deux par semaine, et d'où un fiacre le ramenait au petit matin. Piètre joueur, distrait et téméraire, il comptait sur son bon ange pour favoriser la chance, mais l'ange dormait et la chance le fuyait. Il signait des billets, faisait des dettes que sa famille lui reprochait, mais qu'elle épongeait pour sauver l'honneur.

L'alcool lui apportait l'illusion du génie, l'oubli de ses faiblesses, et faisait des ruptures avec ses maîtresses une sorte de jeu pervers à qui perd gagne. Il y perdait plus qu'il n'y gagnait, mais ce à quoi il renonçait, bon gré mal gré, il le retrouvait sans peine ailleurs. Consentant par bravade à tous les excès, il restait des jours et des nuits tenu en laisse par cette goule : l'ivresse. Il ne s'en libérait que pour s'asseoir à son banc de galérien et affronter de nouveaux supplices.

Il avait écrit dans un de ses poèmes adressé à un ami :

Ah ! ce qui n'est qu'un mal, n'en faites pas un vice.
Dans ce verre où je cherche à noyer mon supplice
Laissez plutôt tomber quelques pleurs de pitié...

Ils se retrouvèrent au début du mois d'août. Informé du retour de George, Sainte-Beuve s'était empressé d'annoncer la nouvelle à Musset.

C'est Sandeau qui avait trouvé le billet du poète dans le trou de la serrure. Plutôt que de détruire ce qui pourrait constituer une pièce à conviction, il l'avait, par défi, épinglé au mur. Il dit à sa compagne :

— Ton poète ne t'a pas oubliée, ma chérie. Vois ce qu'il t'écrit, et en vers qui plus est ! C'est un beau portrait qu'il fait de toi. Que sera-ce quand il sera ton amant... s'il ne l'est déjà ?

Elle protesta qu'elle n'avait eu avec Musset que des rapports amicaux. Il était son cadet de sept ans, ce qui constituait, pour elle comme pour lui, un obstacle. Il lui fit observer qu'il avait, à un an près, le même âge que lui. Face à cette évidence, elle bredouilla :

— Sans doute... sans doute... Mais tu te comportes en

adulte et lui en gamin, et il a besoin d'être protégé, de lui-même d'abord. C'est ce qui m'attire chez lui.

Il ricana en arpentant la pièce :

— Eh bien ! te voilà promue protectrice de l'immortel auteur de la *Nuit vénitienne*, une pièce qui, je te le rappelle, a croulé sous les huées. Ma parole, cet ivrogne se prend pour Hugo ! À propos de Hugo, j'ai appris qu'il est furieux contre toi. Un journaliste a osé écrire que tu avais écrit avec *Indiana* le plus beau roman du siècle. Juger ce livre supérieur à *Notre-Dame de Paris*, faut être culotté !

George attendait à son retour, de la part de son compagnon une autre réception que ce débordement de jalousie et de rancœur. Elle sentit monter en elle une colère qui éclata et dont Solange parut apprécier la violence.

— Ce n'est pas toi, mon pauvre ami, qu'on se risquerait à comparer à Hugo. Qu'as-tu écrit en mon absence ? Rien, sans doute, sauf quelques articles.

Il la détrompa. Il achevait un *Livre des conteurs* et travaillait à un roman : *Madame de Sommerville*. George, épuisée par cette querelle, se laissa tomber sur une chaise, la tête dans ses mains. Elle enferma Solange dans sa chambre en lui ordonnant de n'en pas bouger et de jouer avec son chat.

— Il faut que nous parlions calmement, dit-elle. J'ai conscience que la vie entre nous devient difficile et qu'il convient d'envisager une rupture. J'en ai assez de tes frasques, de tes beuveries, de ta jalousie tyrannique.

— Ma jalousie ? Par exemple !

— Bref : tu vas faire tes valises. Je veux que, dans une semaine, tu aies quitté Paris. J'ai tout prévu durant mon séjour en Berry. Tu vas partir te refaire une santé en Italie.

Il s'esclaffa :

— En Italie ? Et qu'irais-je faire en Italie ?

— Je te l'ai dit : te reposer. Tu en as besoin. Le soleil et l'air de la mer te feront le plus grand bien.

— Mais... je ne suis pas malade !

— Si, tu l'es ! Il suffit de te regarder. Tu as une mine de

momie. Rassure-toi : je paierai les frais du voyage et du séjour. Quand tu reviendras, tu m'auras oubliée et ce sera bien pour nous deux.

Sandeau parut se liquéfier. Il tomba à genoux, plongea sa tête dans le giron de George en proférant, entre deux sanglots, des phrases confuses : comment pouvait-elle se montrer aussi dure avec lui ? croyait-elle qu'il pourrait l'oublier ? si elle l'abandonnait, il en mourrait...

Bouleversée plus qu'elle ne voulait le laisser paraître, elle lui caressa les cheveux comme elle le faisait dans l'amour, soudain plus mère que maîtresse face à cet enfant malheureux, et lui dit d'une voix douce, comme celle de Dieu parlant à Samuel :

— Mon petit... mon chéri... Ce n'est pas de gaîté de cœur que je prends cette décision. Nous nous écrirons, nous nous reverrons et nous resterons bons amis. Comprends-moi : je me suis battue pour ma liberté et ne puis y renoncer. Tu verras, c'est beau, l'Italie. Tu y découvriras des sujets de roman...

Son chagrin dissipé, Sandeau retrouva sa sérénité en se disant que, tout compte fait, ce voyage lui serait bénéfique. Il aurait du loisir pour achever son roman, il se baignerait dans la mer de Virgile, il ferait des rencontres... Au retour, peut-être trouverait-il sa compagne dans de meilleures dispositions, décidée à renouer avec leur vie commune. Et puis, George avait raison : il était sinon malade, du moins fatigué.

Elle disait de lui : « C'est une petite nature... »

George se dit que Sainte-Beuve avait tardé à faire sonner les cloches annonçant son retour.

Sandeau parti pour l'Italie, elle attendit des nouvelles de Musset. Les jours passaient et rien ne venait. Elle se disait que le quatrain glissé dans la serrure n'était qu'une banale effusion poétique. Elle supportait si mal cette incertitude qu'elle fut sur le point de relancer Stéphane de Grandsagne, mais le cher Stephy était plus préoccupé par sa santé que par la promesse d'une nouvelle idylle.

Elle sortit, rencontra de vieilles connaissances, amorça de nouvelles amitiés, dans l'attente d'un signe du poète. Elle rencontra dans sa loge Marie Duval qui lui témoigna une affection un peu louche, Prosper Mérimée et Gustave Planche qui faisaient la roue autour d'elle comme des paons.

Sur le point de céder à Mérimée, elle reçut enfin un billet de son poète lui annonçant sa visite. Il venait tout juste, disait-il (elle en doutait), d'apprendre son retour, en même temps que l'éviction de Sandeau. Il accourait. Son billet était accompagné d'un poème qu'il lui avait dédié et dans lequel, avec un tutoiement d'intimité, il évoquait des scènes d'*Indiana* qui paraissaient exalter sa libido :

Sand, quand tu l'écrivais, où donc l'avais-tu vue
Cette scène terrible où Noun, à demi nue,
Sur le lit d'Indiana s'enivre avec Raymon ?...

Folle d'impatience, elle se prépara avec soin à sa visite et lui écrivit une longue lettre, lui révélant qu'elle avait découvert entre eux une « secrète et douloureuse fraternité ». Elle lui parlerait de ses « tristes secrets », et lui annoncerait qu'elle l'attendait dans sa « cellule de recluse »...

Il lui apporta cette fois, non du tabac d'Égypte mais des fleurs. Elle avait revêtu une chemise des Indes sous une légère robe de soie bleue, la couleur préférée du poète, chaussé des babouches marocaines brodées et avait renoncé à se farder pour ne pas se donner le genre marquise.

— J'en étais, lui dit-elle, à me demander si vous m'aviez oubliée.

— Vous-même, George, avez-vous oublié le poème que j'ai laissé à votre porte ? N'était-il pas suffisamment éloquent ?

— Vous n'avez pas répondu à mes lettres.

— J'ai traversé une période difficile, avec des crises de doutes que vous ne connaissez pas, vous, mais qui se dissipent puisque vous voilà.

Il prit place sur le sofa, devant le guéridon où, avec le bouquet, elle avait disposé une bouteille de cognac et de petits gâteaux exotiques. Elle s'assit à ses pieds, jambes repliées, radieuse. Il s'extasia avec excès sur ses babouches, examina leurs broderies délicates, « de véritables œuvres d'art », dit-il. Elle posa sur sa cuisse, afin qu'il les admirât de plus près, un pied qu'il prit entre ses mains pour l'embrasser. George se dit que cette entrée en matière dépassait ses espérances.

Il fit honneur au cognac et croqua quelques friandises. Elle le remercia du poème qu'il lui avait dédié et lui parla de son séjour à Nohant, de la campagne accablée par un été torride ; il s'était entretenu avec Buloz qui s'intéressait à ses comédies ; elle travaillait à un nouveau roman...

— Je meurs d'envie d'apprendre ce que vous avez fait durant cette longue absence. Qu'avez-vous écrit ? Quelles nouvelles rencontres avez-vous faites ? Tenez-vous un journal intime ? Comme j'aimerais le feuilleter ! Y parlez-vous de moi ? Peut-être un jour vous ferai-je lire le mien...

Il écoutait ce déluge de questions sans paraître décidé à leur donner une réponse. Il lui prit une main, l'embrassa, remonta jusqu'au coude, en murmurant :

— George, mon amie, ma sœur, je vous dois une confidence. Je...

Il n'acheva pas sa phrase. On frappait à la porte.

— C'est la voisine, dit George. Sa promenade avec Solange a été plus brève que je l'avais prévu.

Ce n'était pas la voisine mais Gustave Planche, accompagné d'un ami berrichon qui tenait à rencontrer l'écrivain. Comme ils passaient par là, Planche avait décidé de lui faire une visite surprise. Pour une surprise, c'en était une. Le visage de Musset se figea. Il se leva pour prendre congé.

— Si nous vous dérangeons..., dit Planche.

— Je ne faisais que passer, dit Musset. Je venais donner à notre amie des nouvelles de la *Revue*. Heureux de vous avoir retrouvé, mon ami. Madame Sand, merci de votre accueil.

Il lui baisa cérémonieusement la main.

Elle lui écrivit le soir même pour se faire pardonner cette intrusion importune. Il lui répondit que cela ne l'avait pas choqué, qu'elle n'en était pas responsable et qu'ils ne tarderaient pas à se revoir.

Quelques jours plus tard, elle lui adressa un jeu d'épreuves d'un nouveau roman : *Lélia*. Il s'en montra flatté et ravi : « Vous auriez pu, chère amie, être madame Unetelle écrivant des livres. Vous êtes George Sand... Certaines pages de ce nouveau roman égalent du Chateaubriand ou du Byron... » Venant de lui, le compliment n'était pas mince. De là à penser qu'il fût sincère...

Ils se revirent au Tivoli, montèrent en haut de Notre-Dame pour admirer Paris au soir tombant, se promenèrent, bras dessus, bras dessous au Luxembourg et sur les boulevards. Il lui présenta la petite Eugenia de Montijo qui, avec son épaisse chevelure brune et la matité de son visage, rappelait la jeune Aurore Dupin.

Dans ses lettres, il se montrait audacieux : « Jamais les mots ridicules de *voulez-vous ? ne voulez-vous pas ?* ne sortiront de mes lèvres... Je puis être pour vous une espèce de camarade sans conséquence et sans droits, sans jalousie et sans brouilles, capable de fumer votre tabac et de chiffonner vos peignoirs... » Il faisait allusion à une précédente visite où il avait tenté vainement de la forcer dans sa réserve.

Il lui disait :

— George, l'amour et l'amitié ne peuvent coexister entre un homme et une femme.

Elle lui répondait :

— Alfred, je n'éprouve pour vous que de l'intérêt et de l'affection.

En réalité, le sentiment qu'elle éprouvait pour son poète était d'une nature plus complexe. Se cacher qu'elle en était amoureuse eût été une duperie. Elle savait qu'un jour viendrait où il se déclarerait et où elle céderait, mais elle ne voulait rien risquer avant d'avoir mis à l'épreuve leurs rapports. Les privautés qu'elle lui accordait entraient dans ce jeu.

— Il faut travailler, mon ami. Vous êtes un grand paresseux, vous l'ai-je assez dit ?

— Je ne le puis, George, qu'en état de délire amoureux ou de déception. Lorsque je suis épuisé d'amour, le poète prend le relais.

Elle n'eut aucune peine à comprendre ce que cachaient ces propos. Il avait beau lui répéter qu'il aimait toutes les femmes et les méprisait toutes, elle songeait qu'une seule aurait pu le faire renoncer à cette dichotomie. Il avait un accent de sincérité en énonçant ces formules brutales mais fragiles, qu'une rencontre privilégiée pouvait rendre vaines.

À la suite d'une soirée intime au cours de laquelle il s'était montré particulièrement audacieux sans obtenir satisfaction, elle reçut une lettre qui la fit fondre de plaisir. Il avait « quelque chose de ridicule à lui dire » :

« Vous allez me rire au nez, me prendre pour un faiseur de phrases... Je suis amoureux de vous. Je le sais depuis le premier jour où je suis allé chez vous. J'ai cru que je m'en guérirais en vous voyant à titre d'ami, mais je paie trop cher les moments que je passe avec vous... »

Il souhaitait qu'elle le connût mieux. Il évoqua un mur de prison derrière lequel il y aurait un captif : lui. « Aimez ceux qui savent aimer. Moi, je ne sais que souffrir. Adieu, George, je vous aime comme un enfant... »

« Comme un enfant... » Il avait trouvé le mot juste. Sans nier la tentation permanente qu'il éprouvait en sa présence, il justifiait sa réserve, son mépris affiché des femmes.

Elle fut choquée d'un poème qu'il lui confia. Il s'exprimait en des termes si extravagants qu'elle se dit qu'il avait dû rédiger ces mauvais vers pleins d'allusions salaces, sous le coup de la boisson. Elle renonça à lui répondre. Il resta plus d'une semaine sans donner signe de vie. Elle lui écrivit ; il ne daigna pas répondre.

George prit son parti de ce qu'elle considérait comme une défection, avec un sentiment où se mêlaient déception et rancœur. Elle finit par se dire que cette liaison en pointillé était arrivée à son terme.

Le rideau qui tombait sur Musset se leva sur Marie Dorval.

La jeune comédienne avait adressé à George un billet tendre avec une invitation pour la première d'une pièce dont elle serait l'actrice principale. George attendit que la marée des laudateurs se fût retirée, pour aborder la comédienne. Marie la découvrit assise au milieu d'un monceau de gerbes et de bouquets. Elle donna congé à son habilleuse et pria sa visiteuse de l'aider à changer de toilette.

— Dieu merci, soupira-t-elle, je respire enfin. Ces raseurs sont partis : le prince Chose, le comte Machin... Ce qu'ils peuvent être collants !

Elle évoluait dans sa loge dans le plus simple appareil.

— Comment me trouvez-vous, ma chérie ? Un peu empâtée des hanches, non ? Pourtant je m'impose un régime.

— Vous êtes parfaite, dit George. Un tanagra... Quant à votre talent, je l'admire. Votre interprétation de la comtesse...

— Assez de compliments, ma chérie. J'en ai soupé. Approchez un peu.

Elle fit glisser ses mains sur le corps de George avec un léger halètement.

— S'il y a un tanagra dans cette loge, dit-elle, c'est vous plus que moi. Et cette tenue masculine vous donne de la personnalité. Vous devez rendre les hommes fous ! Musset, par exemple. On dit que vous l'avez fasciné.

— Oh ! Musset... Nous n'avons que des rapports d'écrivains.

— Seriez-vous libre ?

— Je vis seule avec ma fille, Solange.

Marie se parfuma, de la tête aux pieds, de Chardin-Houbigant, demanda à George d'en répandre dans son dos, « sans oublier les fesses », puis, se retournant brusquement, lui prit la tête entre ses mains, posa ses lèvres sur les siennes et lui dit avec un râle de plaisir :

— Ma chérie, un fiacre m'attend pour me conduire aux Frères Provençaux célébrer cette première, mais, baste ! on m'attendra.

George n'eut pas un mouvement de recul quand elle entreprit de défaire ses vêtements.

— Vous ne portez pas de corset, ma chérie, et vous avez raison. Je déteste cet instrument de torture pour rombières.

Elle ajouta avec une voix et des gestes de théâtre, dans un rire éclatant :

— Nous allons nous aimer au milieu des roses. C'est poétique, tu ne trouves pas ? Après, nous irons rejoindre mes admirateurs !

Marie prit très vite l'habitude de rejoindre George dans sa « cellule ». Elle lui parlait, allongée sur le lit en buvant des liqueurs, de ses amours difficiles avec le poète Alfred de Vigny, un personnage complexe, toujours sur la réserve, et avec Gustave Planche qui se roulait sur le tapis en gémissant lorsque l'ivresse le rendait impuissant.

Les jours de relâche, elle passait sa nuit avec George. Généreuse, elle ne venait jamais sans un coffret de chocolat pour Solange. George le lui reprochait :

— Tu ne devrais pas. Regarde : cette gamine a l'allure d'un éléphanteau.

— C'est pas vrai ! pleurnichait Solange.

C'est dans la loge du Français, fermée à double tour, qu'elles connaissaient leur plaisir le plus intense, comme si l'atmosphère du théâtre agissait sur elles à l'égal d'un aphrodisiaque. Un soir, Marie dit à sa compagne :

— George, pourquoi n'écrirais-tu pas pour la scène ? Je pourrais t'aider à faire jouer tes pièces.

— Je n'y ai pas encore songé sérieusement. Pour le moment, mes livres suffisent à occuper mon temps.

— Il faudra t'y mettre. J'exige d'incarner l'héroïne de ta première pièce. J'aimerais quelque chose d'italien, ou d'espagnol...

George se lassa vite de cette liaison frelatée qui, transmise de bouche à oreille, risquait de lui faire une réputation d'invertie et de lui attirer moqueries et sarcasmes. Elle espaça leurs rendez-vous et finit par renoncer, écœurée qu'elle était par la vulgarité de sa partenaire.

Elle quitta sans regret Lesbos pour faire voile vers une autre île. Prosper Mérimée n'attendait qu'un signe d'elle pour la laisser débarquer.

Elle lui ouvrit sa porte, un soir où, en compagnie de Sainte-Beuve, qui avait ses habitudes dans un restaurant de la rue Contrescarpe-Dauphine, chez Magny, ils s'étaient retrouvés.

Il proposa son fiacre pour la raccompagner. Elle l'invita à boire un cognac.

Tout semblait convenu entre eux. Il s'était pris d'intérêt pour elle depuis le repas au Lantier, sans se priver de la brocarder. Elle n'avait pas, par la suite, dédaigné ses avances, sans lui laisser supposer qu'elle fût prête à se rendre. Elle n'aimait guère sa froide ironie, pas plus d'ailleurs que ses œuvres, sèches et sans passion. Stendhal lui reprochait de manquer d'élan, de ne toucher que huit notes de son piano. En était-il de même dans l'intimité ? Lors de leurs rencontres à *La Revue des Deux-Mondes,* il la harcelait de questions, souvent indiscrètes ou impertinentes. Elle était subjuguée par son intelligence, son érudition d'archéologue, son physique rigide et froid, sa distinction de diplomate, comme un oiseau devant une couleuvre.

Mérimée se révéla un piètre amant. Leur liaison ne dura que quelques semaines et s'acheva sur un consensus glacé. Elle avait souhaité découvrir en lui des symptômes d'une passion occultée par la timidité, qu'elle aurait pu réveiller et faire s'épanouir ; elle n'avait trouvé qu'un banal jouisseur qui l'accablait de son indifférence en quittant sa chambre.

Au retour de l'Opéra, un soir où elle avait déployé tous ses talents, il la remercia par une muflerie : il la quitta sans un mot en jetant sur le guéridon une pièce de cinq francs. Ulcérée, elle décida de le rayer de ses relations. Il ne devait d'ailleurs pas s'éterniser dans la capitale : il venait d'être nommé ambassadeur à Madrid.

Elle écrivit à Sainte-Beuve, sur le ton de la confidence : « Si Mérimée m'avait comprise, il m'eût peut-être aimée. S'il m'eût aimée, il m'eût soumise. Si j'avais accepté de me soumettre à un homme comme lui, je serais sauvée, car ma liberté me ronge et me tue... »

Elle eut, par la suite, quelques rapports épisodiques avec Gustave Planche – cette « image raphaélite », disait de lui Balzac –, qui s'était pris pour elle de passion, mais avec une intention inavouée : celle de vivre à ses crochets. Il bredouillait d'émotion en la prenant dans ses bras, mais ses étreintes rappelaient Waterloo plus qu'Austerlitz. De plus, il négligeait son corps et sa tenue, sentait mauvais et avait des habitudes de vieux. Edmond de Goncourt disait de lui que, lorsqu'il allait au théâtre, les loges voisines se vidaient. Le jour où elle apprit qu'il avait provoqué en duel un journaliste qui avait fait d'un livre de George une critique malsonnante, elle se dit que c'en était trop et qu'elle devait se débarrasser au plus tôt de cet olibrius dont sa maîtresse précédente, Marie Dorval, disait qu'il était « aussi collant qu'un arapède sur son rocher ».

Elle accorda ses faveurs à un jeune Italien séjournant à Paris, Alessandro Poerio. Il lui parla avec chaleur de son pays, elle du Berry, puis elle l'évinça : ce joli garçon avait la bourse bien garnie mais la tête creuse.

Les relations entre George et Musset en étaient restées au « je t'aime comme un enfant » du poète.

À peine avait-il poussé ce cri, il s'était fondu dans le brouillard parisien. Lorsqu'il la croisait dans les foyers des théâtres et les lieux publics, il faisait en sorte de l'éviter, et elle de même, mais, ces soirs-là, il dormait mal, fumait cigare sur cigare, vidait des bouteilles, jetait en vrac des vers sur le papier, ouvrait la fenêtre, la refermait aussitôt, prenait sa canne et son chapeau et faisait les cent pas rue de Grenelle, comme s'il s'attendait à voir l'image de George se dessiner dans la nuit. Il était resté si longtemps sans la voir qu'il se demandait quelle attitude observer s'il se retrouvait en face d'elle.

Un jour, il n'y tint plus.

Au cours d'un dîner au Rocher de Cancale, Sainte-Beuve l'avait secoué.

— Nom de Dieu, Alfred ! Tenez-vous à elle, oui ou non ? Vous ne pouvez rester indéfiniment le cul entre deux chaises.

Musset tenta d'exorciser l'image qu'il gardait d'elle en la présentant sous des traits caricaturaux.

— Elle a de beaux yeux, j'en conviens, mais un regard bête. Sa chevelure est d'un beau noir andalou, mais le nez est trop long, le bas du visage fuyant, la bouche mal faite. Elle est maigre et jaune comme une sardine sèche. Quant à sa croupe...

— Comme vous l'aimez ! Mon cher, vous me racontez des balivernes. Au lieu de me faire son portrait, avec une navrante mauvaise foi, dites-moi plutôt si vous comptez ou non donner suite à votre liaison. Avez-vous couché avec elle ?

— N... non. J'ai un peu froissé son pyjama, caressé sa poitrine, mais j'ai renoncé à pousser plus loin mon assaut car je sentais trop de résistance.

— Vous me décevez. Je vous croyais plus hardi avec les femmes. Il se peut que vous l'ayez déçue en arrêtant le siège, qu'elle ait attendu que vous passiez à l'acte avec plus de constance. Les femmes, vous le savez, sont des animaux étranges.

— George n'est pas une femme. C'est un génie qui en a pris l'apparence. On ne viole pas un génie. Elle porte le feu en elle et je crains de m'y consumer.

— Surtout n'allez pas mettre en avant le fait qu'elle soit votre aînée. M'avez-vous assez répété que vous préfériez aux oiselles de salon les femmes d'expérience ! Avec la petite Sand, vous seriez gâté. Elle a beaucoup *expérimenté* dans son cinquième... Donnez-lui rendez-vous. Elle vous attend, j'en mettrais ma main au feu.

— C'est trop tard. J'ai décidé de faire un voyage en Italie pour soigner ma sciatique au soleil. Je compte y rester un bon mois. Alors...

— Alors, proposez-lui de vous accompagner !

À quelques jours de là, Musset se présentait chez George sans s'être annoncé, avec, sous le bras, une bouteille d'armagnac et un œillet rouge à la boutonnière. Elle eut un hoquet de surprise.

— Vous ! Par exemple... Je me demande si je ne rêve pas. Quel temps faisait-il dans le monde d'où vous venez ?

— Cessez de persifler, je vous en conjure. Êtes-vous seule ?

— Seule avec Solange. Je lui donne des rudiments de mathématiques.

Elle était vêtue d'une robe de chambre légère, les cheveux noués d'un madras, un négligé qui lui plut et le réconforta : elle lui parut plus accessible.

— Vous tombez mal, lui dit-elle. J'ai un rendez-vous à la *Revue,* avec Buloz, et je ne veux pas le faire attendre. Pourriez-vous revenir ce soir, disons vers minuit. Je dois assister à un spectacle au Français.

Pris d'un vertige, il bredouilla :

— Ce soir... minuit... je serai là.

Ils se gardèrent, l'un comme l'autre, de s'empêtrer dans des propos de salon et des effusions verbales. Solange dormait dans la pièce voisine, et un orage ne l'aurait pas réveillée. George était nue sous sa douillette. Ils eurent quelques élans passionnés, des mots sans suite qui, dans leur banalité, exprimaient, mieux que des discours ou des poèmes, leur volonté d'en découdre.

Ils tombèrent enlacés sur le lit, passèrent le reste de la nuit à s'aimer, n'arrêtant leurs ébats que pour fumer ou boire de l'armagnac, afin de reprendre des forces pour un nouvel assaut qui manquerait de lyrisme mais non d'ardeur.

En une seule nuit, il lui fit oublier les pleurnicheries de Planche, les froides étreintes de Mérimée, les moites ardeurs de Marie Dorval. Le matin, après un petit somme, elle lui dit :

— Tu as failli me faire mourir.

— S'il en était ainsi, je n'y survivrais pas, répondit-il.

Elle étouffa un rire dans le creux de son épaule.

— Voilà que tu parles en alexandrin, mon chéri. Celui-ci est banal mais émouvant et sincère, du moins je me plais à le croire...

Elle se leva d'un bond pour réveiller Solange et aller faire quelques courses dans le quartier. La gamine fit au poète un accueil maussade. Elle détestait ces hommes qui allaient, venaient, disparaissaient, reparaissaient, parfois avec des friandises pour elle, parfois les mains vides. Ils l'importunaient, la privaient de quelques moments de tendresse avec sa mère. Elle n'aimait pas entendre ces mots : « Ma chérie, tu vas aller chez la voisine. Je reviendrai te chercher dans un moment. Sois sage... »

— Solange... Tu n'as pas dit bonjour à monsieur Musset. Embrasse-le, veux-tu ?

— Non ! veux pas ! Il pique...

Cette fois-ci, on avait débridé les chevaux. L'espace et le temps consacrés à leurs galopades ne leur étaient plus mesurés. Ils pouvaient caracoler à leur aise et se rendre où ils voulaient.

Musset choisit Fontainebleau. Il dit à George :

— J'ai besoin d'être seul avec toi, vraiment seul, une semaine au moins, loin de Paris. Je connais une auberge accueillante près des bois de Franchart. Nous pourrions partir dimanche.

— C'est le jour de congé de Maurice, mais je le confierai à sa grand-mère. Ça ne lui plaira pas, mais tant pis !

Dans les jours qui suivirent il apporta au domicile de George du linge, des vêtements, des souliers vernis et une paire de bottes de cheval. Elle se dit qu'il assimilait cette partie de campagne prolongée à une confrontation destinée à les mettre à l'épreuve. Si leur coexistence se révélait possible, il pourrait envisager, avec son accord, une liaison à long terme.

Musset avait mal choisi le jour du départ. La forêt de Franchard, où ils avaient décidé de passer cette première journée de solitude à deux, était aussi fréquentée que les Champs. C'était ce que Musset appelait un « dimanche à ouvriers ». Paris déversait sur ces espaces champêtres des foules avides de verdure, d'espace et d'air pur. L'auberge affichait « complet ». Chaque arbre, chaque rocher ou presque, avait son rapin, chaque anfractuosité dans les chaos de rochers, ses amoureux qui jouaient à « frotte-nombril », chaque clairière ses amateurs de pique-nique.

Ils firent contre mauvaise fortune bon cœur, partagèrent leur table avec des calicots, des lorettes, des familles, burent le vin aigrelet de Suresnes, dansèrent après le dessert la valse et quelques *tiroirs* de quadrilles, jusqu'à la tombée du jour, alors qu'une foule chassée du paradis, somnolente, débraillée, maussade, refluait vers les voitures.

La journée du lendemain se passa en promenades à cheval avec un guide. Ils s'arrêtèrent pour admirer des arbres séculaires, escalader des rochers de légende, débusquer des vipères endormies dans des flaques de soleil. Elle prenait des notes sur son calepin ; il dessinait des esquisses entremêlées de quelques vers. Elle pestait contre les papiers gras, les bouteilles vides, les excréments abandonnés par la horde ; il ne voyait que les profondeurs de la forêt, le jeu du soleil dans les frondaisons.

Elle cueillit quelques fleurs sauvages et les glissa dans sa ceinture, que Musset dénoua pour une étreinte sous une avancée de roche, en laissant au guide la garde des chevaux. Il lui rappela que c'était dans cette forêt que le Roi-Soleil entraînait sa première favorite, la petite Marie Mancini, nièce du cardinal de Mazarin.

Ils décidèrent le lendemain de passer la nuit dans la forêt, sans leur guide, au risque de s'égarer. Ils quittèrent l'auberge sur leur monture, chaudement vêtus et munis de couvertures, car les nuits commençaient à fraîchir. Pour toute lumière, la lune. Elle était, dit Musset, « comme un point sur i ». Ils ne plongèrent pas très profond dans la forêt en évitant de quitter le sentier.

De temps à autre ils arrêtaient leurs chevaux, pour s'asseoir sur un rocher, respirer les senteurs nocturnes, écouter le vent brasser les cimes, surprendre la course des sauvagines dans la fougère.

Quelle idée saugrenue poussa Musset, alors qu'ils s'installaient sous une épaule de rocher pour y passer la nuit, à évoquer le souvenir de ses amours ?

— Je suis venu là, il y a quelques années, avec une femme, dit-il. Nous avons fait l'amour à deux pas d'ici, dans la bruyère. Nous étions, elle et moi...

Elle lui coupa sèchement la parole.

— Ce que tu as fait ici avec une autre femme ne m'intéresse pas. Cherches-tu à m'humilier ? Eh bien, c'est réussi. Rentrons !

Il se leva pesamment mais, au lieu de revenir vers l'endroit où ils avaient laissé leurs chevaux, il prit la direction opposée, avec une allure de somnambule. Il avait disparu depuis quelques minutes quand elle perçut un gémissement, une longue plainte suivie d'un cri rauque.

Elle se précipita, persuadée qu'il avait dû faire une chute en escaladant un rocher et le trouva allongé, le dos contre un arbre, haletant et proférant des phrases confuses, comme paralysé par la peur.

— Mon chéri..., dit-elle, que t'est-il arrivé ?

Il balbutia :

— L'homme... je l'ai vu...

— De quel homme veux-tu parler ? Je ne vois personne.

— Il est sorti du cimetière... il s'est dirigé vers moi... il portait des vêtements en loques et sautait en courant dans la bruyère.

— Un braconnier, sans doute ?

— Non ! Son visage était hideux... Un monstre...

— Tu as dû rêver. Il n'y a personne dans les parages et sûrement pas de cimetière.

— Si. Là-bas, derrière ce gros chêne. On voit le petit mur dans la clarté de la lune. Je peux t'y conduire.

Elle l'aida à se lever. Accroché à son bras, il la dirigea vers l'endroit indiqué. Il y avait bien une murette de pierres sèches et derrière, à peine visibles dans la lueur bleuâtre de la lune, quelques stèles plantées de guingois, comme après le passage d'une tornade, surnageant d'un cimetière qui paraissait à l'abandon.

George se souvint de ce que lui avait dit Sainte-Beuve : Musset était un malade d'une sensibilité excessive, un déséquilibré mental. Il pouvait passer des semaines, voire des mois, sans manifester le moindre dérangement, mais, lorsqu'une crise se déclenchait, il était sujet à des hallucinations. C'était un spectacle affligeant, une sorte de delirium tremens, mais sans danger pour son entourage, car il ne se montrait pas agressif. Son frère, Paul, lui avait proposé de se faire examiner par des médecins spécialisés dans ce genre de maladie à éclipses ; il s'y était toujours refusé, de crainte d'être reconnu dément.

— Tu avais raison, dit George. C'est bien un cimetière, mais je ne vois toujours personne.

Il s'obstina dans son récit :

— J'ai vu cet homme comme je te vois, je le jure ! Il me ressemblait, oui, il me ressemblait comme un frère !

— Mais tu n'as rien de monstrueux, mon chéri !

— C'est peut-être parce qu'il portait un masque.

Elle aurait pu penser qu'il avait sombré dans une crise éthylique, mais elle avait pris soin de le tenir éloigné de la tentation. Le mal venait sans doute, se dit-elle, de ses abus précédents ou d'une hérédité suspecte. Si leur liaison perdurait, elle s'efforcerait de le soigner pour lui faire retrouver son équilibre mental.

L'événement de cette nuit passa comme une foucade, et l'on décida de n'en plus parler. Elle le surprit, le surlendemain, à chantonner en faisant sa toilette. Il la taquina et lui fit l'amour comme si rien ne s'était passé.

À quelques jours de leur retour à Paris, alors qu'il venait de s'installer chez George, elle le découvrit occupé à griffonner sur ses genoux. Elle se pencha sur lui.

— Qu'es-tu en train de dessiner, mon chéri ?

— Ça ne te rappelle rien ? Regarde bien...

Le croquis représentait, dans une forêt illuminée par une belle lune, deux personnages semblables à des spectres, qui paraissaient sur le point de s'affronter. Il avait ajouté à ce croquis un titre : *Lune de miel dans un cimetière*, et une légende : « Perdu dans la forêt et dans l'esprit de sa maîtresse... le cœur aussi déchiré que sa robe... »

Elle prit la feuille et s'apprêtait à la déchirer quand il la lui arracha des mains. Elle lui dit d'un ton âpre :

— J'ignore ce que signifie ce dessin et le texte qui l'accompagne, mais je sais qu'il faut que tu oublies ce qui s'est passé cette nuit-là, dans la forêt. Dis-toi qu'il ne s'est rien passé, que tu as fait un cauchemar. Des cauchemars, tout le monde en est victime un jour ou l'autre, mais on n'en fait pas un dessin...

Musset oublia ou fit semblant. Il lui parla de l'Italie où il comptait soigner ses rhumatismes articulaires. Ça l'ennuyait de partir seul. Il lui demanda de l'accompagner.

— Ça me plairait, lui répondit-elle, mais c'est impossible. Trop de travail. Ce nouveau manuscrit que Buloz me réclame à cor et à cri...

— Le travail, toujours le travail ! Mais qui t'empêcherait d'écrire, en Italie, puisque tu peux le faire n'importe où ? Ce n'est pas moi qui t'en empêcherai. Réfléchis, mon amour. L'Italie... Aller vers la vie... Mourir au soleil... Avec toi, ma Georgette...

Voilà qu'il se mettait à délirer...

Si l'Italie la tentait ? Question saugrenue. Depuis l'Espagne de son enfance, dont elle gardait en mémoire des images de palais sombres et de campagnes calcinées, elle n'avait jamais franchi les frontières du Sud. Dans les jours qui suivirent, elle rêva de mers lointaines, de villes endormies sous le soleil, de collines d'oliviers et d'amandiers. Elle parla de la proposition de Musset à Sainte-Beuve qui l'encouragea à partir, puis à Buloz qui poussa les hauts cris.

Elle décida de partir.

— Je crains, lui dit Musset, la réaction de ma mère. Si elle apprend que je pars avec toi, elle en fera un drame. Depuis la mort de mon père, sa santé s'est dégradée, au point que nous craignons le pire.

— Si tu en es d'accord, j'irai la voir. Je trouverai les mots qui conviennent pour la rassurer.

Dès le lendemain, vêtue comme une bourgeoise, elle se rendit au domicile de la vieille dame, rue de Varenne.

— Madame, dit-elle, votre fils a dû vous entretenir de son projet de voyage. Comme il ne peut partir seul en raison de sa santé, il m'a proposé de l'accompagner. Je ferai en quelque sorte office de garde-malade.

— Je suis au courant de ce projet, ma fille, et je ne puis m'y opposer, d'autant que ce séjour sera bénéfique à Alfred et qu'il a pour vous beaucoup d'estime. Cependant... est-ce bien convenable ? Vous connaissez les Parisiens ? Ils vont jaser. Déjà qu'on raconte des horreurs sur ce pauvre enfant...

— Il s'agit avant tout de sa santé, madame. Alors, ces commérages sont sans importance.

La vieille dame soupira :

— Eh bien, soit ! Je vous fais confiance, ma fille, mais il faudra vous montrer discrets. À tout prendre, puisqu'il lui faut une garde-malade, je préfère que ce soit vous plutôt qu'une de ces gourgandines qu'il fréquente, à ce qu'on dit, et qui lui gâtent la santé...

Cet obstacle levé, le consentement de Paul et d'Herminie, frère et sœur de Musset, obtenu sans peine, ils se plongèrent à corps perdu, en attendant le moment du départ, dans une vie de bohème que n'eût pas reniée, quelques années plus tard, l'écrivain Henri Murger.

C'étaient, plusieurs fois par semaine, de petites fêtes à domicile, les amis de George rejoignant ceux de Musset, dans un bel esprit de convivialité.

Un soir où ils avaient invité Larminier, philosophe

ennuyeux et naïf, à se mêler à leur assemblée, Musset se déguisa en servante, en cachant sa barbe, pour passer les plats. Alors que leur invité réclamait de l'eau, il feignit un geste maladroit et lui versa le contenu de la cruche sur la tête.

Gustave Planche était devenu un familier de ces agapes. Conscient peut-être qu'il méritait cette sanction, il ne tenait pas rigueur à son hôtesse de la quarantaine prolongée qu'elle lui avait imposée. Chaque livre qu'elle publiait déclenchait son enthousiasme. Comme Sainte-Beuve se montrait surpris auprès de George de ce comportement qui, à la longue, pouvait paraître suspect, elle répliqua qu'elle s'en moquait. Elle lui écrivit :

« Je me suis énamourée, et sérieusement cette fois. Gustave a passé pour être mon amant, mais peu importe : je ne l'ai pas nié, mais il ne l'est plus. Je suis dans une relation exceptionnelle et suis forcée de mettre ma vie au grand jour. L'opinion publique dira que je suis inconséquente, que je vais de Planche à Musset, en attendant que je passe à un autre. Qu'importe, pourvu qu'on ne me dise pas que je reçois deux hommes à la fois le même jour... »

Des nuages traversaient ces journées radieuses.

Il semblait que Musset, cherchant à fuir la lumière trop crue du bonheur, se plût à découvrir des occasions de souffrir et de faire souffrir ses proches. Ses accès de jalousie se déclaraient sans motif, comme ces obus enterrés que le moindre contact risque de faire éclater. Sans que rien annonçât l'orage, son visage s'assombrissait, ses traits se crispaient, ses mains tremblaient et sa voix prenait des accents âpres. Il reprochait à sa compagne la vulgarité de ses propos, de sa tenue, de ses manières, et jusqu'à ses amants. Elle haussait les épaules et le laissait épancher sa bile. Cette jalousie, Musset la jetait en pâture à sa soif de tourment. De cet état naissaient ses poèmes les plus touchants et les plus vrais. Pour écrire, il lui fallait ce pain de galérien, ce poison. Elle avait compris cela depuis la nuit de Fontainebleau, et même avant.

Chaque jour avec plus d'intensité, dans les pluies et les brumes de l'hiver, ils songeaient au départ. Paris leur était devenu insupportable, leurs amis des raseurs, le travail une corvée.

George avait achevé son manuscrit. Elle réclama une avance de cinq mille francs à Buloz, qui ne lui en accorda que quatre. Elle cria à l'avarice mais dut s'en contenter : c'était une forte somme. Si elle manquait d'argent en Italie, elle serait toujours à même de tendre le gobelet vers la source.

Elle entretint une correspondance suivie avec Casimir. Il avait pris avec sérénité l'annonce de l'escapade en Italie, qu'il considérait comme un caprice. Son épouse lui avait arraché sa liberté ? Eh bien, qu'elle en use à sa guise, pourvu qu'elle ne lui demandât pas de cracher au bassinet. La garde des enfants lui posait un problème. Elle décida de confier Maurice, pour ses jours de congé, à Sophie, cette mère avec laquelle elle entretenait de mauvais rapports mais qui accepterait ce que chacune considérait comme un devoir. Solange retrouverait son père à Nohant.

Lorsqu'elle confia à Casimir qu'elle ne se rendait en Italie que pour soigner ses maux de cœur et d'estomac et pour se reposer, il dut sourire. Elle partait avec son amant, ce Musset que l'on disait poète ? Grand bien lui fasse ! Après tout, il avait lui-même, dans son entourage immédiat, de quoi se donner du bon temps...

LIVRE III

1

Les gondoles noires

Pourquoi es-tu si belle, ô Venise, et pourquoi te fais-tu tant aimer de moi, quand je ne dois plus rien aimer sur la terre ?

George Sand, *Journal intime.*

Le frère de Musset, Paul, était présent, le matin de la mi-décembre quand les deux voyageurs, chargés de bagages où les livres tenaient une grande place, montèrent dans la voiture de poste.

Ce voyage les conduisit en trois jours à Lyon. Ils décidèrent de choisir, de préférence à une diligence lente et inconfortable, le bateau à vapeur. Il les mènerait jusqu'à Avignon, d'où ils prendraient la route de Marseille pour y embarquer.

À bord, le temps s'écoulait, souple et lisse comme le courant du fleuve. Ils eurent un compagnon prestigieux : l'écrivain Henri Beyle, connu sous le nom de Stendhal. L'Italie était sa passion. Son premier voyage, sous le règne de l'Empereur, datait de vingt ans. Il en avait rapporté des *Chroniques italiennes* et un roman : *Le Rouge et le Noir*. Il regagnait son poste de consul de France à Trieste.

— Il faut bien, leur dit-il, que je fasse de temps à autre acte de présence, mais, dès que possible, je prends la clé des champs. On dit que j'ai la bougeotte. J'en conviens, mais ce sont ces escapades qui nourrissent mes œuvres.

Il connaissait de réputation ses deux compagnons de voyage, ce qui facilitait leurs rapports, mais c'est surtout de lui qu'il parla, comme le font la plupart des écrivains et des artistes, égocentristes de nature. Il entreprit de leur raconter avec force détails la retraite de Russie, dont il était revenu indemne, mais ne fit que de brèves allusions à ses amours, persuadé sans doute qu'ils n'étaient soucieux que des leurs.

— Ce lourdaud, dit Musset, m'assomme à ne parler que de lui. J'espère qu'il ne va pas nous accompagner jusqu'à Marseille...

Stendhal les quitta à Avignon. Ils virent sans regret ce gros homme au visage encadré d'un collier de barbe grisonnante leur faire un signe d'adieu.

Entre Avignon et Marseille, le temps changea brutalement. Des rafales chargées de pluie et de neige dévalaient des Cévennes et des Alpes avec un grondement de torrent. Ils ne retrouvèrent le soleil qu'à Marseille où, en dépit du gros temps, ils prirent le bateau pour Gênes. Musset, malade, ne quitta pas sa cabine, George, insensible aux embruns, arpentait le pont et les coursives. Affrontée pour la première fois à la haute mer, elle en éprouvait une fascination et un vertige.

Ils restèrent moins d'une semaine à Gênes en proie à des vents froids qui faisaient oublier le soleil. George, agitée de frissons, dut s'aliter. Musset, oubliant les ennuis de la traversée, visita la ville, avec une préférence pour les quartiers populaires et les rues chaudes. Il retournait de nuit à l'hôtel épuisé d'amour et ivre de *grappa*.

Ils ne voulurent pas quitter la ville sans une visite à la maison natale de Paganini qui, à Paris, les avait fascinés par sa virtuosité diabolique. Gênes les séduisait par l'animation constante qui régnait autour du port, où ils avaient élu domicile. Ils poussèrent en calèche jusqu'aux collines qui entourent la ville, où, en bordure des oliveraies, les grands cyprès frémissent dans le vent comme des harpes.

Musset, qui avait fait, le premier soir de ses sorties en ville, la connaissance d'une danseuse, aurait volontiers prolongé son séjour, mais George souhaitait un autre soleil et d'autres lieux.

À Pise, où ils restèrent deux jours, ils escaladèrent la tour penchée avec la sensation d'être ivres, visitèrent la cathédrale romane, admirèrent les peintures de Martini et de Masaccio, avant de partir pour Florence où leur vie parut se dissoudre dans les visites aux monuments et aux œuvres d'art du Quattrocento. Ils trouvèrent une auberge convenable sur une *piazetta* proche du Ponte Vecchio.

George, mal remise, ne faisait que de brèves promenades. Elle consentit pourtant à le suivre en calèche jusqu'au *palazzo* Pitti. Il avait envie (et besoin) de voir les fresques consacrées aux Médicis. En feuilletant les *Chroniques italiennes* de Varchi, il avait découvert le sujet d'un drame qui aurait cette ville pour cadre. Il avait parlé de son projet à Stendhal qui, ayant beaucoup écrit sur Florence, l'y encouragea. Quelques scènes s'animaient déjà dans sa tête. Un titre avait même émergé : *Lorenzaccio.*

Elle le laissait sortir seul en ville, consacrant le reste d'énergie que lui laissait sa fièvre à la rédaction de son nouveau roman : *Jacques,* promis à Buloz pour le mois de juin. Elle taillait soigneusement ses plumes et relisait ses notes avant de se mettre au travail jusqu'à la chute du jour. Alfred revenait la prendre et, bras dessus, bras dessous, ils allaient souper dans une *trattoria* des bords de l'Arno, où le Dante avait rencontré Béatrice. Lorsque la fièvre faisait relâche, elle lisait quelques pages du livre de Prosper Mérimée : *La Double Méprise.* Ce titre de marivaudage cachait le récit de leur brève aventure. Quant à Musset, il repartait, le cigare aux lèvres, pour des promenades nocturnes dans les cabarets et les bordels.

Un soir, passé minuit, alors qu'il revenait ivre, elle lui jeta :

— Je constate que ma maladie te réussit.

— Préfères-tu, lui répondit-il, que je reste à ton chevet ?

— Ce que je préférerais, c'est que tu te conduises de façon plus raisonnable. Souviens-toi que j'ai promis à ta mère et à Paul de veiller sur toi.

— Serais-je encore en tutelle ? À vingt-trois ans, j'ai le droit de mener ma vie à ma guise, il me semble !

Il ressortit en faisant claquer la porte et ne revint qu'au petit matin, pâle comme un cierge et tenant mal son équilibre.

Décidée à se montrer indulgente, George parvenait mal à se dominer. Ces sarabandes nocturnes qui épuisaient à la fois sa santé et sa bourse présageaient mal de la suite de leurs vacances. Chaque jour davantage s'élargissait l'accroc qui lui montrait le revers du personnage : une ombre louche sous un manteau d'étoiles. Après la scène hallucinante de Fontainebleau, elle découvrait avec de plus en plus de lucidité le vrai visage de l'ange déchu qu'il jetait en pâture aux vices les plus abjects, au risque d'y laisser sa raison et sa vie même.

Décidée à provoquer un sursaut du poète, elle fit mine de préparer ses bagages. Il l'interrogea d'une voix étranglée. Elle lui répondit d'un ton calme qu'elle se préparait à regagner Paris.

— Tu plaisantes, ma Georgette ? Notre voyage vient à peine de commencer ! Pourquoi veux-tu, déjà...

— J'en ai assez de tes sarabandes nocturnes, de l'abandon où tu me laisses ! Regarde-toi. Tu as la mine d'un cadavre, tu sens l'alcool et la putain. Alors je me refuse à cautionner tes écarts de conduite. Désormais, tu devras assumer seul tes excès.

La réaction fut celle qu'elle espérait. Ce grand enfant tomba à genoux et lui entoura les jambes de ses bras en sanglotant. C'était un chagrin sincère. Elle sentait, à travers l'étoffe, une chaleur humide et en fut bouleversée, au point de s'accroupir en face de lui et de mêler ses larmes aux siennes. Elle entendait, comme venue du bout de la chambre, une litanie de « pardons » et de « je t'aime » à laquelle elle répondait en le berçant dans ses bras. Ils rappelaient deux orants touchés par la grâce après une apparition.

Elle lui dit en l'aidant à se relever :

— Je reste, mais tu vas me promettre d'être plus sage et de me montrer que tu crois à mon existence et à mon amour.

Il marmonna une promesse, alla s'asperger le visage à la cruche et lui dit :

— Il faut quitter cette ville au plus tôt. Son climat ne me réussit pas.

Les gondoles noires

Elle lui demanda où il souhaitait se rendre. Comme il n'en avait aucune idée, ils décidèrent de tirer au sort en dix points pour savoir s'ils se dirigeraient vers Rome, Naples ou Venise. C'est Venise qui l'emporta. Il exulta, lui récita des vers de ses *Contes* :

Dans Venise la rouge
Pas un bateau qui bouge
Pas un pêcheur sur l'eau
Pas un falot...

Au nord de Florence, le pays était toujours en proie à l'hiver. Lorsque les deux voyageurs prirent la route des Apennins, de vastes pans de neige recouvraient les sommets. Ils s'arrêtèrent dans des bourgades froides, sombres, humides et des villes tristes comme des cimetières sous les bourrasques d'un vent âpre : Bologne... Ferrare... Padoue... Ils couchèrent dans des auberges louches, aux lits vermineux, aux plafonds tapissés de jambons de sanglier et de porc.

La diligence les déposa à Mestre, faubourg de Venise, à la mi-janvier, sous un déluge glacé. Ils trouvèrent, non sans mal, une gondole de louage, étroite comme un cercueil, qui tanguait sous les bourrasques.

À cette heure indue, il paraissait illusoire de trouver où se loger dans cette ville morte. L'immense *piazza* San Marco était hantée de quelques piétons emmitouflés dans des capes sombres. Le gondolier, qui depuis le départ de Mestre n'avait pas prononcé un mot, leur indiqua un hôtel *onesto* et *comodo,* riva degli Schiavoni, face au bassin San Marco : l'Albergo Reale, ancien palazzo Dandolo, propriété du signor Danieli.

Un gardien de nuit somnolent les guida jusqu'à leur suite : une pièce commune, *con vista,* tapissée de tissu bleu nuit, et deux petites chambres. Ils se dévêtirent avec des gestes de somnambules et s'allongèrent dans le même lit pour se réchauffer, sans effectuer la moindre toilette.

Tard dans la matinée, en se réveillant et en ouvrant leurs fenêtres, ils crurent à un miracle. Le ciel de cristal venait de libérer un soleil généreux. Il habillait de lumière l'immense étendue du bassin et de la lagune, ouverts comme un large éventail. Sur l'autre rive, tel un navire à l'ancre, l'église San Giorgio Maggiore se dressait, dominée par son campanile droit comme un cierge. Au loin, vers la droite, sur les rives de la Giudecca, se profilait la silhouette de l'église palladienne et votive du Redemptore. Plus près d'eux, sur son promontoire, la Douane de mer, telle une goutte d'or, poussait sa pointe dans le bassin. La ligne grisâtre du Lido fermait l'horizon à l'est, comme la frange de l'éventail.

Des cloches sonnaient de toutes parts, proches ou lointaines, des vols de pigeons et de mouettes traversaient le ciel. Mêlées à d'autres embarcations : vapeurs aux hautes cheminées, péniches, bateaux de pêche ou de commerce aux voiles rouges et jaunes, les gondoles avaient repris leur trafic. Les quais bruissaient de leur activité quotidienne, dans les interpellations, les cris et les chansons des mariniers et des débardeurs.

— Merveilleux..., murmura George en se blottissant contre lui.

— Sublime..., ajouta Musset.

De préférence aux chambres plus modestes donnant, à l'arrière sur un *rio* puant et une ruelle sordide, ils avaient choisi l'une de celles, plus coûteuses, qui, derrière une colonnade gothique, donnent sur le bassin. La Venise dont ils avaient rêvé, celle que Musset avait imaginée en écrivant ses *Contes,* était le décalque de cette première vision.

Ils firent une rapide toilette, prirent sur le pouce une sommaire *colazione* et se rendirent sur la piazza San Marco, encore scintillante des averses de la nuit, avec ici et là, au pied des immeubles, des franges de neige. L'air frais du matin leur apportait des odeurs marines et champêtres, puissantes comme celle d'une prairie humide. Ils auraient pu passer là cette première journée sans chercher ailleurs, tant le spectacle qui s'y déroulait avait d'attraits divers.

Marchands et artistes ambulants avaient dressé leurs éventaires entre les galeries des Procuraties : celle des *Vecchie* et celle des *Nuove*, que domine le campanile dont l'ange d'or placé au sommet scintillait dans le soleil. Ils admirèrent un spectacle de marionnettes représentant des seigneurs chrétiens affrontant des Maures, se divertirent des facéties d'un ours des Dolomites apprivoisé, du bagout d'un vendeur de défroques et de masques, des mimiques d'un conteur, des exploits d'un athlète à grosses moustaches... Il acheta du parfum et elle un horoscope qu'elle déchira à peine l'avait-elle lu en disant à Musset qu'il lui racontait des sornettes.

Il lui proposa une promenade en gondole jusqu'au Rialto.

— Pars seul, lui dit-elle. Je préfère rentrer. Cette nuit, j'ai eu de nouvelles poussées de fièvre.

— Si cela persiste, dit-il, il faudra faire venir un médecin. Ta fièvre ne t'a pas quittée depuis notre départ de Florence. Souffres-tu d'autres maux ?

— Oui : de l'estomac et du ventre. J'ai dû consommer une nourriture avariée. Je pense au *vitello* qu'on nous a servi à Ferrare. Il n'était pas de la première fraîcheur.

— C'est pourquoi j'ai évité d'en manger...

Malgré sa fièvre, elle s'attela au travail, mais les mots ne venaient pas. Elle devait se lever à tout bout de champ pour gagner le *ritirata* et se libérer d'une diarrhée obstinée.

Au début de l'après-midi, lorsque Musset retourna à l'Albergo Reale, il fronça les sourcils et fit la grimace.

— Cette odeur..., dit-il. Comment peux-tu la supporter ?

— Je suis malade, dit-elle. Sois indulgent, mon chéri.

Il demanda au gardien de faire prévenir un médecin. Une heure plus tard, le docteur Santini se présenta. Il ausculta la patiente, demanda à examiner ses selles, leur fit comprendre qu'il y perdait son latin et leur recommanda un confrère plus jeune que lui, le docteur Pietro Pagello, qui demeurait près du Corte Minelli. Il refusa de se faire payer ses honoraires.

Par chance, le jeune praticien parlait assez bien le français. Il soignait souvent des visiteurs étrangers victimes du changement de climat, de l'humidité et d'une nourriture à laquelle ils n'étaient pas habitués.

C'était un bel homme, haut de taille, large d'épaules, aux cheveux d'un beau blond doré, au visage imprégné de sérénité et de courtoisie. Après qu'il eut ausculté sa patiente, sans demander à voir ses selles, George se sentit à moitié guérie.

— Vous êtes victime d'une dysenterie, madame, dit-il. Rien de grave, mais il faudra garder la chambre, observer un repos complet, une diète sévère, et mieux surveiller votre nourriture.

Elle lui parla du *vitello* de Ferrare. Il ne fallait pas chercher plus loin, dit-il. Il rédigea une ordonnance et annonça une nouvelle visite pour le lendemain.

À peine le médecin s'était-il retiré, George bougonna :

— Me reposer, éviter de sortir... Il en a de bonnes, ce Pagello ! J'ai à peine écrit cinquante pages de mon roman et faudrait que je me repose ? Quant à ne pas sortir, eh bien, merde ! Je vais pas me contenter de regarder Venise de ma fenêtre ! Ah ! mais...

Elle ajouta d'un air sombre :

— J'ai fait le compte de ce qui nous reste d'argent. À peine de quoi tenir pendant une semaine, sans faire de folies. Je vais devoir taper Buloz. Il va en avaler son cigare, mais il faudra bien qu'il s'exécute. Point d'argent, point de suisse...

Elle confia à Alfred qu'elle se sentait mieux et lui demanda de faire monter un plat de *pasta* par le gardien.

— Et ferme cette fenêtre, nom de Dieu ! J'ai faim et j'ai froid.

Il la trouvait souvent vulgaire de comportement comme de parole, mais ce n'était pas pour lui déplaire. Leur ancêtre commun, le maréchal de Saxe, qui passait pour un joyeux luron, n'en eût pas été offusqué. Elle avait hérité de sa jeunesse berrichonne ce langage dru de fermière habituée à parler aux paysans et aux animaux.

Le lendemain, quand il se présenta, en l'absence de Musset qui était allé se promener en ville, le docteur Pagello examina la patiente et ne cacha pas sa surprise : la fièvre avait amorcé sa décrue, le pouls était presque normal et, à ce que lui dit George, ses alertes stercorales s'espaçaient.

— Vous sentez-vous mieux, madame ?

— Oui, docteur, mais j'ai faim et j'ai froid.

— Je vais vous faire installer un brasero. Quant à la nourriture, il faut encore vous rationner.

Elle se leva et se planta devant la fenêtre, un châle sur les épaules, en frissonnant.

— Cette humidité..., dit-elle. Je la sens sur mon visage comme un emplâtre froid et sur mon corps comme un linge mouillé. Elle suinte des murs, pénètre dans mon lit et jusque dans mon linge.

— Venise est ainsi tous les hivers, madame. Il y a une semaine, les enfants du quartier San Francesco ont bâti un bonhomme de neige. C'est plus tard qu'il fallait venir à Venise, au printemps.

Elle se montra intriguée par la musique et le vacarme qui montaient de la place.

— Ce sont des paysans, dit-il. Ils viennent en groupes, accompagnés de musiciens, vendre leurs produits et faire la fête. Ce soir, sous les galeries de la piazza San Marco, il y aura un concours de costumes. Je ne vous autorise pas à vous y rendre. Les soirées sont fraîches.

— Le carnaval, déjà ?

— À Venise, il durait jadis de Noël au printemps, soit à peu près six mois. Il a sombré avec la République, et l'occupant autrichien l'a interdit, mais on évite de prononcer le mot et on passe outre.

Il lui parla d'une de ses pratiques : un épicier en gros qui, depuis la mort de sa femme, changeait de peau tous les jours à cette période. Sa boutique fermée, il coiffait un tricorne, posait sur son visage un masque à bec de corbeau, s'enveloppait d'un manteau noir pour aller faire la fête et chercher fortune. Il s'inventait et incarnait un personnage différent du boutiquier qu'il était le jour.

— Beaucoup de gens font ainsi, ajouta le médecin. Moi-même, je l'avoue, cela m'arrive quand j'ai quelque tracas en tête, et j'en éprouve une sensation de délivrance. Je ne suis plus moi, mais quelqu'un de très différent : celui que j'aurais aimé être.

Elle pointa le doigt sur la vitre, lui montra un coin de la lagune où une lourde et sombre embarcation, ornée de colonnes moulurées d'angelots et de couronnes de fleurs, fendait lentement l'eau plombée.

— N'est-ce pas, dit-elle, ce bateau qu'on appelle le Bucentaure ?

Il eut un petit rire.

— Le Bucentaure... dit-il. La galère des doges... Il y a longtemps qu'on ne le voit plus. Napoléon l'a fait détruire quand il a conquis la ville. Chaque année, à son bord, on célébrait au Lido le mariage de Venise avec la mer, en jetant un anneau d'or dans les vagues. Le bateau que vous venez de voir a une autre signification. C'est ce que vous appelez en France, je crois, un corbillard : chez nous, c'est la gondole des morts.

— Mon Dieu..., gémit-elle en se serrant contre lui.

— Qu'avez-vous, madame ? Une faiblesse ?

— Tout au plus une impression pénible, comme un pressentiment. J'ai consulté l'autre jour un horoscope qui parlait de la mort. Et là, aujourd'hui... Oublions cela, je vous prie.

Avant de se retirer, il lui raconta qu'avant qu'elle fît appel à lui il l'avait aperçue, entre deux colonnes, en train de fumer un cigare. Cela l'avait intrigué et l'avait incité à se renseigner sur l'identité des deux voyageurs. Il recevait des gazettes de

France et connaissait les noms, sinon les œuvres de la romancière et du poète. Il était très honoré qu'ils aient fait appel à lui.

Il lui baisa la main en prenant congé.

— Je reviendrai dans quelques jours, dit-il. Je ne vous quitte pas avant que vous ne soyez tout à fait remise.

George n'attendit pas d'être complètement rétablie avant de se remettre au travail, le brasero près d'elle.

Elle calcula qu'à raison de dix pages par jour, et à condition que sa maladie n'altérât pas son inspiration, elle pourrait envoyer le manuscrit de *Jacques* à François Buloz sous une quinzaine. Elle avait prié Alfred de lui rapporter de quoi fumer. Il lui avait acheté des cigarettes bulgares, du tabac turc et y avait ajouté un bouquet qu'elle avait placé sur sa table de travail, à côté de son encrier, de son verre d'eau sucrée et de sa lampe à pompe. Elle avait fait monter pour lui une petite table de travail, mais il ne s'y asseyait que pour lire ou rêvasser. Il passait ses jours et une partie de ses nuits à visiter la ville et à s'initier à la langue. Il se gavait de Venise et d'Italie.

Le surlendemain de la dernière visite du jeune médecin, Musset insista pour emmener sa compagne au restaurant. Il avait repéré une *trattoria* ancienne toute fleurie, posée comme une gerbe sur un *canale*. Au soleil, sur la terrasse, ils se délectèrent de *pasta* et de malvoisie, écoutèrent le patron chanter, en s'accompagnant d'une mandoline, des airs de bateliers datant du poète Torquato Tasso : Le Tasse.

En lui tenant la taille, il l'entraîna dans un quartier proche de l'église San Salvatore, afin de lui faire la surprise d'une découverte : une villa abandonnée située sur la rive d'un *canale* emprunté par des embarcations de maraîchers, en marge d'une place couverte d'oignons séchant au soleil. Cette bâtisse, lui révéla-t-il, datait du dernier temps des doges, avant le saccage de la ville par les troupes de Bonaparte. Avec ses colonnades rongées par les intempéries, ses fenêtres hautes et larges aux vitres brisées, son jardin peuplé d'une colonie de statues souillées par les déjections des pigeons et des mouettes, elle racontait un passé fastueux.

— Qu'en dis-tu, mon Georgeot ?

— Je dis que c'est une belle ruine.

— Il faudrait peu d'argent pour l'acheter et la restaurer. Tu imagines ? Tous deux dans cette demeure patricienne, avec nos enfants, nos domestiques et nos chiens...

Elle éclata de rire.

— Tu es fou, mon chéri ! Où trouverions-nous l'argent ? Rêve tant que tu voudras, tu as ma bénédiction, mais renonce à ce projet. D'ailleurs, loin de Paris, de tes amis, de tes maîtresses, tu ne tiendrais pas six mois...

Il fit grise mine lorsque George demanda à revenir à l'hôtel, cette promenade l'ayant épuisée. À peine rentrée, elle s'alita, en proie à un nouvel accès de fièvre. Il veilla à ce qu'elle prît ses médicaments et repartit. Il avait d'autres *découvertes* à réaliser.

Musset, ce soir-là, avait rendez-vous avec une dame vénitienne réputée pour ne pas ménager son hospitalité, sous quelque forme que ce soit, aux généreux étrangers : la Gritti.

Il l'avait rencontrée au Caffè Florian, repaire des patriotes vénitiens, après un spectacle de ballets à la Fenice. Un peintre français l'avait mis en garde contre cette hétaïre qui avait laissé un souvenir cuisant au prince Poniatowski. Depuis, elle se disait guérie, mais il fallait se méfier des propos de ce genre de créatures. Musset se sentit devenir lion en voyant venir à lui cette biche discrètement plantureuse, vêtue de soieries éclatantes et constellée de bijoux.

L'idylle dura une semaine. Elle aurait pu durer davantage si, un soir, au retour d'un repas avec sa maîtresse vénitienne, Musset n'avait dû s'aliter avec une fièvre de cheval accompagnée de nausées et de vomissements.

Éveillée par cette agitation, George étouffa un cri : debout et en chemise dans la clarté de la lampe, titubant, le visage verdâtre, Musset paraissait sur le point de rendre l'âme. Affolée, elle réveilla le gardien et lui demanda de prévenir le docteur Pagello. Il ne le trouva pas : le médecin était chez sa maîtresse et avait exigé de n'être pas dérangé.

— Il faut que je le trouve ! s'écria George. J'y passerai la nuit si c'est nécessaire.

Alors qu'elle commençait à s'habiller, Alfred lui prit le poignet en lui disant qu'elle se perdrait inutilement dans cette ville qu'elle ne connaissait pas. On le ferait prévenir le lendemain, à la première heure.

Songeant à l'horoscope et au corbillard, elle explosa :

— Demain... demain... Et si c'est la peste ou le choléra ?

Elle consentit à attendre, lui fit boire le thé qui restait, prendre une pilule d'éther. Il se recoucha et se mit à gesticuler comme une marionnette. Elle le veilla toute la nuit, fumant cigarette sur cigarette et buvant du thé tasse après tasse. Elle parvint à écrire quelques pages, surprise elle-même par son pouvoir d'abstraction des contingences matérielles. Mérimée lui avait dit qu'elle aurait pu écrire une scène érotique dans une chambre funéraire.

Lorsque, au lever du jour, le médecin se présenta, il s'excusa de son absence de la nuit passée, ausculta le malade et lui demanda ce qu'il avait mangé la veille.

— Des huîtres..., lui répondit Musset, un *risotto* et une coupe de fruits.

— Des huîtres..., soupira le médecin. J'aurais dû vous prévenir qu'il fallait éviter d'en consommer. Les aubergistes les récoltent sur les pieux des gondoles et ne les servent qu'aux étrangers. Cher monsieur, vous réunissez tous les symptômes de la thyphoïde : de la fièvre, des traces roses sur le ventre, des frissons, un pouls très bas... Avez-vous des maux de tête ? Oui ? Alors nous y sommes. Je vous rassure : rien de gravissime, mais c'est sérieux et contagieux. Madame Sand devra éviter les contacts, notamment par les aliments.

Alors qu'il refermait sa trousse, elle le prit à part et lui demanda s'il ne lui cachait rien.

— Rien, madame. Il y a seulement dix risques sur cent pour que cette maladie soit mortelle. Prise à temps, elle peut être moins grave. De plus, votre ami est jeune. Cependant...

Il lui prit le bras, l'attira vers la porte.

— ... cependant, je le trouve en mauvaise santé. Ce garçon me donne, comme on dit chez vous, l'impression de brûler la chandelle par les deux bouts. Je sais par des amis qu'il a de mauvaises fréquentations, qu'il s'enivre et fait du scandale en public. Vous devriez le surveiller mieux, sinon ça risque de mal finir.

— Le surveiller ? pouffa George. On voit que vous le connaissez mal. À la moindre observation, il se hérisse ou il boude. Un moment plus tard il se jette à mes genoux, me demande de lui pardonner, mais le lendemain il recommence !

— Cela ne me regarde pas, madame, mais j'avoue ne rien comprendre à vos rapports.

— Je n'y comprends rien moi-même ! Le mieux serait que nous arrêtions de nous perdre dans ce malentendu et de nous séparer, mais nous ne pouvons nous y résoudre.

— Pour le moment, faites en sorte qu'il se repose, et vous de même. Vous avez une mine...

Elle lui ouvrit la porte et, se haussant sur la pointe des pieds, lui jeta un baiser au coin des lèvres.

Pietro Pagello revint deux fois par jour.

L'état du malade avait évolué de telle manière que le médecin en fut déconcerté. Sa fièvre avait baissé, mais, pris de convulsions, il se dressait sur sa couche, injuriait Pagello, Dieu, le diable et une certaine dame Gritti dont George ignorait l'existence. Cette typhoïde assortie de troubles mentaux laissait le médecin perplexe. George lui parla de leur nuit dans la forêt de Fontainebleau. Il hocha gravement la tête.

— J'avoue que ce cas dépasse mes compétences. C'est à Rome qu'il faudrait le faire soigner. J'ai là-bas un excellent confrère à qui je pourrais vous recommander.

— Il ne supporterait pas le voyage, et d'ailleurs nous n'avons pas l'argent nécessaire.

— Je pourrais vous aider, je pourrais...

— Je vous en remercie, Pietro. Que la maladie suive son cours. Je suppose qu'elle ne va pas durer des semaines...

Il sourit en lui embrassant le poignet. Elle venait de l'appeler par son prénom.

Ils passèrent des jours, parfois des nuits, à veiller leur malade.

Il s'était créé entre eux une sorte de complicité. Lorsqu'il aidait George à changer la chemise du malade et à faire sa toilette, on aurait pu les prendre pour un couple au chevet de leur enfant. Parfois leurs mains se caressaient, s'étreignaient et leurs lèvres se rejoignaient.

Il lui demanda de laisser le malade à la garde d'une servante de l'Albergo Reale et de venir le rejoindre à son domicile où il vivait en célibataire. Elle refusa, objecta que rien ne se passerait entre eux tant que le pauvre Musset serait grabataire.

De Venise, elle ignorait tout ou presque. La maladie de Musset, prenant le relais de la sienne, l'avait privée des promenades dont elle rêvait. Elle devinait autour d'elle un monde d'histoire et de légende qui lui était interdit. Le seul avantage de cette claustration était de lui permettre de poursuivre la rédaction de son roman. Il tirait à sa fin. Encore une semaine et elle pourrait l'expédier à Buloz et lui demander une rallonge à ses avances, pour lui permettre de rester encore quelque temps dans cet hôtel dont les tarifs dépassaient leurs disponibilités financières. Par chance, Pagello oubliait de se faire payer...

— Sans vous, lui dit-elle, nous aurions fini au lazaret. Vous êtes notre ange gardien.

Elle le remercia d'une faveur qui n'avait rien d'angélique.

Une nuit où, malgré la vigilance des autorités autrichiennes, une fête battait son plein, avec, sur la piazza San Marco, une sarabande joyeuse à la lumière des flambeaux, elle lui dit :

— Pietro, je n'en puis plus ! Emmenez-moi danser. Alfred est plus calme et il dort. Sortons, une heure seulement. *Per favore...*

Il ne pouvait lui refuser ce plaisir. Avec le sédatif qu'il avait administré au malade, ils pouvaient l'abandonner une heure sans risquer qu'il se réveillât.

À un éventaire en plein vent, sous la galerie du palais des Doges, il louèrent des capes, des masques, et se jetèrent dans la fête à corps perdu. Il lui apprit à danser la *furlana* et la *monferrina,* lui fit boire du vin de Chypre et l'entraîna, à moitié ivre, dans une farandole qui, partant du campanile, s'étirait jusqu'au bout de la place. Des couples se livraient à leurs ébats sous les galeries. Des courtisanes vêtues de blanc des pieds à la tête, accompagnées de mirliflores poudrés, se pavanaient sur des chars attelés de jeunes hommes. Juchés sur des estrades, des musiciens jouaient des airs populaires ou des musiques d'opéra. Un gros ténor déguisé en marquis du grand siècle entonna un couplet des *Noces de Figaro.*

Ils quittaient la farandole pour s'étreindre furieusement contre un pilier, la rejoignaient, comme poussés par les foucades de la *bora* qui balayait la place et éteignait les flambeaux.

Ils ne se décidèrent à rompre le charme que lorsque la cloche du campanile sonna minuit. Leur fugue avait duré plus de trois heures.

Le spectacle qu'ils découvrirent en retournant à l'hôtel les figea de stupeur.

Musset s'était réveillé en leur absence et, pris d'un accès de démence, avait renversé les sièges et les tables, brisé une *fiasca* de chianti après en avoir avalé le contenu. Il gisait, inconscient, sur le parquet, sa chemise retroussée jusqu'au nombril, au milieu de ses vomissures et d'un désordre navrant.

— Il est mort ! s'écria George. Par notre faute !

— Non, dit Pagello. Son pouls est normal. Il s'est tout bonnement endormi après avoir bu. Aidez-moi à le transporter jusqu'à son lit. Il est probable que demain, en se réveillant, il aura tout oublié.

Ils l'allongèrent, le couvrirent, ranimèrent le brasero, car il était agité de frissons.

— Je vais vous aider à remettre de l'ordre et à nettoyer le parquet, dit Pagello.

— Inutile, dit-elle. Je m'en occuperai demain.

— Alors, je vous souhaite le bonsoir.

Elle lui prit la main.

— Non, dit-elle. Reste...

Pagello ne repartit qu'au petit matin, pour une tournée de visites.

Musset avait passé une nuit paisible, la première depuis le début de sa maladie, comme si sa crise de la nuit l'avait purgé de ses humeurs et de ses fantasmes. Le médecin l'avait examiné avant de partir et avait conclu que, s'il n'était pas en proie à un regain de fièvre, il serait sur pied dans la semaine.

George, après avoir fait le ménage, passa une partie de la matinée à somnoler, sans parvenir à aligner trois phrases. Musset, dans sa crise nocturne, ayant dispersé les feuilles de son roman, elle avait mis du temps à le reconstituer. Comme elle peinait à reprendre le fil de l'intrigue, elle décida d'écrire à Pagello.

Dans un style trop littéraire pour paraître sincère, elle le questionnait sur ses sentiments à son égard et ne lui dévoilait les siens que par allusions. Elle intitula cette lettre *Énamourée*, ce qui constituait un aveu. Comme elle l'avait surpris à plusieurs reprises à feuilleter son manuscrit, elle plaça sa lettre en évidence sur la couverture.

Elle ressentait envers le jeune praticien, en même temps qu'une profonde gratitude, une fascination pour sa force paisible, son humeur égale, sa compétence, et son allure *romaine.* Il l'avait sauvée comme il était en train de sauver Alfred. De plus, elle savait, depuis la nuit précédente, qu'il était un amant d'exception.

Elle se dit, en terminant cette lettre, qu'elle aurait dû, plutôt que de lui écrire ces flonflons romanesques, lui faire part de ses sentiments de vive voix, mais il lui était difficile, en amour, d'employer un autre langage que celui qu'elle faisait tenir à ses personnages.

À la fin de sa première visite de la journée, Pagello tomba sur la lettre, en prit connaissance et la replia sans manifester la moindre réaction, comme si George avait tenu à lui faire lire un poème d'amour en prose. Il s'apprêtait à prendre congé quand elle lui arracha la lettre des mains, écrivit dessus : « Au stupide Pagello ! » et la lui mit sous le nez.

— Pour moi ? dit-il d'un air stupéfait.

— Et pour qui d'autre, innocent ? Pour le gardien peut-être ?

Ils ne reparlèrent pas de ce billet.

Les commentaires qu'il aurait dû lui livrer, il préférait les confier à George sous forme de caresses et de baisers. Un manège que le malade pouvait surprendre à tous moments. Et qu'il surprit.

Un matin, alors que Pagello venait de se retirer, Musset dit à George :

— Je suis malade mais pas aveugle. Si tu crois que vos manigances m'ont échappé... Je vous ai vus tout à l'heure, à travers le paravent. Ce n'étaient que vos ombres, mais elles n'en faisaient qu'une. Ne proteste pas ! Tu vas me dire que je suis victime d'une hallucination ? Eh bien, non ! J'étais pleinement lucide.

Elle réagit avec d'autant plus de vigueur qu'elle se sentait prise en défaut.

— Eh bien ! s'écria-t-elle, tu te trompes. Que vas-tu imaginer ? Que je suis tombée amoureuse de ce garçon ? Je lui sais gré de ne pas nous considérer comme des clients ordinaires. Un point, c'est tout !

— Je vois plutôt des points de suspension ! Si tu me disais tout, je pourrais me montrer indulgent. Je déteste me sentir floué.

— Je te répète que tes soupçons sont déplacés. Contente-toi de guérir au plus vite pour revenir à tes frasques. Ta Gritti doit t'attendre...

Il bougonna et lui tourna le dos.

Musset crut ses soupçons fondés le jour où il découvrit une tasse, une seule, sur le guéridon où ils venaient de prendre le thé. Il en conclut qu'ils avaient bu dans le même récipient, comme des amoureux. Si ce n'était pas une preuve...

Elle se défendit avec violence, disant qu'elle avait été seule à prendre du thé.

— Tu me soupçonnes ! C'est un comble. Que devrais-je dire, moi ?

— Tu te venges à ta manière. Tu t'autorises de mes fautes pour justifier les tiennes. C'est une habile manœuvre. Il est vrai qu'un malade, ça peut être gênant...

Il recouvrit sa tête avec son drap. Quand elle l'entendit sangloter, elle s'assit au bord du lit, le cœur remué.

— Je vais te faire un aveu, mon chéri. Il est vrai que j'éprouve pour Pagello un sentiment difficile à exprimer. En d'autres circonstances, il aurait pu devenir mon amant, mais c'est toi que j'aime. Ta convalescence achevée, adieu Pagello !

— Et moi, dit-il d'un air sombre, je ne t'aime plus.

La convalescence de Musset ne connut pas de rechutes. Il s'alimentait convenablement, reprenait des forces, mais ses sommeils restaient agités. De la chambre voisine, George l'entendait, la nuit, se démener, pousser des gémissements et des cris, se lever, tambouriner avec ses poings contre la cloison, réveiller les voisins qui protestaient.

Elle le surprit une nuit en train d'enjamber le rebord de la fenêtre pour se jeter sur le quai, et eut du mal à le ramener dans son lit, tant il se débattait. Une autre nuit, alors qu'elle avait interrompu son manuscrit pour se coucher et écrire quelques mots à Pagello, elle entendit la porte s'ouvrir. Elle moucha la chandelle et cacha la lettre et le crayon sous son drap. Il lui demanda ce qu'elle faisait. Elle répondit qu'elle lisait. Pourquoi avait-elle éteint la chandelle en voyant la porte s'ouvrir ? Elle prétexta un courant d'air. Il retourna dans sa chambre en marmonnant.

Leurs finances s'épuisaient, sans qu'ils fissent de dépenses abusives, Musset, en raison de son état de santé, ayant dû renoncer à ses sarabandes nocturnes. Il en souffrait et disait que Paris lui manquait. Il rappelait fréquemment à George sa promesse de le ramener à Paris dès qu'il serait guéri.

— Nous allons d'abord déménager, lui dit-elle. Cet hôtel nous coûte trop cher. Pagello nous a trouvé un appartement meublé qui nous conviendra parfaitement pour les quelques semaines qu'il nous reste à vivre à Venise.

Au *letargo* de l'hiver se mêlaient les effluves d'un printemps précoce. Les premiers visiteurs n'allaient pas tarder à venir se « consoler les yeux », comme disait Pagello et, pour certains, retrouver les faveurs des courtisanes réputées les plus expertes de la Péninsule.

Par une tiède matinée de la mi-mars, profitant d'une trêve de la *bora*, Alfred fit au bras de sa compagne sa première promenade. La ville bruissait comme une ruche. La « Venise rouge » que Musset avait chantée dans ses *Contes* était, ce matin-là, bleue et dorée comme une châsse, sous un ciel tendre, traversé de vols de pigeons et de mouettes. Des odeurs d'herbe fraîche se mêlaient à la puanteur des eaux qui clapotaient contre les quais, les marches des embarcadères et les murs des palais.

Ils prirent une gondole pour descendre jusqu'à la plage du Lido, et trouvèrent sinistre ce cordon de sable qui se prolongeait à l'infini, battu par une mer rageuse, vers un horizon où semblaient s'accumuler des orages.

Au retour, George lui fit visiter leur nouveau logis. Il fit la grimace. Cet appartement triste, vétuste, sommairement meublé, qui sentait le rat crevé, se situait au troisième étage d'une masure aux murs peints d'un rouge délavé. Les fenêtres donnaient sur une place minuscule. Des enfants jouaient aux cartes, à la marelle ou à la balle, des chats se prélassaient au soleil, des vieilles tassées dans des fauteuils de vannerie faisaient de la broderie près de vieux qui fumaient la pipe en somnolant. Du marché qui se tenait à proximité, venaient des odeurs d'herbes aromatiques et de sardines grillées.

Trois jours plus tard ils prenaient possession de leur nouvel appartement.

Pietro Pagello était devenu pour le couple mieux qu'un médecin : un ami.

Ils attendaient ses visites, s'inquiétaient s'il tardait. Il apportait avec lui bonne humeur, entrain et vitalité. Il déposait sur la table une *fiasca* de malvoisie, de valpolicella ou de grappa et demandait des nouvelles de son malade.

— Malade, répondait Musset, je ne le suis plus, mais je suis victime de séquestration. Plus moyen de sortir sans ma nounou, de fumer et de boire. Vous avez devant vous le reliquat d'un être humain martyrisé.

Il paraissait avoir oublié ses soupçons pour ne voir, dans l'assiduité du médecin, qu'une profonde sympathie pour deux écrivains français et, dans l'affection que lui vouait George, un simple témoignage de reconnaissance. Il avait reçu la visite de son ami Alfred Tattet, qui lui avait apporté des nouvelles fraîches de la capitale et l'incitait à revenir pour préparer les répétitions de sa comédie : *Les Caprices de*

Marianne, qu'il venait de terminer. Depuis, il était dans les transes et ne parlait que de faire ses valises.

— Ce n'est pas de gaîté de cœur que je vous quitterai, dit-il à Pagello. Retrouver l'agitation de Paris, ses brumes, ses pluies, j'en ai d'avance la nausée. Il faudra bien, pourtant, que je m'exécute.

— Madame, dit Pagello, le suivrez-vous ?

C'est Musset qui répondit :

— Nous en parlions ce matin. Je ne puis contraindre George à interrompre son séjour. Elle a besoin de travailler, ce qu'elle fera mieux sans moi. Vous veillerez sur elle, n'est-ce pas, mon ami ?

— Vous pouvez y compter. Elle sera en de bonnes mains. Quand souhaitez-vous partir ?

— D'ici quelques jours.

Il emporterait à Paris un roman que George venait de boucler en deux semaines : *Leone Leoni.* Buloz avait dû recevoir le manuscrit de *Jacques.* Elle comptait sur une avance qui lui permettrait de poursuivre son séjour sans souci d'argent. Musset, quant à lui, emporterait le texte de sa comédie et un long poème : *Rolla,* écrit durant sa convalescence et qu'il destinait à *La Revue des Deux-Mondes.* George aimait cette œuvre. Un alexandrin entre autres l'avait émue : « *Je suis venu trop tard dans un monde* trop *vieux...* »

Les adieux dans la cour des postes, à Mestre, furent déchirants.

Musset confia sa compagne à Pagello, en lui demandant de veiller à ce qu'elle ne se tuât pas à la tâche. George se répandit en conseils et en promesses. Pietro assura Musset de son total dévouement. S'il avait besoin de ses services, il n'hésiterait pas à franchir la frontière.

Ils restèrent tous trois embrassés, jusqu'au moment où le postillon, emmitouflé dans son carrick, fit sonner sa corne pour annoncer le départ.

— Mes amis, dit Musset, l'amitié est le plus noble des sentiments. Gardons-le intact dans nos cœurs pour tout le restant de notre vie.

Il agita longtemps son chapeau à la portière.

Le printemps éclatait sur Venise avec de grandes colères de vent et des pluies lourdes qui donnaient la chair de poule à l'eau du Canal Grande, sans interrompre le cours des fêtes, sous l'œil de la police impériale.

À sa moindre apparition, le soleil faisait des miracles : fardée d'azur et d'or, la ville retrouvait les tons lumineux des toiles de Canaletto, de Guardi et de Véronèse. On pouvait rester des heures, entre le Rialto et le palazzo Grassi, pour assister sans ennui à l'incessante noria des gondoles et des embarcations diverses. Pietro fit connaître à George tout ce qu'elle ignorait et souhaitait connaître de cette ville : ses quartiers aristocratiques comme ceux qu'habitait un petit peuple de boutiquiers, d'artisans et de filles. Il la mena en gondole jusqu'au cimetière de l'île San Michele, où des familles patriciennes s'étaient fait construire des réductions de palais. Ils poussèrent jusqu'à un confetti d'îlot qu'il appela l'« île des Fous » : San Severino. Il avoua avoir songé à y faire interner Musset lorsqu'il sombrait dans ses hallucinations, et se félicitait d'y avoir renoncé, persuadé d'ailleurs, à juste titre, que George s'y serait opposée.

Ils passèrent une semaine à visiter les Alpes voisines et quelques villes de la Vénétie. Au début de juillet, alors qu'arrivait une première vague d'aristocrates venus de toute l'Europe et que la ville prenait l'apparence d'un parc d'attractions, George songea à son propre retour.

— Il le faut, dit-elle à Pietro. Rester trop longtemps loin de Paris, c'est courir le risque de se faire oublier. Alors, *addio Venezia* !

— Et *addio Pagello*, je suppose.

Elle se blottit contre sa poitrine, chercha ses lèvres qu'il lui refusa, lui avoua qu'elle ne pouvait se résoudre à penser qu'ils devraient se séparer.

— Pietro, dit-elle, pourquoi ne me suivrais-tu pas à Paris ? Tu pourrais y rencontrer des sommités médicales, y enrichir tes connaissances.

— Et ma clientèle ? Y as-tu songé ?

— Elle ne risque pas de s'envoler. Tu la retrouveras encore plus abondante à ton retour. Ta famille ne refusera pas de t'avancer l'argent pour ce voyage d'études. Accepte, Pietro, je t'en conjure.

Il accepta.

Il était temps pour George de reprendre le cours de sa vie d'écrivain. Sous le titre général de *Romans et nouvelles,* Buloz avait publié quatre œuvres inédites et commencé la publication de *Leone Leoni.*

Un soir de la mi-juillet, à quelques jours de leur départ, Pietro s'était alité à la suite d'une journée harassante quand, éveillé au milieu de la nuit par une lumière filtrant de la porte de George, il la trouva debout devant la fenêtre ouverte sur la nuit bleuâtre, en train de rouler une cigarette.

— George, dit-il, tu n'es pas raisonnable. Il faut te coucher.

— Rien ne presse, mon chéri. Demain, je ferai la grasse matinée. Je viens de terminer un roman et, comme je ne suis pas fatiguée, je vais en attaquer un autre...

2

Dans le désert des hommes

Alfred de Musset lui adressait à Venise deux à trois fois par semaine des lettres qu'elle avait du mal à déchiffrer tant l'écriture en était désordonnée et le texte parfois incohérent, à croire qu'il ne lui écrivait que sous l'empire de la boisson.

Il l'appelait « mon ange », « ma sœur adorée ». Il lui disait : « Ce n'est donc pas un rêve, mon frère chéri, cette amitié qui survit à l'amour. Tu m'aimes... J'y vois la main de la Providence, comme je vois le soleil. Et je sais que tu m'aimes, toi, la meilleure, la plus aimée des femmes. Moi, je suis perdu, je suis... » Le reste se perdait dans le délire.

Dans quel état allait-elle le retrouver ? Une lettre de Henri de Latouche ne lui laissait guère d'illusions : Musset avait repris son existence déréglée, en compagnie de son ange noir, Alfred Tattet, en dépit des adjurations de sa famille, et notamment de son frère, Paul.

Pour gagner Paris, George et Pietro choisirent de traverser les Alpes. Elle avait souhaité faire une excursion sur la mer de Glace ; il s'y opposa, jugeant la promenade trop dangereuse.

— Mon pauvre ami, dit-elle, je te croyais plus courageux.

— Si j'ai des craintes, ce n'est pas pour moi. Imagine que tu disparaisses dans une crevasse !

Elle retrouva Paris avec une joie profonde. En son absence, elle avait chargé Latouche de lui louer un appartement plus confortable que celui du quai Saint-Michel, et de faire procéder au déménagement. Il avait découvert et retenu, quai

Malaquais, une vaste mansarde, au cinquième étage. Elle donnait sur le midi, avec un rideau d'arbres et des ramages de merles et de moineaux. Musset l'y avait précédée, sans s'y installer. Elle tenait à y vivre seule avec Solange.

— Mon chéri, dit-elle à Pagello, nous ne pouvons vivre sous le même toit. J'entends déjà les sarcasmes que ça provoquerait. Nous allons chercher un petit appartement, proche du mien si possible, pour nous revoir plus aisément.

Un de ses amis berrichons, Jules Boucoiran, ancien précepteur de Maurice, trouva ce qu'elle cherchait, à peu de distance du sien, quai des Augustins, près du Pont-Neuf.

Elle connaissait depuis cinq ans ce beau garçon, huguenot convaincu, qui avait inventé une méthode d'apprentissage de la lecture et de l'écriture dont Maurice avait fait son profit en l'espace de deux mois. Il avait assisté, à Nohant, aux querelles et à la rupture des époux et avait consolé George à sa manière, jusqu'au jour où des ragots de village l'avaient contraint à quitter le Berry pour Paris.

À peine de retour, George renoua avec ses amis et reprit l'habitude des petits soupers à la berrichonne, auxquels vint se mêler Pagello.

— George, lui disait-il, pourquoi ne revoyons-nous pas notre ami Alfred ? Tu lui avais pourtant promis que nous nous retrouverions. J'aimerais savoir comment il se porte. Si je connaissais son adresse, j'irais lui rendre visite.

Elle répondait d'un air excédé :

— Il a déménagé et j'ignore où il demeure. Rassure-toi : nous ne tarderons pas à le voir reparaître. S'il ne l'a pas fait, c'est peut-être que nous ne lui manquons guère.

Ce qu'elle ignorait, c'est que Musset était dans le même état d'esprit qu'elle, et que l'amitié indéfectible témoignée à son sauveur s'était effritée avec le temps. Il redoutait de doubler le cap des Tempêtes pour s'engager dans de nouvelles tribulations sentimentales, affronter des roulis de mensonges et des tangages d'amour. Il doutait que ce fût la simple amitié qui eût incité Pagello à suivre George à Paris. La certitude de leurs rapports amoureux l'obsédait entre deux orgies. De plus, il devait consacrer une large partie de son temps aux premières répétitions de sa pièce.

L'un comme l'autre, sans se l'avouer, souhaitaient se retrouver mais appréhendaient cette éventualité. Assoiffés, ils hésitaient à s'abreuver à une fontaine, de crainte qu'elle ne fût empoisonnée.

Elle avait reçu l'assurance que ses enfants se portaient bien et avaient poursuivi sérieusement leurs études.

Ils avaient passé le temps de leurs vacances tantôt à Nohant, tantôt dans la maison de famille de Casimir, à Guillery, en Gascogne. Quoique un peu turbulents, Solange surtout, au gré de leurs proches, ils s'entendaient comme larrons en foire. Passionné de dessin, Maurice ne se séparait jamais de son calepin et de son crayon. À six ans, Solange était toujours l'enfant terrible que George avait laissée en partant. Ses caprices passaient en tempêtes. L'éléphanteau avait encore forci, mais sa vitalité n'en était pas affectée.

De retour à Paris, ils retrouvaient avec joie leur oncle, Hippolyte Chatiron, demi-frère de George. Né des amours de jeunesse de Sophie Delaborde, avant son mariage avec le père de George, ce charmant garçon, doux ivrogne, s'acoquinait volontiers avec Casimir pour des parties de chasse et des beuveries. Quant aux rapports de Sophie avec sa fille, ils s'étaient raréfiés, du fait qu'ils dégénéraient fréquemment en querelles.

Sur la fin de l'été, George partit pour Nohant et Alfred s'en fut prendre, à Baden, des eaux qui ne lui furent d'aucun profit car il y ajoutait de larges rasades d'alcool. Il se livrait sans frein à ses loisirs favoris, où le jeu et les femmes entraient pour une grande part. Le seul avantage de cette séparation fut de leur épargner des atermoiements.

Seul dans Paris, Pietro Pagello ne perdait pas son temps à flâner. Conscient des impératifs de sa carrière, il fréquentait des établissements de soins, suivait cours et conférences. Sans lui être indifférentes, les absences fréquentes de George lui étaient légères. Il s'était fait un ami de Jules Boucoiran qui le guidait, le conseillait et l'accompagnait volontiers dans les quartiers chauds de la Cité.

George et Musset se revirent au début de l'automne.

En quelques heures, le fossé qui les avait séparés se réduisit. Il semblait qu'il n'y ait eu, depuis leur séparation, qu'un espace de temps infinitésimal qu'un simple regard pouvait dissiper. Ils oublièrent le contrat d'amitié éternelle qu'ils avaient signé avec leur sauveur et, entre deux draps, paraphèrent un nouvel engagement sentimental.

Il lui demanda ce que Pagello était réellement pour elle : ami ou amant ? Elle lui devait la vérité et la lui révéla :

— Les deux. Pietro est une âme généreuse, qui attire l'amitié. Il est séduisant, et il m'a séduite. Cependant...

— Cependant ?

— Comment dire ? Avec lui, je me sens embarquée sur une mer trop calme, alors que je n'aime que les tempêtes, ce en quoi toi et moi nous ressemblons.

Il voulut davantage de détails sur leurs rapports, et là, de nouveau, leur entretien prit un mauvais tour. Que cherchait-il ? Un nouveau motif de rupture ? Ballottée entre les tempêtes de jalousie de Musset et les bonaces de Pagello, elle avait de la peine à se gouverner. Qui sacrifier, alors qu'elle avait un besoin impérieux de l'un comme de l'autre, ces deux éléments, pour précaires qu'ils fussent, étant favorables à son équilibre ?

George avait tenté de dégrossir Pagello en l'invitant à l'accompagner à des soupers. Il s'y conduisait comme un lourdaud de province. Elle eut beau le faire passer pour un comte vénitien, un archéologue célèbre, un poète auteur de stances en dialecte, le vernis dont elle le badigeonnait craquait à la moindre épreuve.

Au cours d'une soirée où, par malice, on l'avait poussé dans ses retranchements, il avait fini par faire une confession publique, avouant qu'il n'était rien de ce qu'on disait, qu'il avait un seul titre de gloire : être *il amico, il servitor, il cavaliere* de l'illustre écrivain qu'était George. On trouva cette réaction naïve mais touchante.

La vie mondaine de Pagello allait prendre fin avec cette révélation. Le lendemain, George dit à Musset :

— Ma patience a des limites. J'en ai soupé, de Pagello ! Sa place n'est plus à Paris, il devrait le comprendre. Il fait rire de lui et de moi dans les salons et les soupers. Alors, qu'il fiche le camp !

C'est de lui-même que Pagello décida que cette *commedia dell'arte* avait assez duré. George se garda bien de l'en dissuader.

— J'ai décidé de partir, lui dit-il, parce que j'encombre inutilement ta vie. Je le fais avec la conviction de m'être comporté avec toi comme avec ton amant comme un partenaire courtois et complaisant, mais vous vous êtes bien foutus de moi.

Il avait appris rapidement l'efficacité du langage populaire. Elle soupira :

— Si telle est ta décision, je ne puis m'y opposer, mais tu aurais tort de croire que nous nous sommes joués de toi. Nous t'aimons bien, mais tu ne pouvais rester indéfiniment à Paris. D'ailleurs, je sais qu'une femme t'attend à Venise. Je souhaite qu'elle fasse ton bonheur. Tu le mérites.

Il lui avait appris qu'avant de quitter Venise il avait dû rompre une attache sentimentale promise à une union. En retrouvant sa ville, il avait la quasi-certitude de renouer avec elle sans risquer une *vendetta.*

Leurs adieux furent tristes mais brefs. Alors qu'il s'apprêtait à monter dans le coche de Lyon, il promit de lui écrire et lui dit qu'il ne l'oublierait jamais. Elle lui fit la même promesse. Puis l'un comme l'autre n'y pensèrent plus.

Alors que Musset se débattait dans ses contradictions, George s'installa dans une certitude propre à combler son manque d'affection et d'amour, ce désert où elle végétait.

Elle alla voir Marie Dorval interpréter un drame de son amant, Alfred de Vigny : *Chatterton.* Elle la trouva resplendissante de santé et de vénusté. Marie, en quittant la scène, lui demanda de venir la rejoindre dans sa loge lorsque le flot des admirateurs se serait retiré.

Elles s'étreignirent avec fièvre. Marie avait appris la récente rupture de George d'avec son médecin italien et la précarité des rapports avec son poète. George lui demanda où en étaient ses amours avec Vigny. Il vivait dans son repaire de la rue Montaigne comme Siméon le Stylite en haut de sa colonne, fuyant la foule, le bruit et les conséquences de la gloire.

— Il est devenu vieux avant l'heure, dit Marie. Il songe à se retirer dans son domaine du Maine-Giraud, en Charente. Pour la chose, c'est planplan...

Elle ajouta en laissant George la dévêtir :

— Oublions Vigny pour un moment. Tu ne peux savoir quel plaisir tu me fais. J'ai cru que tu m'avais oubliée. Tu es plus avare de tes nouvelles que de tes œuvres. Enfin, maintenant que ton greluchon vénitien t'a quittée et que Musset te fait languir, nous pourrons nous revoir plus souvent, si tu n'as personne dans ta vie.

— Ma vie, ma chérie, c'est le désert des hommes...

Marie n'avait pas imité quelques autres lesbiennes célèbres qui avaient fait couper leurs cheveux. Elle avait pour partenaires de jeunes délinquantes qui avaient fait leur apprentissage sentimental en prison. Elle avait acquis une habileté et une perversité qu'auraient pu lui envier les tribades les plus expertes. On ne lui avait connu qu'une liaison à long terme, avec une jeune prostituée, Noisette, qui lui avait servi de porte-queue. Elle passait, dans ce milieu interlope, pour une femme « qui n'a pas de verrou à sa porte ».

Elles se retrouvèrent durant tout l'hiver dans la loge de la comédienne ou dans la mansarde du quai Malaquais. George appréciait le franc-parler de sa compagne autant qu'elle admirait son talent. Marie lui disait :

— Je comprends que tu te sois amourachée de ton Pagello. Il est très bandant à ce qu'on dit, mais c'est un sacré pignouf. Au pieu, il était comment ?

— Fallait pas lui en promettre.

— Et il t'a fait jouir ?

— Moins que toi, ma chérie.

George avait fini par avouer à sa compagne que, si elle se sentait attirée par les hommes plus que par les femmes, c'est avec ces dernières qu'elle trouvait le plus de plaisir. Avec eux, elle ne jouissait qu'en pointillé ; avec elles, elle accédait au septième ciel. Dès qu'elle voyait Marie, qu'elle respirait sa chair souple et odorante, elle sentait les premiers frissons de la volupté.

Elle tolérait mal la fascination et l'autorité que la comédienne exerçait sur elle. C'est Marie qui décidait de la date et du lieu de leurs rendez-vous et qui menait le jeu d'amour. Elle n'avait pas eu de peine à faire oublier à sa partenaire les jeux nocturnes de la pension des Augustines anglaises et ceux, diurnes, avec ses petites voisines du Berry.

Les rapports de George avec les hommes étaient inversés. D'entrée de jeu, elle affirmait son pouvoir et prenait l'initiative de leurs ébats. Elle se voulait volontiers tyrannique. À ce jour, aucun n'avait contesté le pouvoir qu'elle s'arrogeait et tous semblaient s'accommoder de cette sujétion. Un seul faisait exception à la règle : Musset, par défaut, non pour contester ce pouvoir implicite mais, familier des amours mercenaires qu'il était, pour échapper à la servitude.

Avec Marie, il lui arrivait de regimber. Elle s'efforçait de se montrer discrète, alors que sa partenaire étalait sa singularité sans la moindre honte. Elle redoutait qu'on ne lui fît une réputation de lesbienne intransigeante qui eût écarté les hommes et lui eût valu une réprobation générale. Déjà, à des regards narquois, à des propos équivoques, elle éprouvait les prémices d'une sorte de relégation qui l'indisposait. Lorsqu'elles en parlaient, Marie la rassurait en quelques mots :

— Rien à foutre des racontars. Laisse pisser le mouton...

George redoutait surtout que la révélation de ces mœurs contre-nature ne vînt aux oreilles de sa famille. Elle n'osait imaginer la stupeur de sa grand-mère, la pieuse baronne Dupin de Francueil, apprenant la conduite scandaleuse de sa petite Aurore.

Elle profita de ce que le succès de Marie dans la pièce de Vigny l'emportât dans son tourbillon, pour prendre ses distances. Elle laissa cette liaison se défaire lentement. Lorsque Marie lui annonça qu'elle partait en tournée, elle comprit que tout était consommé.

Cette séparation d'avec la comédienne, qui n'était pas une rupture, fut, dans les premiers temps, pénible à supporter. La solitude sentimentale était pour elle le pire des états. Elle serra les dents et fit front.

Elle avait pensé que Musset, revenant à elle, allait combler ce vide. Elle lui écrivait ; il ne répondait pas. Elle lui arrachait des promesses de rendez-vous ; il les oubliait, volontairement ou non. De guerre lasse, elle alla passer quelques semaines d'hiver à Nohant et, après avoir épuisé les plaisirs des feux de cheminée, des promenades dans la neige, des veillées berrichonnes, elle s'y ennuya à mourir.

Elle s'était juré de tirer vengeance de l'indifférence de son poète en l'accablant de la sienne : en le privant de nouvelles. Elle fut la seule victime de cette vindicte. Au lendemain de Noël, pourtant, elle décida de lui écrire :

« Ô mes yeux, vous ne me regarderez plus ! Belle tête, je ne te verrai plus t'incliner sur moi et te voiler d'une douce langueur. Petit corps chaud et souple, vous ne vous étendrez plus sur moi comme Élisée sur l'enfant mort, pour le ranimer... »

Elle suscitait, de manière virtuelle, la présence de son amant, l'imaginait en train de lire cette lettre, de pleurer et d'en perdre la tête. Il prenait le coche, tombait dans ses bras. Afin de rendre sa présence à elle plus concrète, elle avait coupé quelques boucles pour accompagner sa lettre, persuadée que ce sacrifice le ferait délirer.

À peine était-elle revenue à Paris, Musset sonnait à sa porte.

Il suffit d'un regard, d'une étreinte, pour annuler des mois de silence, d'incompréhension, de rancœur, et resserrer autour d'eux des liens d'intimité qui donnaient l'image d'une concrétion de sentiments capable d'affronter le temps, comme ceux qui avaient uni Romeo à Juliette, Dante à Béatrice, Héloïse à Abélard.

Ils seraient les amants du siècle.

Sur la fin de l'hiver et jusqu'au printemps, durant quelques semaines, leurs relations ne connurent pas le moindre hiatus. Il lui fit lire les vers qu'il avait écrits durant leur séparation en pensant à elle ; elle les jugea sublimes. En son absence, il s'était rendu quai Malaquais, avait dormi dans son lit, respiré l'odeur de ses cheveux sur le traversin, fumé les cigarettes oubliées dans le tiroir de sa table de travail, observé de la fenêtre le paysage qu'elle avait eu chaque jour sous les yeux. Il aurait pu rester dans ce cinquième, entre ciel et terre, comme Moïse sur la Montagne sacrée ou Robinson dans son île. Il avait dérobé un de ses peignes d'écaille et le gardait sur lui comme un talisman.

— J'ai suivi ton conseil, lui dit-il et commencé un roman. Il parlera de nous. Que dis-tu du titre : *La Confession d'un enfant du siècle* ?

Elle le trouva original et voulut en savoir plus sur cette œuvre ; il joua les mystérieux, mais finit par lui lire quelques chapitres.

Cela commençait curieusement : « Pour écrire l'histoire de sa vie, il faut d'abord avoir vécu ; aussi n'est-ce pas la mienne que j'écris... » Cette astuce des romanciers consistant à poser un masque sur leur visage pour faire illusion ne la trompait pas. Elle n'eut aucune peine, non plus, à déceler dans certains chapitres des éléments de leur propre aventure, dont certains sonnaient comme un glas. Elle trouva singulier qu'il donnât le beau rôle à son personnage féminin, Brigitte Pierson, et chargeât celui d'Octave.

— Un jour, lui dit-elle, j'écrirai moi aussi notre histoire, mais, pour cela, je dois attendre que le temps ait décanté nos rapports ou que nous soyons séparés à jamais. Et j'ai encore tant d'amour à te donner...

Leur passion s'était nourrie de leurs épreuves. Elle retrouvait dans cette confession des passages de leur correspondance. C'est de leur chair qu'était fait ce livre, c'est leur sang qui irriguait ces pages, c'est leur cœur et leur âme qui s'y exposaient. Ce qui, chez d'autres, eût pris l'aspect d'un déballage indécent ne pouvait choquer sous la plume de Musset.

George s'était remise au travail avec acharnement. Elle attendait la parution de *Leone Leoni,* cette histoire d'une jeune femme qui se sacrifie pour un amant perdu de vices. Autre confession déguisée... Elle avait peaufiné d'autres romans et rédigé des *Lettres à un voyageur,* que Buloz, enthousiaste, compara à du Goethe, avec une réserve :

— Ma chère, voilà encore des romans qui vont confirmer ma réputation d'éditeur de romans scandaleux. J'entends déjà des rumeurs monter du Faubourg Saint-Germain...

— Il faut en prendre votre parti ! riposta George. Je n'ai pas fini de régler mon compte avec la société. Tant que l'on persistera à faire de la femme l'esclave de l'homme et du mariage une prison, on me trouvera sur la brèche. Un jour viendra où l'on nous remerciera, moi d'avoir mené ce combat et vous de l'avoir soutenu.

George aurait pu croire Musset délivré de ses vices et de ses délires. Elle se serait trompée.

Il contracta auprès d'une greluche une maladie que le docteur Émile Regnault, leur ami, soigna au mercure et à la liqueur de violette. Un soir où ils étaient allés souper au Brébant, sur les boulevards, il voulut la suivre jusqu'à sa chambre. Elle s'y opposa ; il insista ; elle accepta, à condition qu'il se tînt sur sa réserve. Il promit de ne rester que le temps de boire un dernier verre de cognac. Comme il était déjà ivre, elle lui prépara une tisane. Il dénicha dans le placard une bouteille et se mit à boire au goulot. Lorsqu'elle voulut la lui arracher, il bredouilla :

— J'ai besoin de ça pour te baiser. Le sevrage a assez duré ! Une semaine, nom de Dieu ! Tu veux faire de moi un capucin ?

— Je préfère attendre que tu guérisses. Alors, tu vas prendre ta canne, ton chapeau et filer. Rentre chez toi et couche-toi. J'ai à travailler !

— Tes conseils, ma jolie, je m'en tape ! Je reste, et toi, tu...

Solange l'interrompit en poussant la porte. La dispute l'avait éveillée. Elle se frottait les yeux en pleurnichant.

— Tu es content ? s'écria George. Solange aura du mal à se rendormir.

Elle s'assit, la prit sur ses genoux pour la consoler, en l'appelant « mon ange ». Il eut un rire ironique.

— Mon ange... Ça fait une éternité que tu ne m'as pas appelé « mon ange » ! Et Pagello ? Lui disais-tu « *angelo mio* » ?

— Cesse de me parler de lui. Tu n'as plus de raison d'en être jaloux, tu le sais.

— Ce que je sais, c'est qu'il t'écrit encore, sans doute pour te demander d'aller le rejoindre. Il semble même que tu aies commencé à faire tes bagages. C'est quoi, cette valise ?

— Celle où Maurice range ses dessins. Tu peux le constater.

Il l'ouvrit, rabattit brutalement le couvercle en s'écriant :

— Si j'apprends que tu me trompes encore avec ce rustre ou quelqu'un d'autre, je te tue !

Elle haussa les épaules avec un sourire ironique.

— Mon pauvre ami, tu en es incapable. Et puis, tiens ! je te mets au défi. Prends un couteau dans le tiroir du buffet et frappe-moi si tu l'oses, chiffe molle !

Écumant de rage, il saisit le couteau, le leva sur George sans qu'elle eût un mouvement de recul. Le glapissement de

Solange arrêta son geste. Il jeta le couteau sur la table, chancela en regardant ses mains ouvertes comme si elles étaient maculées de sang. Puis, sans proférer un mot de plus, il quitta la pièce.

George consola Solange et la ramena dans son lit.

— Ma petite chérie, dit-elle, il faut oublier ce que tu viens de voir. Ce vilain monsieur ne reviendra plus...

George se dit que c'en était trop et qu'elle devait en finir. Musset était inguérissable et, pour comble, semblait se complaire dans son mal et l'entretenir. Elle avait fait tout ce qui était en son pouvoir pour le sauver de cette spirale infernale, mais il avait passé les bornes et elle ne pouvait plus rien pour lui.

Leur dernière rencontre avait fini de la persuader qu'une séparation définitive était inévitable et qu'elle la souhaitait. Elle l'envisagea avec calme, en s'efforçant de maîtriser à la fois sa colère et ce qui restait en elle d'amour pour ce pauvre enfant perdu.

— Je vais quitter Paris pour le Berry, dit-elle à Jules Boucoiran. La vie avec Musset devient un calvaire dont je veux m'affranchir. Je n'ai pas le courage de lui annoncer la nouvelle. Tu t'en chargeras. Dis-lui que je suis appelée par ma mère malade, que je suis partie pour la Chine, que sais-je ?

Elle lui annonça qu'elle avait donné congé à son propriétaire pour éviter, à son retour, de nouvelles visites de Musset, et lui demanda de lui trouver un appartement, comme il l'avait fait pour Pagello. Il lui promit de se mettre en campagne sans plus tarder.

— Vous n'avez pas bonne mine, dit-il. Allez-vous enfin vous montrer raisonnable ? La vie que vous menez...

— ... est une vie de bâton de chaise, je ne le sais que trop, mais, que veux-tu, je ne pourrais me satisfaire d'une existence bourgeoise, réglée comme du papier à musique. En cela, je ressemble à Musset. Nous ne pouvons vivre sans une tempête de sentiments. Nous sommes tous deux des enfants de l'orage.

Elle lui révéla qu'elle partait pour Nohant, seule avec Solange, et sans aucune intention de se rabibocher avec Casimir. Elle comptait d'ailleurs demander, sinon le divorce, du moins une séparation de corps définitive. Elle prit, pour plaisanter, l'accent de Marie Dorval dans une scène pathétique de *Chatterton*, pour ajouter :

— Je battrai la campagne de jour comme de nuit. J'embrasserai le tronc des sapins et les rochers en rêvant d'une étreinte plus humaine. Et, quand j'aurai pris mon plaisir, je tomberai, évanouie, sur la terre humide...

Elle éclata de rire et embrassa Jules.

— Adieu, mon cher petit ! Comme c'est bon d'avoir un ami fidèle qui nous console de l'amour...

Lorsqu'elle rencontra Alfred de Musset chez Mme Joubert, la marraine du poète, Aimée d'Alton, qui avait son âge, songea qu'il y avait entre eux un lien d'affinités qui pouvait les conduire à l'amitié et même au-delà. Cette blonde aux yeux bleus n'avait rien de remarquable, si ce n'est un nez grec et une blancheur de saxe, ce que Musset remarqua au premier abord.

Au lendemain de leur rencontre, il lui adressa quelques vers de mirliton :

Charmant petit moinillon blanc
Charmant petit moinillon rose...

Elle le remercia en lui offrant une écritoire en bois de santal, encouragement, semblait-il, à se montrer moins paresseux. Elle avait joint à cet envoi une bourse brodée par ses soins, contenant un écu et ces simples mots : « Ne dépensez pas trop légèrement cet argent. Une pièce est suffisante pour un jour... » Elle l'incitait ainsi à jouer avec plus de parcimonie dans les tripots où il recevait des *culottes* mémorables.

Cette dame avait de la branche. Elle avait été élevée à l'anglaise, avec une certaine liberté rousseauiste qui l'autorisait à des rencontres masculines, sans avoir à en rendre compte à sa famille.

Ce poète lui plut d'emblée. Il lui adressait des lettres délicates, évoquait des rendez-vous et des voyages ; elle lui répondait sur un ton dubitatif : on lui avait proposé un poste d'attaché d'ambassade en Espagne, ce qui leur interdisait tout projet à long terme. Malgré l'envie qui le tenaillait de quitter Paris et fuir le souvenir de George, il refusa cette sinécure.

Si leurs premières lettres s'apparentaient au marivaudage de feuilleton, les suivantes reflétaient des sentiments plus profonds et quelques pulsions mal maîtrisées. Le *moinillon* du poème se mua en *rose blanche.* Musset lui écrivait : « Qu'ai-je fait pour être si heureux ? »

Lorsqu'il la prit dans ses bras pour la première fois, elle fit sa mijaurée et craignit qu'elle ne fût pour lui qu'un caprice.

— Je sais la vie de débauche que vous menez, Alfred. Vous avez eu des maîtresses et peut-être en avez-vous encore. Mieux vaut rester amis.

Ces craintes se dissipèrent lorsque, après lui avoir juré une fidélité éternelle, il l'entraîna vers le divan. Des raisons triviales ne résistent guère à la passion. Ce matin-là, il semblait que tous les oiseaux de Paris soient venus leur donner une aubade.

Aimée d'Alton eut sur le poète une influence bénéfique. Il se mit à son écritoire en bois de santal, écrivit avec des soupirs d'extase et des sueurs d'angoisse une partie de ses *Nuits,* où revenait obstinément une certaine « femme à l'œil sombre / Dont les funestes amours / Ont enseveli dans l'ombre / Les printemps et les beaux jours... ».

— Ainsi, gémit Aimée, vous ne pouvez oublier cette femme qui vous a fait tant de mal ! Qu'est-elle encore pour vous ?

— Elle n'est plus qu'un souvenir, ma Rose blanche. Un tas de cendres. Vous êtes tout pour moi, désormais.

Il avait loué pour leurs ébats un délicieux *retirato,* rue Tronchet. Elle arrivait la première et l'attendait. Il venait ou ne venait pas. Elle lui faisait des scènes et faillit le payer cher :

elle n'avait pas encore deviné que la jalousie est la pire adversaire de l'amour et que Musset exécrait ce travers.

Leur liaison donna de la bande lorsque Musset confia à Aimée ses ennuis d'argent. Il avait dû, pour honorer une dette de jeu et conserver leur nid d'amour, accepter quelques travaux de plume, faciles et sans gloire, qu'il méprisait et dont il disait : « Autant se faire marchand de chandelles ! »

— Si vous m'aimez vraiment, lui dit-elle, épousez-moi !

Musset réagit comme si la foudre venait de tomber à ses pieds. Il temporisa, ce que la Rose blanche assimila à un refus inexprimé. Leurs rapports en souffrirent. Il commença à se ménager des sorties. L'une d'elles débouchait dans le lit de la tragédienne Rachel, qui admirait le poète et appréciait le séducteur. D'autres portes s'ouvrirent pour lui : celles d'une jeune comédienne, Pauline Garcia, et de la princesse Christine Belgiojoso, coquette à grand panache, qui lui tint longtemps la dragée haute.

Lorsque, opportunément, la Rose blanche tomba malade, Musset en profita pour tenter de se faire oublier. Ce fut si difficile qu'il lui écrivit un billet laconique : « Tout m'ennuie. Pas de lettre. M'aimes-tu encore ? Oui ou non ? »

Ce fut non. C'est Paul, le frère de Musset, qu'elle épousa.

Un soir, dans le foyer du Théâtre-Français, le hasard mit en présence, après des années, Alfred de Musset et George Sand.

Il hasarda quelques pas vers elle. Elle le regarda fixement, bouche bée, comme pour pousser un cri, puis, d'un geste nerveux, ouvrit son éventail et se détourna.

On reprenait ce soir-là une comédie de Musset : *Les Caprices de Marianne.*

LIVRE IV

1

Jusqu'au fond de la mer...

George aimait plaisanter avec ses amis. Elle les assurait qu'elle venait de tracer une croix sur sa vie sentimentale, qu'après Musset, aucun homme ne viendrait encombrer son existence, qu'elle était, passé trente ans, mûre pour devenir une « bonne dame », puis une aimable « vieille baronne ».

C'est un ami de la famille, un avoué, Me Planet, qui lui parla de l'avocat Louis-Christome Michel, qu'on appelait Michel de Bourges, du nom de sa ville natale. Il lui dit :

— Pour défendre vos intérêts en vue de votre séparation, vous ne trouverez pas de meilleur avocat. Je puis vous le présenter.

C'est ce qu'il fit.

George connaissait ce personnage, du moins de réputation, pour ses qualités professionnelles comme pour ses prises de position politiques contre le régime du roi Louis-Philippe. En tant que député, il s'attendait chaque matin, pareil à l'oiseau sur la branche, à voir les argousins devant sa porte.

Au retour d'une promenade en forêt sur sa jument Liska, George trouva l'avocat et l'avoué attablés dans la salle commune, devant une bouteille de vin. Pour ce premier entretien, ils avaient profité de l'absence de Casimir, qui travaillait aux vendanges.

George ne pouvait détacher son regard du visage de Michel de Bourges, comme s'il la fascinait. La quarantaine, de petite taille, maigrichon, un peu voûté et presque chauve, il n'avait rien pour inspirer un coup de foudre. En revanche, avec sa denture d'adolescent, ses yeux d'un bleu germanique, sa voix de théâtre, il émanait une certaine séduction. « Dans un prétoire, se dit George, ce doit être un adversaire redoutable pour les parties adverses. »

Il l'écouta attentivement, hochant la tête et jetant des notes sur son calepin. Avant de repartir, il lui donna bon espoir de gagner son procès, lui demanda de réunir les documents à verser au dossier et de les lui faire tenir à son cabinet.

George et Casimir semblaient irréconciliables depuis certaine dispute remontant au début des vendanges. Il s'était mis en tête d'utiliser Maurice, lequel, occupé à dessiner, ne l'entendait pas de cette oreille. George prit le parti de son fils : il était fragile, et ce travail risquait de le fatiguer.

— J'ai dit ! s'écria Casimir. Je veux te voir demain, au petit jour, avec nos vendangeurs. Tu porteras des paniers. Ça te fera le plus grand bien, mauviette !

— Demain, dit posément George, Maurice restera au lit, comme d'habitude, que ça te plaise ou non.

Le demi-frère de George, Hippolyte, prit le parti de Casimir. Rien d'étonnant : ils s'entendaient comme cul et chemise et avaient la même apparence : haute taille, fortes moustaches et verbe haut.

Réconforté par ce renfort, Casimir surenchérit :

— Madame la baronne prend soin de sa couvée ? Voilà qui est nouveau ! D'ordinaire, elle lui montre moins d'attention qu'à ses amis parisiens. Elle souhaite sans doute faire de son fils un dandy, comme un certain Alfred de Musset, et de sa fille une péronnelle destinée à quelque vieux marquis du Faubourg Saint-Germain ?

— Tu es ignoble ! lui jeta George. Ignoble et injuste. J'entends élever mes enfants de manière à ce qu'ils aient un bon départ dans la vie. Retire ce que tu viens de dire ou nous repartons pour Paris.

— Je ne te retiens pas ! s'exclama Casimir. Va rejoindre tes amants !

Elle se maîtrisa pour ne pas lui jeter une cruche d'eau à la figure. Au comble de la fureur, il décrocha un fusil et la mit en joue. Hippolyte se précipita pour le désarmer.

Tournée vers ses serviteurs, George leur lança :

— Vous êtes témoins de cette menace de mort. Casimir, voilà un mouvement d'humeur qui va te coûter cher !

Elle prit Maurice par la main, essuya ses larmes et quitta la pièce en se disant qu'elle venait de franchir son Rubicon et qu'au-delà s'étendaient les espaces lumineux de la liberté. Elle se demanda comment les choses avaient pu en arriver à ce point de non-retour. Elle n'avait pas éprouvé pour Casimir une passion comparable à celle qui l'avait unie à Musset, et même à Sandeau. Lorsqu'ils avaient été mis en présence, il y avait treize ans, sur la terrasse du café Tortoni, à Paris, il était dans l'éclat de sa jeunesse. Elle, sortant du couvent des Augustines anglaises, l'avait trouvé à son goût, malgré son allure un peu lourde et son accent gascon. Il aurait pu faire un cavalier assez convenable pour le quadrille ; on l'avait jetée dans ses bras pour en faire sa femme.

Plutôt que de continuer à vivre à Guillery, il avait posé un pied conquérant sur Nohant, y avait pris racine et se contentait de rares séjours en Gascogne. Il avait commencé des études d'agronomie et comptait bien les mettre en pratique. Il disait à sa jeune épouse :

— Ma chère Aurore, ce domaine est comme un devoir scolaire bâclé. Je vais y remédier à ma façon.

Elle s'était déchargée sur lui, sans regret, de toutes ces contingences contraignantes, mais avait assisté, le cœur serré, au nettoyage par le vide auquel il s'était livré : ces arbres et ces animaux inutilement sacrifiés... Ce fut sa première déconvenue. Elle avait bien dû le reconnaître : Casimir ne faisait pas de sentiment.

La nuit venue, il ne la laissait pas sur sa faim, mais, de nature boulimique, dispersait son trop-plein d'énergie sensuelle sur les filles de la maison et des parages. S'il n'exerçait pas le droit de cuissage, ce n'était pas faute d'en avoir les capacités et le désir.

Le rendez-vous de George avec Michel de Bourges avait été suivi d'un souper chez Me Planet. Elle y trouva, ce qui n'était pas pour lui déplaire, une ambiance de conspiration contre le régime. Elle y apprit de quoi alimenter sa haine d'une société bourgeoise attardée.

Le repas achevé, Me Planet proposa de faire un brin de conduite à l'avocat qui, durant les agapes, s'était transformé en orateur et l'avait subjuguée.

À plusieurs reprises, d'une allure de pénitents, ils firent le tour de la grande cathédrale sombre, Michel précédant le groupe, elle accrochée à son bras. Il pérorait de sa belle voix de prétoire, riche en modulations, jouait les prophètes appelés à réformer la société, invitait au sacrifice de son bien-être, de sa vie au besoin, pour l'épanouissement d'un monde meilleur. Elle retrouvait en lui des accents de Rousseau, de Lamennais et de Saint-Simon. Il s'arrêtait tous les dix pas pour développer une démonstration, les bras écartés comme pour embrasser le monde. La nuit d'automne était douce et odorante. Un croissant de lune voguait sur les forêts.

En arrivant devant son domicile, il posa ses mains sur les épaules de George comme pour un adoubement, et lui dit :

— Madame, vous êtes sur la bonne voie. La plupart de vos romans plaident pour une rénovation de la société et des mœurs. Ne vous laissez pas aveugler par vos propres soucis et des amours égoïstes. Ce sont les misères et les injustices qui doivent vous tenir en éveil. Mettez-vous au service du peuple.

Elle se dit qu'elle avait trouvé en lui son mentor. L'amour de quelques hommes lui avait fait oublier celui de l'humanité. Il était temps pour elle de se reprendre, d'aller de l'avant dans la voie que l'avocat lui traçait.

George se trouvait à Paris, en mai 1835, lorsque Michel de Bourges fut appelé à défendre les émeutiers de Lyon. Les canuts, excédés par la chute dramatique de leurs salaires, étaient descendus dans la rue. L'armée en avait fait un massacre.

Elle suivit de bout en bout le procès qui se déroula devant la Chambre des pairs et fit comparaître cent vingt prévenus. La plaidoirie de l'avocat berrichon était très attendue ; elle fut des plus véhémentes et des mieux construites, mais se heurta à un mur : il ne put éviter aux accusés des peines de prison et de déportation.

Encore gonflé d'indignation, Michel dit à George, à la sortie du prétoire :

— Nous avons perdu cette bataille, mais nous ne renonçons pas, mes confrères et moi, à nous battre. Avant longtemps le peuple redressera la tête et descendra sur le pavé.

À quelques jours du procès, au cours d'une promenade dans les jardins des Tuileries, ils firent halte devant le perron du palais. Une musique de violons venait des grandes salles où, après le dîner, on entamait un quadrille. Il soupira :

— Tout ce luxe à côté de tant de misères... Je ne reprendrai goût à la vie que lorsque ce palais sera livré aux flammes et que le sang coulera sur ses marches.

Il balaya les grilles de la pointe de sa canne comme pour les abattre, parla de la société idéale dont Rousseau avait rêvé avant lui : l'homme revenu à son innocence première et aux principes éternels régissant la nature, une sorte d'Arcadie où chacun aurait sa place sans avoir à la conquérir par les armes ou l'oppression. Il rêvait à voix haute, imaginait Paris rasé comme Carthage, des laboureurs sur les rives de la Seine...

Quelques semaines plus tard, à la fin juillet, le roi et sa famille se rendaient des Tuileries à la Bastille pour fêter l'anniversaire de la révolution de 1830. Le cortège était parvenu boulevard du Temple lorsqu'une machine infernale l'arrêta et ébranla le quartier. Elle épargna le souverain et ses proches, mais fit dix-huit victimes, parmi lesquelles le maréchal Mortier. L'auteur du complot, le Corse Giuseppe Fieschi, ainsi que ses complices, furent arrêtés. C'était un ancien indicateur de la police royale.

Michel de Bourges exultait.

— Je savais bien que le combat se poursuivrait. La monarchie est ébranlée. Elle ne s'en remettra pas.

George se montrant choquée par cet acte de violence, il l'exhorta à montrer moins de sensiblerie. On ne fait pas une révolution simplement en agitant des mots, lui dit-il. Il fallait des actes concrets. Du sang ? Eh bien, oui ! La révolution était une guerre. On ne viendrait à bout de l'ennemi que par le fer et le feu. Il s'exprimait comme Danton, Marat et Robespierre.

Subjuguée par son héros, elle conçut pour lui un regain d'estime, d'amitié et enfin d'amour. Elle trempait sa plume dans la lave pour lui écrire :

« Je t'aime, oui. J'en souffre et j'en jouis avec âpreté, avec amertume... Je t'aime depuis le jour où je suis née... Et toi, m'aimes-tu, dis ? Si tu ne viens pas vers moi, j'irai te chercher... J'ai envie de mordre. Un jour, j'irai te trouver au Palais, j'arracherai ta robe et je t'emporterai ! Tu veux donc ma mort, misérable ? Je te poursuivrai jusqu'au fond de la mer... »

Jamais, même avec Musset, elle n'avait arraché les mots de son cœur avec une telle violence. Ce faisant, elle se vengeait de l'indifférence de son héros. Elle souffrait d'aimer et de ne pas l'être.

Michel de Bourges avait d'autres soucis en tête, à commencer par sa santé. À l'issue des plaidoiries, au procès des émeutiers de Lyon, il avait fallu le ramener chez lui en fiacre, au bord de la syncope. Dans ces conditions, s'engager dans une aventure sentimentale et sensuelle avec cette bacchante eût été suicidaire.

Il venait d'ailleurs de recevoir une assignation à comparaître, consécutive à certains excès de langage envers Sa Majesté. Arrêté, il avait été jeté en prison, à Bourges.

À Bourges ! À deux pas de Nohant... Elle alla lui rendre

visite plusieurs fois par semaine, lui apporta des journaux, du vin, des livres où elle glissa des lettres. Il profitait de sa relégation pour travailler à ses dossiers sans être importuné. Celui de George l'intéressait au plus haut point. Pour lui, George aurait gain de cause.

Sommé de se présenter à la première audience, Casimir s'abstint, persuadé sans doute que l'affaire était jugée d'avance et que sa comparution serait inutile. Le tribunal enregistra ce forfait et le condamna. L'appel qu'il formula fut rejeté.

La séparation de corps fut prononcée à l'avantage de George : elle conservait Nohant, avait la garde de Solange et Casimir celle de Maurice. Rien ne s'opposait à ce qu'elle revît son fils quand il lui plairait.

Ils s'étaient donné, au printemps, leur première nuit d'amour, quai Malaquais. Elle en avait tiré une constatation décevante : l'avocat ne lui avait pas fait oublier son poète, ni même Jules Sandeau. Il ne laissait en elle qu'un ramassis de convictions et de prophéties, mais qui lui étaient précieuses. Il lui suffirait de mettre de l'ordre dans ce fatras, d'en exclure les utopies et de garder l'essentiel pour l'utiliser dans ses romans. Elle avait compris que l'amour ne doit pas se confiner dans l'égoïsme mais se fondre dans un cosmos fécond et généreux.

Il finit, de son côté, par être excédé de cette passion qui tournait à l'idolâtrie et à laquelle, manquant de sève, il ne pouvait répondre comme il l'eût souhaité. Elle avait rêvé de se l'attacher, de jouer à son côté un rôle de *pasionaria* ; il souhaitait en finir. Il le fit sans élégance, s'abstint à plusieurs reprises de se rendre à leurs rendez-vous, prétextant du travail en retard ou d'autres obligations.

Il se fit de moins en moins tendre, de plus en plus jaloux.

— Jaloux, toi ? protestait-elle. Et de qui, Seigneur ? Il n'y a personne d'autre que toi dans ma vie, tu le sais bien !

— Je n'en sais fichtre rien. Fiche-moi la paix ! Ce soir, j'ai du travail.

Elle lui écrivit :

« Tu es un avocat célèbre, un grand homme, Michel, mais moi, les grands hommes, j'en ai plein le dos ! Je voudrais ne les voir que dans Plutarque. Qu'on les taille en marbre, qu'on les coule dans le bronze et qu'on ne m'en parle plus... »

On en parla encore, mais en termes amicaux. Cette liaison entre un avocat et une romancière portait en elle, dès ses débuts, les germes de sa consomption. Il n'y avait pas eu entre eux la lente dégradation de sentiments qui avait marqué les rapports de George avec Sandeau et Musset. La rupture était tombée, sèche comme un couperet. Il ne restait entre eux qu'une froide lumière d'estime et d'amitié, comparable à celle qui rayonne, après des millénaires, d'une étoile morte.

2

« Belle comtesse aux cheveux blonds »

Il faut se méfier de la neige autant que des eaux dormantes. À propos de la comtesse Marie d'Agoult, c'est de neige qu'il s'agissait. On disait de cette jeune femme : « C'est vingt pieds de lave sous six pieds de neige. » Il y avait donc danger à l'affronter. Un homme s'y risqua, un artiste d'origine hongroise venu s'installer à Paris : Franz Liszt. Quelques arpèges firent fondre la neige et firent du volcan qu'elle dissimulait un feu de bonheur.

Marie tricotait son ennui dans son bel hôtel du quai Malaquais, en compagnie de son vieil époux, colonel de cavalerie et premier écuyer de la Dauphine. Elle gardait en mémoire la prédiction de l'extralucide à la mode, Mme Lenormand. Elle lui avait annoncé sa rencontre avec un homme doué de dons prodigieux, qui l'entraînerait sur les sentiers de la gloire. Elle l'attendait comme une péronnelle son prince charmant. Un point à l'endroit, un point à l'envers... Elle songeait parfois que ce pourrait être ce jeune pianiste d'Europe centrale, rencontré dans un salon, qui lui avait baisé la main et dont le regard l'avait poursuivie.

Marie avait appris par la suite que ce jeune pianiste, après une crise mystique, collectionnait les conquêtes. Il avait, disait-on, une « beauté d'archange » : visage de fille, allure de jouvenceau un peu dégingandé... Quant à son talent, il faisait pâmer les demoiselles et les dames.

Avant de jeter l'ancre aux pieds de Marie d'Agoult, ce nomade avait fait une croisière artistique et sentimentale, et connu bien des escales à travers l'Europe. Qui sait ce qui l'engagea à prolonger cette dernière ? Marie n'avait rien d'une Circé : elle était blonde, élégante, comme beaucoup d'autres biches de salon, mais maigre, diaphane, avec un visage étroit, comme coincé, disait-on, entre deux portes, et une denture déficiente. Avec cela un zeste d'excentricité et un comportement de bas- bleu.

La « belle comtesse aux cheveux blonds » prit Franz Liszt sous son aile.

Elle l'invita dans sa campagne et lui présenta ses trois enfants. Il se comporta avec la curiosité un peu guindée d'un bourgeois qui accède au grand monde. Un soir, lorsqu'il improvisa au piano un air évoquant la Puszta de son enfance, les galops fous des chevaux, les ruades du vent, elle fondit en larmes. Une liaison qui débute par des sensations d'une telle intensité est promise à la pérennité.

Le jour où son beau pianiste lui déclara sa flamme et lui proposa de le suivre, Marie abandonna son colonel de cavalerie et ses enfants. Enceinte de son amant, elle se retrouva avec lui à Genève. Comme il fallait bien vivre, il donna des leçons et composa le début des *Années de pèlerinage*. Une fille, Blandine, mit un comble à leur bonheur.

Comme ils ne comptaient pas s'éterniser à Genève, ils revinrent à Paris, quitte à affronter les reproches et les sarcasmes de la bonne société.

Marie trouva dans son courrier une lettre de Mme Aurore Dudevant, femme de lettres connue sous le nom de George Sand, qu'elle avait rencontrée dans un salon où se produisait un jeune pianiste polonais, Frédéric Chopin. Elle invitait le couple à venir lui rendre visite en terre berrichonne.

— Qu'irions-nous faire dans ce trou de province ? dit-elle.

— Nous reposer, dit-il. J'en ai besoin.

— Nous avons notre campagne, et vous semblez vous y plaire. D'ailleurs, je n'aime guère cette... Dudevant, ou Sand, je ne sais plus. Elle est vulgaire et écrit des romans scandaleux.

Il se dit qu'Arabella (c'est le nom qu'il lui donnait) se montrait d'ordinaire moins tatillonne dans ses relations. Elle n'avait pas lieu d'être jalouse. George Sand lui avait paru à lui un personnage à double fond, un caractère riche, profond et généreux sous une apparence délurée. Il aurait aimé mieux la connaître et le confia à Marie.

— Soit..., soupira-t-elle. Nous irons à... comment déjà ?

— À Nohant, dit Franz.

En réalité, le pianiste et la romancière se connaissaient mieux qu'il ne voulait bien le dire. Elle l'avait invité naguère à parler philosophie et musique avec un groupe d'amis. George aimait pianoter, sans se faire d'illusion sur son talent. Aux premiers temps de leur mariage, Casimir lui avait offert un piano. Depuis peu, elle collaborait, pour des critiques de concerts, à la *Gazette musicale*. Il s'était noué entre eux un chassé-croisé d'élans refoulés et d'audaces bridées, un désir commun de pousser plus loin ces rapports confus et rendus précaires par la présence de Musset et de Marie d'Agoult. Ils s'en étaient tenus à l'amitié.

Le couple, que George appelait les *Fellows* (les amis), quitta Paris dans l'intention de ne rester qu'une semaine en Berry. Ils y demeurèrent près d'un mois, avant de s'envoler avec la petite Blandine, vers les Alpes. Marie, ravie de son séjour, invita George, qu'elle considérait désormais comme une amie, à venir les rejoindre et faire des parties de canotage sur les lacs.

George refusa. Elle était alors en train de voguer vers une nouvelle idylle.

Charles Didier, citoyen suisse de trente et un ans, avait dissipé l'ennui d'une vie monotone au sein d'une famille guindée, dans un long périple à travers le continent. Il était beau, d'une timidité de collégien, mais impécunieux. Hugo, son idole, l'avait recueilli et en avait fait la coqueluche de son cénacle de perruches. Didier eut vite fait le tour de cette volière pour ne témoigner d'intérêt qu'à cette petite bonne femme habillée en homme, qui fumait des cigares assise à l'envers sur sa chaise, et proclamait des idées révolutionnaires dans des romans qui sentaient le fagot. On ne connaissait à cet Éliacin qu'une maîtresse : la belle Mme de Méritens, qui signait des romans du pseudonyme d'Hortense Allart.

George lui parla du roman que lui-même venait de publier à la suite de ses voyages : *Rome sous terre,* et dont le succès n'avait pas de quoi nourrir ses illusions. Il lui confia l'admiration qu'il vouait à la romancière, qui, du coup, commença à le regarder d'un autre œil. George apprécia sa voix de miel aux accents doux et pénétrants, ses rougeurs subites, en se disant qu'il devait être un amant délicat et attentionné. Elle ne fut pas déçue. Il prit la place que Musset avait abandonnée et que Michel de Bourges n'occupait que de manière épisodique.

Pour se retrouver seule avec son amant, elle l'installa dans un meublé, rue du Regard, puis le convia à Nohant. Il écrivit dans son journal : « Sirène, que me veux-tu ? »

Ce qu'elle lui voulait, où elle comptait l'entraîner, elle n'en savait rien. Il l'idolâtrait, se vautrait dans ses draps avec des gémissements de chat en rut, mais elle le trouvait ennuyeux avec ses discours sur les sciences naturelles qu'il lui tenait après leurs ébats.

George espaça leurs rendez-vous. Il observa tristement cette régression et nota dans son journal : « J'ai commis une énorme faute en suivant George à Nohant. Elle est pour moi de glace. Ô artiste ! Cœur mobile et dur... » Un matin, il faillit la quitter sans la prévenir. Elle le surprit en train de boucler son bagage.

— Que fais-tu, Charles ?

— Tu le vois, je pars.

— Au moins, embrasse-moi.

On ne pouvait être plus concis. Il effleura sa joue du bout

des lèvres. Elle accepta cette fuite comme un don de la Providence. La présence de ce tourtereau évanescent lui était devenue intolérable. D'ailleurs la présence des *Fellows* lui suffisait, et elle attendait la visite du comédien Bocage, et de quelques amis.

Quelques années auparavant, elle avait admiré Pierre Tousez, dit Bocage, dans le drame d'Alexandre Dumas, *Anthony*, où il avait Marie Dorval pour partenaire. Avec sa chevelure ébouriffée par le vent de l'épopée, son style déclamatoire, son regard de feu et son allure de prophète, il avait accédé au faîte de la renommée. La quarantaine proche, il avait gardé sa séduction et sa superbe. À la moindre sortie en ville, les femmes le suivaient du regard et lui décochaient des œillades.

Son séjour en Berry avait un but précis : inciter George à écrire pour la scène. Marie Dorval lui avait fait la même proposition, peu de temps avant, mais George avait tergiversé et on n'en avait plus parlé.

Était-ce sa seule intention ? On pouvait en douter à le voir tournicoter autour de son hôtesse, lui prendre la taille pour une promenade dans le parc, l'embrasser dans le cou, lui servir des propos galants. Elle s'esclaffait derrière son éventail et confia à Marie d'Agoult que ce bellâtre l'amusait.

— Il est prétentieux et stupide ! s'écria Marie. Savez-vous ce qu'il m'a répondu quand je lui ai demandé s'il aimait les poèmes de Mickiewicz ? « Vous voulez parler de miss... qui ? »

— Il ne restera pas longtemps. Il déteste la campagne, l'odeur de la bouse, la fraîcheur des nuits, les moustiques, la nourriture paysanne... Après avoir fait son tour de piste et quelques effets de buste, il va repartir sans regret.

— Sans regret, vraiment ?

Il emporterait au moins avec lui, à Paris, la promesse de George d'écrire pour le théâtre et le souvenir de quelques moments d'amour dans l'odeur nocturne des tilleuls.

Les *Fellows* eux-mêmes quittèrent Nohant à la fin du mois de juillet, laissant derrière eux vide et silence, comme sur une plage désertée par les populations balnéaires. Chaque jour en leur présence avait été une fête, baignée par la musique de Liszt et les papotages des femmes, Arabella et George paraissant s'entendre à merveille. George les accompagna en calèche jusqu'à La Châtre où ils prirent la route de Genève. Elle les regarda partir avec l'impression que ce couple présentait des symptômes de fêlure.

En l'embrassant, Marie avait dit à George :

— Ma chérie, nous vous attendons, avec Maurice et Solange, à Genève. Le pays est superbe. Peut-être y trouverez-vous un sujet de roman.

George ne lui avait donné qu'une réponse évasive. Puis elle s'était décidée.

Genève, les Alpes, le lac : un éblouissement. George fit des promenades en montagne, canota, passa des soirées sur la terrasse de la villa, face aux neiges éternelles, à écouter Liszt, retour du Conservatoire où il donnait des cours, improviser pour ses *Années de pèlerinage.* L'émotion coulait de ses doigts comme une source.

Arabella était de nouveau enceinte et attendait la délivrance pour la fin de l'année : malgré son visage ingrat, elle était d'une beauté lumineuse et arborait avec fierté son ventre arrondi par la maternité.

Chaque soir, de son fauteuil, en fumant sa pipe, George regardait le mont Blanc émerger comme un sorbet teinté de rose des premières brumes du soir. Les enfants jouaient au croquet dans le parc, Arabella lisait dans la dernière clarté du jour, des conversations alternaient dans le salon avec la musique de Franz. C'étaient des moments tranquilles, d'une telle pureté, d'une telle fragilité qu'ils paraissaient ne pouvoir résister au temps. Tous les bonheurs, elle le savait, portent en germe leur conclusion. Celui-ci comme les autres. Elle en savourait la douceur de dictame, laissait naître et s'évaporer en elle une ivresse légère en se disant que le terme de son séjour approchait et que rien ne pourrait lui faire obstacle.

Ils allèrent en groupe à Fribourg, cité proche de Genève. Franz avait décidé de jouer sur les célèbres orgues de la cathédrale. Il y improvisa une pièce agitée de tempêtes aux résonances inquiétantes, puis le *Dies irae* de Mozart. Les saints qui ornaient le portail des Apôtres semblaient mêler leur voix à celle de l'instrument.

De retour à Genève, un soir où Franz jouait son *Rondo fantastique,* George l'écouta, les yeux clos, si proche de l'instrument que le moindre vibrato pénétrait ses fibres les plus intimes. Troublée, la tête encore pleine d'harmonie confuse et de pulsions violentes, elle gagna sa chambre, roula quelques cigarettes et se mit au travail. Lorsque l'aube se leva sur le lac, elle venait d'écrire la dernière page d'une nouvelle : *Le Contrebandier.*

L'automne leur apporta des nuits fraîches, des aubes brumeuses et des journées de velours tiède. Une lettre de Casimir informa George que les vendanges étaient terminées et que le vin serait de bonne qualité. Il faisait couper du bois pour l'hiver. Liska venait de pouliner...

Lorsqu'elle annonça son départ, les enfants poussèrent les hauts cris. Marie pleura dans son mouchoir et Franz sur son piano. Elle prit George par le bras et lui dit :

— Nous avons l'intention de louer une villa sur le lac de Côme, près de Bellagio. C'est un séjour de rêve : un lac, des montagnes, un jardin couvert de fleurs... Il faudra venir nous rejoindre. Votre présence est bénéfique à Franz. Vous vous comprenez si bien...

Elle ajouta, sa main crispée sur le bras de son amie :

— Je vous dois une confidence, ma chérie : depuis quelque temps Franz semble se détacher de moi. Je le devine à des petits riens, des expressions, une retenue dans nos entretiens, des silences. Je pourrais attribuer cette attitude à la concentration qu'exige son travail, mais il y a autre chose, que je discerne mal. Une sorte de faille...

— Ne prenez pas cette impression trop au sérieux. Les écrivains, les artistes, sont sujets à ce genre de comportement.

Franz ne fait que prendre le large. Il ne tardera pas à rejoindre le port. Il vous aime.

Elle n'oublierait pas le visage crispé d'Arabella, ce profil chevalin aux pommettes saillantes, ce teint couleur de savon, ce ventre proéminent. Elle se disait que Franz, ayant « pris le large », risquait de disparaître à jamais.

Sans nouvelles de Charles Didier ni de Michel de Bourges, George sombra dans une solitude relative comme dans un bain tiédasse. Le silence de Michel n'avait rien pour la surprendre : des amis de La Châtre lui avaient appris qu'il vivait avec une matrone obèse et acariâtre, qui faisait office de gouvernante et ne troublait pas ses nuits.

L'automne rayonnait sur une campagne radieuse. Chaque jour, George se rendait à pied jusqu'à l'Indre et, les jours chauds, s'y baignait en compagnie de Solange qui apprenait à nager.

Après le retour de Casimir à Guillery, elle avait confié la gestion de son domaine à son nouvel intendant, Félicien Mallefille, originaire de l'île Maurice, qui lui donnait pleine satisfaction.

Plutôt que de se demander en quelles matières ce personnage était compétent, il eût été plus simple de s'informer de ce qu'il ignorait. Ce factotum avait une vocation de Figaro. Aucun problème ne pouvait l'embarrasser, aucun incident le surprendre.

Marie d'Agoult le lui avait présenté à Paris, alors qu'il était dans l'indigence la plus noire. C'était, disait-elle, l'homme qui lui convenait pour assurer la bonne marche du domaine. Il était honnête, serviable, compétent et, de plus, artiste. Il avait même écrit une pièce de théâtre qui avait été jouée à l'Ambigu. George avait boudé cette offre providentielle : qu'avait-elle à faire d'un auteur dramatique ? Elle le trouva vaniteux, inquiétant avec son allure de sauvage, sa longue barbe ses yeux de bovidé...

— Réfléchissez, avait ajouté Marie. Mallefille pourrait faire office de précepteur pour vos enfants. C'est un érudit, sous ses allures un peu... singulières. D'ailleurs, s'il ne vous convenait pas, vous seriez toujours à même de lui donner congé, comme vous l'avez fait pour Pelletan.

George finit par céder. Elle avait besoin, près d'elle, d'un serviteur qui ne fût pas un rustre et pût la soulager de ses contraintes matérielles.

Elle ne tarda pas à faire amende honorable. Mallefille lui devint indispensable : plein de prévenance pour elle, de vigilance pour les enfants, d'attention constante pour le domaine, en dépit de son allure de grizzly. Maurice appréciait ses dons artistiques, Solange sa bonne humeur : quand elle s'amusait à lui tirer la barbe, il roulait des yeux de croquemitaine.

Mallefille arrivait au bon moment. Un drame se nouait dans la famille : Casimir venait d'enlever Solange à Paris. Il avait opéré alors que George était parti pour une promenade avec son factotum. Elle alerta le baron Haussmann, sous-préfet du Lot-et-Garonne, qui envoya un détachement de gendarmes cerner le château de Guillery.

L'accueil que leur fit Casimir la déconcerta. Il vint vers elle en tenant Solange par la main, et la lui remit avec un triste sourire.

— Je te restitue ta fille, dit-il, mais sache que je pourrais, par autorité de justice, reprendre Maurice quand il me plaira de le faire.

— J'avoue, dit-elle, que je m'attendais...

— ... à ce que je te reçoive avec le fusil ? Me prends-tu pour un sauvage ou pour un fou ? Prends soin de notre Solange comme je l'ai fait moi-même, et dis à Maurice que son père ne l'a pas oublié.

Il était facile à George de déceler, dans sa correspondance avec les *Fellows,* une faille qui s'élargissait. Elle en venait à penser qu'avec un peu plus de constance, elle aurait pu arracher Franz à l'attraction de Marie et en faire son amant. Certains comportements du musicien à son égard, des regards, des propos d'apparence futile, l'incitaient à croire à une attirance que, pour ne pas trahir l'amitié de Marie, elle n'avait pas encouragée. Elle se plaisait, en se substituant à sa compagne, à imaginer une existence fondée sur des préoccupations et des goûts communs. Elle en rêvait en se disant que le destin ne repasse jamais les mêmes plats.

Franz lui manquait. La vaste demeure de Nohant avait perdu son âme. Parfois, la nuit, elle s'éveillait en sursaut avec, dans la mémoire, presque dans l'oreille, le murmure du vent dans les cyprès de la villa d'Este, traduit en musique par Liszt, qu'elle avait écouté à Genève, assise contre le piano pour ne rien perdre de la moindre vibration de l'instrument.

Elle se trouvait encore à Nohant lorsqu'elle reçut un billet d'Honoré de Balzac, qu'elle n'avait pas revu depuis longtemps. Il lui écrivait : « Je ne voudrais pas retourner à Paris sans avoir vu soit la lionne du Berry, soit le rossignol, dans son antre ou dans son nid. Vous avez une force et une grâce qu'apprécie, plus que qui que ce soit, votre dévoué serviteur. »

Il lui apprit qu'il se reposait quelques jours non loin de chez elle, dans une maison amie. Balzac avait jadis pris le parti de Jules Sandeau lorsqu'elle l'avait rejeté. Il l'avait hébergé et réconforté, mais son protégé l'avait déçu par son inconsistance et sa paresse. Qu'il revienne envers elle à de meilleurs sentiments la surprenait mais la réjouissait. Il viendrait à point nommé apporter un peu d'animation à cette grande bâtisse endormie dans la neige de février.

Le motif, sans doute fallacieux, de sa visite, était de lui demander des autographes destinés à sa lointaine égérie,

Ewelina Hanska. En fait, il souhaitait l'entretenir de ses rapports avec Sandeau qui l'avait profondément déçu.

Il avait beaucoup changé depuis leur dernière rencontre. Il avait épaissi, s'était comme tassé sur lui-même, mais en se donnant toujours de faux airs de dandy, avec son gilet orné de boutons dorés, barré de chaînes comme le port de La Rochelle, ses bagues et sa redingote un peu étriquée pour sa taille... Elle avait revêtu pour le recevoir sa robe de chambre, des pantalons rouges et des chaussons jaunes. Il promenait sur elle et son décor un regard d'huissier, tellement appuyé qu'elle se dit qu'il devait engranger des observations pour un prochain roman. Il lui trouva un « menton de chanoine et un air un peu bête », mais sans un cheveu blanc.

Ils s'assirent au coin du feu et bavardèrent comme de vieux camarades de collège qui se seraient retrouvés. Il dit, parlant de Sandeau, qu'il était « comme un cheval à l'écurie ». Il n'avait rien écrit depuis trois ans et désespérait l'amitié comme il avait désespéré l'amour.

Ils parlèrent aussi de leur travail. Ils le menaient sur ce même rythme qui affolait les éditeurs et faisait dire à leurs lecteurs qu'ils n'arrivaient pas à suivre. Il venait de terminer, en trois semaines, un roman dont il lui parla longuement. Elle l'entretint de celui qu'elle avait en train.

Lorsqu'ils parlèrent de la société qui leur était familière et de la politique, des dissonances animèrent la conversation. Il était monarchiste et elle républicaine ; il tenait le mariage pour une institution sacrée et inaliénable, elle plaidait pour la liberté de la femme. Il était adepte du catholicisme romain le plus strict et elle d'une religion à la Rousseau. Ils constatèrent leurs divergences jusque dans leur conception de la littérature romanesque.

L'un et l'autre connaissaient et avaient fréquenté le couple de Marie d'Agoult et de Franz Liszt. Balzac appréciait le talent du musicien, mais beaucoup moins sa maîtresse, un jugement qui ne différait guère de celui de George. Ils tombèrent d'accord pour reconnaître que leur idylle pourrait fournir la matière d'un roman. Il allait y réfléchir.

En prenant congé, il lui baisa la main et lui dit :

— Je n'arrive pas à comprendre qu'une femme comme vous puisse vivre seule dans cette grande maison. Il faut vous trouver très vite un homme qui soit à la fois un ami, un amant, un confident et un soutien.

Elle faillit lui demander de quoi il se mêlait, mais se contenta de rire.

— Mon cher Honoré, vous parlez d'or ! Cet homme, je le cherche depuis toujours. J'ai fini par me dire que je courais après une chimère. Si vous rencontrez cet oiseau rare, mettez-le en cage et apportez-le-moi. Je crains, hélas, qu'on ne le trouve qu'au Monomotapa. Et encore...

Balzac n'avait pas fait une simple visite de politesse à sa consœur. Sur le chemin du retour, au cœur de la nuit et de la neige, il se remémora leur entretien à propos des *Fellows*, de cette liaison qui, déjà, montrait la trame. « Oui, se dit-il en mâchonnant son cigare, cela ferait un beau sujet de roman... »

L'année suivante, il publiait un ouvrage romanesque qu'il avait intitulé d'abord *Les Galériens*, mais qui devint *Béatrix ou les Amours forcées*. Il confia à Mme Hanska, en lui demandant le secret, que l'héroïne de ce roman était la réplique de la comtesse Marie d'Agoult, et l'intrigue, à quelques détails près, l'histoire de sa liaison avec un pianiste célèbre...

3

« Joue pour moi, mon ange... »

Après leur séjour à Genève, et avant de se plonger dans la splendeur des lacs italiens, les *Fellows* se retrouvèrent pour quelques mois à Paris.

Choquée que le Faubourg Saint-Germain boudât sa présence, Marie s'entoura d'écrivains et d'artistes, tint salon et eut ses jours de réception, qui étaient le plus souvent des nuits, car on veillait fort tard dans son appartement de l'Hôtel de France, rue Laffitte.

Elle eut très vite ses familiers : le romancier Eugène Sue, dont le talent de feuilletoniste commençait à germer, la romancière Hortense Allart, le poète allemand Henrich Heine, qui considérait George comme sa « cousine bien aimée » (trop peut-être...), le poète polonais Adam Mickiewicz, chantre de la Pologne insurgée contre le Tsar, Hugues Lamennais, prêtre breton qui portait sous sa soutane les armes de la révolution, le philosophe Pierre Leroux, socialiste farouche, qui portait ces mêmes armes à bout de bras, le comte polonais Albert Grzymala, un géant fastueux, Carlotta Marliani, épouse du consul d'Espagne, et un jeune musicien et compositeur, Frédéric Chopin, qui conversait plus volontiers avec Franz qu'avec les philosophes. George était l'invitée permanente de ces soirées et n'en manquait pas une.

Après son escapade à Genève et un hiver à Nohant, George avait retrouvé son logis du quai Malaquais. Elle y ramenait un ouvrage de longue haleine, *Mauprat,* qui avait pour cadre la

Révolution et mettait en scène des paysans révoltés contre leur seigneur. Elle jetait en vrac dans cette œuvre, comme dans un brasier, les théories philosophiques héritées de Michel de Bourges et ses propres expériences de la vie rurale.

Marie, lui trouvant la mine grise et les yeux battus, lui demanda si elle était malade. George la détrompa.

— La fatigue du voyage, ma chérie. Je me remettrai vite. Une coupe de champagne m'y aidera.

Elle lui confia qu'elle avait vécu cet hiver en Berry « comme une nonne », entre Mallefille et les enfants. Elle précisa : « une nonne laborieuse » : elle avait écrit vingt pages par jour... ou plutôt par nuit. Marie s'écria :

— Mais c'est un travail de galérien ! Vous êtes pire que Balzac.

— Comme vous y allez ! Écrire est pour moi un plaisir dont je ne me lasse jamais. Je l'attaque dans une exaltation permanente, ce qui me le rend facile et agréable. J'aurais, reconnaissez-le, bien tort de m'en priver, d'autant que c'est mon gagne-pain.

Marie lui avoua qu'elle-même songeait à écrire, mais qu'elle avait du mal à s'y mettre. Elle avait l'idée d'un roman, mais ne savait comment s'y attaquer.

Elles burent du champagne. De temps à autre, Marie se levait pour se pencher sur le berceau de la petite Cosima, sœur de Blandine, née en décembre. Elle demanda à George de se rendre libre pour assister à une soirée chez une de ses amies, la comtesse Czosnowska. Le jeune pianiste polonais, Frédéric Chopin, y donnerait un concert.

— Vous vous souvenez sans doute de lui, dit-elle. Il vous a été présenté l'année passée, je ne sais plus où. C'est ce garçon maigre, aux cheveux blonds, qui tousse avec délicatesse et ressemble à une grande femme triste...

— Je m'en souviens. Nous avons même eu un entretien sur la musique pianistique, mais je n'ai pu retenir longtemps son attention. Il m'écoutait, mais paraissait être ailleurs.

— Ce n'était pas de l'indifférence, mais de la timidité. Il

joue les émigrés nostalgiques et semble même surpris d'être sur terre. L'idée qu'il a quitté son pays en pleine insurrection le torture. Il parle correctement notre langue, avec un léger accent, car son père est d'origine française. Il a beaucoup de talent et fera parler de lui sans tarder. On loue déjà son sens de la mélodie, son doigté délicat et surtout l'émotion qui se dégage de sa musique. La dernière fois que je l'ai entendu, j'ai pleuré. Vous savez pourtant que je n'ai pas la larme facile...

Lorsque George lui demanda des nouvelles de Franz, Marie resta évasive, comme si elle souhaitait éluder un sujet embarrassant.

— Oh... Franz... Il n'y a que sa musique qui l'occupe. Il est constamment perdu dans ses trilles, ses arpèges, ses trémolos, ses roulades. Il vient de terminer son *Album d'un voyageur.* Il travaille beaucoup, mais se rend à peine compte que j'existe.

Elle ajouta dans un soupir :

— Vous reprendrez bien un peu de champagne ?

Ce que George avait appris de Chopin correspondait, grosso modo, à ce que Marie lui en avait dit, ainsi qu'à son propre souvenir.

Il était d'une beauté délicate, presque féminine, au point qu'on aurait pu s'y tromper. Lui-même s'était demandé, la première fois qu'il l'avait vue, à quel sexe la rattacher. Il semblait éviter sa présence et jusqu'à son regard.

Liszt, qui le connaissait intimement, lui en parla avec plus de détails.

Chopin n'était pas né, comme Liszt, avec une cuillère d'argent dans la bouche. Professeur de français à Varsovie, son père habitait un village voisin de la capitale, et vivait chichement. Chopin avait reçu à trois ans ses premières leçons de piano et donné son premier concert à huit. On voyait en lui un petit Mozart. Devenu adolescent, il était mûr pour son envol. Sa famille ne le retint pas au bord du nid ; elle l'aurait même poussé à aller faire chanter son piano hors de la

Pologne en proie à l'insurrection. À dix-huit ans, il donnait des concerts à Berlin, à Prague, à Vienne, devant des foules ébahies et admiratives.

Franz ajouta :

— Il avait vingt et un ans lorsqu'il est arrivé à Paris avec, dans son bagage, ses dernières compositions. Ses débuts ont été laborieux. Aujourd'hui, il est reconnu de tous les mélomanes, et je suis le premier à m'en réjouir. Il se refuse, par timidité, à donner des concerts publics. Camille Pleyel le supplie, mais en vain.

— Contrairement à vous, mon cher Franz...

— J'en conviens. J'aime la communion avec le public. Elle m'est nécessaire.

— Votre protégé n'a guère de santé, à ce qu'il semble.

— Dans sa jeunesse, il a souffert d'angines et d'engorgements des ganglions lymphatiques, que l'on soignait avec des applications de sangsues. Il craint de mourir de la poitrine, comme une de ses sœurs.

— Y a-t-il des femmes dans sa vie ?

— Je ne lui en connais qu'une, mais elle s'est évaporée comme un rêve et l'a laissé inconsolable. Maria Wodzinska avait seize ans lorsqu'ils se sont vus pour la première fois. Leur idylle était sur le point d'aboutir à un mariage, quelques années plus tard, mais la famille de Maria était riche et lui n'avait que son piano pour tout bien, et une santé fragile. On décida de les séparer. Il ne s'en est pas remis. Lorsque vous parlerez avec lui, évitez de faire allusion à cette aventure malheureuse : ce serait retourner le couteau dans la plaie. Ne lui parlez pas non plus de sa santé : il en est obsédé. Il tousse beaucoup et parfois crache du sang...

Il faisait sur Paris un temps noir d'octobre lorsque George se présenta chez la comtesse Czosnowska. Ses yeux se portèrent, à peine avait-elle franchi la porte du salon, non sur Chopin, qui disparaissait dans un groupe de jeunes femmes, mais sur Marie Dorval. Elles ne s'étaient pas revues depuis des mois. La comédienne était en noir, sans autre bijou qu'un crucifix en or. Elle avait maigri et ses cheveux avaient pris une couleur terne. George s'assit près d'elle et lui demanda de qui elle portait le deuil.

— De ma fille, Gabrielle, dit-elle. Elle est morte alors que j'étais en tournée. Je n'ai appris la nouvelle que trois semaines plus tard. Depuis, je vis comme entre deux eaux et n'ai de goût pour rien. Si je ne remonte pas en scène, je me trouverai à la rue.

La comtesse, grande femme d'allure athlétique, toute froufroutante et volubile, vint arracher George à son fauteuil.

— Notre pauvre Frédéric, dit-elle avec un fort accent polonais, est malade et tousse beaucoup. Le climat de Paris ne lui réussit pas, surtout en cette saison. Il a pourtant décidé de jouer. Il faudra être indulgent s'il a une faiblesse. Il est si fragile...

La comtesse parlait de son protégé comme d'un vase précieux, avec des mines extasiées. Elle plut à George par l'émotion qu'elle témoignait, comme elle-même, pour les créatures souffrantes. Elle s'attendait à ce qu'elle prît l'enfant génial entre ses bras pour le placer sur le tabouret.

Un feu discret pétillait dans la cheminée de marbre blanc. Les lampes carcel voilées diffusaient une lumière crépusculaire dans la salle tapissée de velours grenat, ornée de portraits et de scènes rurales de Pologne. Des bichons havanais au poil lustré, au collier de satin, reniflaient le bas des pantalons. La comtesse les fit évacuer par le majordome.

Lorsqu'elle donna le signal du concert, George, qui avait repris sa place près de Marie Dorval, sentit la main de sa compagne se poser sur la sienne. Elle lui sourit mais la lui retira.

Dans la lumière tamisée, le visage de l'artiste se découpait avec une douceur de pastel. Sous la chevelure opulente se devinait la structure d'un visage aigu, un peu froid, au nez légèrement busqué, aux joues longues et incurvées, à la bouche un peu saillante, comme dans le portrait qu'en avait fait son compatriote Félix Slepski.

George ne tarda pas à comprendre les raisons qui incitaient le pianiste à éviter les concerts publics : son jeu était parfois d'une subtilité, d'une délicatesse qui convenaient mal à la foule des grands soirs. Alors que Liszt faisait l'amour à son piano, lui arrachant des gémissements et des cris, Chopin le caressait, tendresse et passion mêlées, avec des moderatos qui frisaient la sourdine.

Pour détendre l'atmosphère un peu guindée de la soirée, il débuta par une mazurka. Puis il enchaîna avec trois nocturnes d'où semblaient surgir des fantômes, des polonaises ardentes, des études aux combinaisons harmoniques souples. Il termina avec une autre mazurka qui s'acheva, selon son habitude, par un vigoureux glissando qui semblait donner congé à ses émotions.

George dit à Marie d'Agoult :

— Si j'avais osé, je me serais glissée sous le piano, comme je le faisais à Genève, quand Franz jouait, pour ne pas perdre la moindre note. On m'aurait prise pour une folle.

Avant de sortir, elle prit son calepin et y griffonna quelques mots.

— Tu lui écris une lettre d'amour, déjà ? lui demanda Marie Dorval.

George lui montra le feuillet. Elle lut : « Je vous adore », avec la signature. Elle emprunta le crayon de George et ajouta « Moi aussi ! », et signa à son tour.

— Il faut que je parte, ajouta George. Le repas risque de s'éterniser et je suis fatiguée. Je dois repartir d'ici peu pour Nohant où m'attendent quelques affaires à régler. J'aurais pourtant aimé bavarder avec notre artiste, mais il n'a même pas remarqué ma présence. Je crois que je lui déplais.

— Cela me surprendrait. Tu n'as jamais été aussi belle. Fais-moi signe à ton retour. J'aimerais tant te revoir dans l'intimité...

Elle lui jeta un baiser au coin des lèvres.

— *Chi lo sa* ? soupira George. Je te laisse ce billet. Remets-le à Chopin en excusant mon départ.

Depuis le concert chez la comtesse, George était habitée par l'image de Chopin. Elle ne pouvait oublier les expressions douloureuses qu'il prenait pour jouer les nocturnes, la fureur qui crispait ses traits pour les polonaises et son air de « grande femme triste » pour les études. Elle revoyait ses mains courant sur le clavier comme des araignées, dans les vivaces.

Le lendemain du concert, elle écrivit à Marie d'Agoult pour la remercier et lui dire qu'elle aurait aimé s'entretenir avec Chopin. Marie lui répondit en l'invitant à un souper plus intime. Il serait présent.

Elle compta les jours puis les heures.

Leur nouvelle rencontre la déçut. Il ne lui parut pas hostile à sa présence, mais lointain. Il l'écouta lui parler de cette étude d'une virtuosité étourdissante dont il s'était joué avec brio, de la gracieuse arabesque d'un de ses nocturnes. Il hochait la tête, regardait ailleurs, se balançait sur ses talons, les mains dans le dos, accueillait parfois ses commentaires d'un sourire, surpris d'une telle pertinence.

Elle dit à Marie :

— Je n'arrive pas à comprendre votre protégé. Je tente en vain de trouver en lui une ouverture, de le toucher au point sensible, de le faire réagir. C'est comme si nous parlions à travers une porte fermée.

— Vous me surprenez, ma chérie ! Je trouve au contraire que la glace entre vous commence à fondre. Il vous a écoutée durant un quart d'heure, alors que, d'ordinaire, il abrège ses entretiens dès qu'ils l'agacent. Je puis bien vous le dire : il vous jugeait « antipathique », naguère. Vous l'avez un peu choqué par votre assurance, la liberté de vos propos, votre accoutrement... Ce soir, il est revenu sur ses préventions.

— Si je m'intéresse à lui, c'est pour son talent, mais aussi parce qu'il est en quelque sorte mon contraire. Que je l'aie choqué m'importe peu. L'essentiel, c'est que je le trouble, qu'il veuille en savoir davantage sur moi. Je ne sais si je viendrai à bout du mystère Chopin, mais je vais m'attacher à le résoudre. Je trouverai la clé qui ouvre cette porte...

Cette clé, George crut l'avoir trouvée chez le comte Albert Grzymala, le meilleur ami du pianiste. Pour inciter Chopin à la considérer moins sévèrement, sinon pour faire sa conquête, elle avait réussi sans peine à circonvenir ce bon vivant avec lequel elle se sentait en confiance.

Géant de nature exubérante, doté de moustaches rousses de mamelouks, il revêtait, pour ses sorties en ville, un uniforme à brandebourgs de l'armée polonaise. George lui tenait le bras, l'appelait son « cher époux » et désignait Chopin, qui trottinait derrière eux, comme leur rejeton.

Elle rencontrait fréquemment Grzymala chez les *Fellows* ou chez Chopin, qui était leur voisin, à l'étage supérieur de l'Hôtel de France. Elle avait avec l'artiste des entretiens courtois mais distants, qui paraissaient l'agacer. Elle avait tant à lui dire qu'elle choisit de le lui écrire indirectement, par une lettre au comte, en espérant qu'il la ferait lire à Chopin ou lui en livrererait la quintessence.

Elle le fit sur une trentaine de pages. Pour ne pas effrayer cette âme sensible, elle évita les traits de passion et maîtrisa son vocabulaire. Elle disait en parlant de l'artiste, « notre petit », regrettait qu'il se montrât fuyant et d'une réserve de « jeune fille », s'inquiétait de savoir s'il était encore épris de sa petite fiancée. Sans étaler ses sentiments, ce qui eût été indécent et maladroit, elle laissait entendre qu'elle pouvait faire le bonheur de Chopin et le sien propre sans provoquer de scandale. Elle avait six ans de plus que lui, mais cette différence importait peu et, d'ailleurs, disait-elle, « cela ne se voyait pas ». Elle se souvenait d'une observation désabusée de Musset : « Ma pauvre amie, tu t'es crue ma maîtresse, et tu n'étais que ma mère... » Elle devait convenir de la justesse de ce jugement en se disant qu'avec Chopin elle pourrait être les deux.

George avait eu beaucoup d'amants, la plupart plus jeunes qu'elle. Certains, disait-elle, l'avaient « martyrisée », poussée au désespoir, à la folie. Pourtant elle avait prodigué à tous, ou presque, un amour sincère. Ils auraient pu en témoigner.

La pensée que Chopin pût mépriser les formes charnelles de l'amour, qu'il apportât dans ses rapports avec les femmes ce qu'elle appelait un « jugement de sacristie », l'agaçait. Avait-il, pour justifier cette attitude, subi des violences dans sa jeunesse ? Était-ce le souvenir de Maria Wodzinska qui l'obsédait au point de lui faire mépriser les autres femmes ?

Dans cette longue lettre, elle évoquait leurs relations éventuelles en termes de navigation : « De temps en temps, un bon vent pourrait nous ramener l'un vers l'autre, et nous irions faire une course sous les étoiles, puis nous nous quitterions pour marcher sur terre... »

Cette perspective séduisante se heurtait à un personnage qui avait pris de l'importance dans la vie de George : Félicien Mallefille. Il avait fini par se faire admettre, en plus de ses rôles de précepteur et de régisseur, dans celui d'amant. George n'avait trouvé, au bout d'un long chemin de solitude, que ce personnage qui, après avoir suscité ses préventions, s'était affirmé comme un soutien indispensable, dont elle ne souhaitait pas se séparer. Le bruit de cette liaison insolite s'était vite répandu, et George craignait qu'il ne parvînt aux oreilles de Chopin.

Elle en parla cependant, à mots couverts, dans sa lettre. Elle était « comme mariée » à « cet être excellent, parfait sous le rapport du cœur et de l'honneur et qui ne l'avait jamais fait souffrir ». Elle redoutait que Maria Wodzinska, bravant sa famille, ne revînt vers Chopin. Cette jeune créature eût été, dans ce cas, le « tombeau de cette âme d'artiste ».

Elle écrivit en conclusion : « Voilà, mon cher Grzymala, ce que vous devriez tenter de faire comprendre à notre cher petit. »

La matinée était avancée lorsque George, après un léger somme, descendit prendre son petit déjeuner. Les enfants jouaient dans le parc avec le poulain de Laska, des jardiniers ratissaient les allées sous leur chapeau de soleil, Ursule fredonnait une chanson à ses fourneaux et Mallefille fumait sa première pipe, assis sous le tilleul, en lisant les nouvelles.

C'était une chaude matinée d'été, ronde et irisée comme une bulle de savon. Il n'y manquait qu'une légère musique de piano venant du salon et l'image des mains courant sur le clavier.

Le manège de George n'avait pas échappé à Mallefille. Il prenait ombrage des courriers qu'elle adressait au comte Grzymala ou à Chopin, de celui qu'elle recevait d'eux, des longues minutes qu'elle passait au piano à jouer des œuvres de l'artiste polonais. Sans cesser d'être amoureux, il devenait jaloux.

Il avait compris, dès son arrivée à Nohant, que George ne pouvait vivre longtemps sans un homme auprès d'elle. À force de patience, de serviabilité, de gentillesse, il était parvenu à s'imposer comme factotum, puis comme compagnon de solitude et enfin comme amant.

Il aurait pu se croire maître du cœur de sa maîtresse, mais, après les élans de passion qu'elle avait connus avec des personnages illustres, l'amour que lui vouait ce « valet », comme disait Marie d'Agoult, lui donnait un sentiment d'insatisfaction. Certes, il s'intéressait à son travail d'écrivain, lisait ses manuscrits, leur apportait des observations judicieuses, mais cela ne suffisait pas à lui faire croire à une pérennité de leurs rapports.

Il garda par-devers lui la jalousie qui le rongeait. En faire état, susciter une querelle, eût été inutile et maladroit. Elle aurait pu, sur un coup de colère, le congédier, mais cette idée lui était insupportable.

Lorsque George décida, dans le courant de l'été, de retourner à Paris, il souhaita l'accompagner, en alléguant un faux prétexte : un frère dont la santé requérait sa présence. Elle accepta de mauvaise grâce.

Les relations de George avec François Buloz tournaient à l'aigre. Il souhaitait, avant d'occuper le poste éminent de commissaire du roi au Théâtre-Français qu'on lui avait proposé, régler quelques détails épineux avec elle.

— Il m'emmerde, le père Buloz ! s'écria-t-elle. Que me veut encore ce vieux grigou ?

Qu'était devenu le « sublime ami » des temps idylliques ? Ils allaient encore se quereller à propos d'argent !

Leur discussion porta sur des problèmes de contrats. Après la publication de *Mauprat*, l'été précédent, et celle de ses œuvres « complètes » (déjà !), elle manifestait l'intention de rompre avec son éditeur. Elle en avait assez de ses « lamentations de coin de feu », de ses cancans qui lui faisaient à elle une réputation de harpie dans le sanctuaire de *La Revue des Deux-Mondes*. Il riposta en lui reprochant son appât du gain. Le ton monta, se fit âpre, puis la querelle s'affaissa comme un soufflé et ils se quittèrent bons amis comme devant.

George allait retrouver Chopin, plusieurs fois par semaine, dans son petit appartement coquet comme un boudoir de marquise, tapissé d'étoffe tourterelle, envahi par des plantes vertes et des bouquets offerts par ses élèves.

Leurs relations avaient dérivé vers une familiarité où George lisait le début d'une intimité. Il l'appelait « ma *Jutrzenca* », Aurore en polonais, et elle « mon ange ». Elle lui disait : « Joue pour moi, mon ange, ta dernière mazurka... » Il ne se faisait pas prier, certain qu'il était de la qualité de ses appréciations.

— Je ne suis pas satisfait de cette pièce, disait-il. Je voulais traduire la virilité de cette danse, mais je la trouve trop cadencée. Je l'ai annotée *ben marcato*, mais elle l'est un peu trop à mon goût.

Elle n'était pas de son avis. Il s'agissait d'une danse populaire, pas d'un menuet ou d'une gavotte. Il en convenait d'un air maussade.

Parfois il quittait brusquement le clavier, lissait ses genoux avec ses mains, et soudain toussait à fendre l'âme, laissant des traces de sang dans son mouchoir.

S'il se faisait tard, elle le menait jusqu'à sa chambre, lui préparait son lit, lui servait une tisane. Quand il était plus souffrant que d'ordinaire, elle le veillait durant des heures, sans allumer une cigarette ou un cigare, une abstinence qui lui était pénible. Ce rôle de garde-malade lui allait comme un gant ; elle se souvenait des longues nuits de Venise, des gémissements et des délires de Musset, du profil délicat de Pagello dans la lumière de la lampe.

Après avoir rompu avec le poète, elle avait dit à Marie Dorval : « Qui aurai-je à soigner, maintenant ? » Ses enfants ? Maurice souffrait de rhumatismes précoces, au point qu'elle envisageait un séjour au soleil, mais Solange était d'une santé florissante. Elle aurait soigné sa mère, qui venait de mourir, mais leurs relations avaient empiré avec le temps jusqu'à les rendre irréconciliables.

George avait offert à Chopin de venir avec elle à Nohant, pour quelques semaines d'été ; il avait refusé, de crainte que l'on n'en fît des commérages dans leur cercle d'amis et qu'il ne perdît quelques élèves. Il redoutait en outre de se trouver quotidiennement en présence de ce Mallefille qu'il avait rencontré chez George et qu'il détestait. Il avait trouvé troublant et indécent que ce maître Jacques eût osé provoquer en duel un hobereau qui prenait trop de libertés avec sa maîtresse et l'importunait.

Mallefille les épiait. Il lui arrivait de passer des heures sur le trottoir, en face de l'Hôtel de France, à demi dissimulé derrière un lampadaire, son chapeau au ras des sourcils, observant le théâtre d'ombres des fenêtres.

Un soir, sur un coup de folie, il glissa un couteau dans sa ceinture et reprit sa faction, bien décidé à tirer le rideau sur cet insupportable vaudeville où il jouait un rôle humiliant. Peu avant minuit, lorsqu'il vit George sortir et allumer un petit cigare sous le porche, il se précipita vers elle avec un cri de rage. Le fiacre qu'elle avait demandé brisa son élan. En s'y installant, elle aperçut son agresseur ; il tenait encore son couteau à la main.

Elle lui dit, le soir même :

— Pauvre imbécile ! Tu voulais donc me tuer, et Chopin après moi, sans doute ? Cela t'aurait servi à quoi ? Cette jalousie absurde te fait perdre la raison. Nous allons devoir nous séparer. À partir de ce soir, je ne te connais plus.

— Chopin ! s'écria-t-il. Vous en êtes amoureuse, ne le niez pas !

— Et quand cela serait ? De quel droit prétends-tu régenter mes sentiments ? Nous ne sommes pas mariés, que je sache !

Elle raconta cette agression manquée à Marie d'Agoult, en lui faisant promettre le secret : si Chopin l'apprenait, il en ferait une syncope !

— J'éprouve quelque remords, lui dit Marie, de vous avoir recommandé ce pauvre garçon. Vous l'avez renvoyé ? C'est le mieux que vous puissiez faire.

Elles parlèrent de Chopin, dont la santé s'était détériorée depuis peu.

— Le climat de Paris ne lui convient pas, dit George, et la vie qu'il mène n'arrange pas les choses : trop d'amis, de sorties nocturnes, de travail... Je lui ai proposé de l'emmener à Nohant : il a décliné mon offre. Il semble redouter un piège.

— Partez donc ensemble pour un climat plus chaud ! L'Italie, par exemple.

— J'y retrouverais trop de souvenirs. Musset... Pagello...

— Alors, pourquoi pas l'Espagne ? Je puis en parler à notre amie, Carlotta Marliani. Son mari, Manoël, en tant que consul, pourrait vous conseiller. Revenez demain, nous en parlerons avec elle.

George en parla, le soir-même, avec Chopin.

— Je suis inquiète au sujet de Maurice, lui dit-elle. Ses rhumatismes le font de plus en plus souffrir, au point que le médecin m'a conseillé pour lui un séjour en Espagne. Je vais donc prendre mes dispositions.

Elle ajouta d'un air détaché :

— C'est l'Espagne qu'il vous faudrait à vous aussi, mon ange. Le soleil guérit beaucoup de choses.

— Alors, dit-il, emmenez-moi.

Carlotta était présente à l'heure fixée pour leur rendez-vous, volubile, ronde de partout, parfumée à outrance, éventail au vent comme un foc. George nourrissait quelques préventions envers cette Espagnole qu'elle jugeait prétentieuse et sotte. Pour la circonstance, elle mit une sourdine à ses sentiments.

Carlotta était formelle quant à un séjour en Espagne.

— Ma chère, dit-elle, je vous le déconseille. Vous n'imaginez pas les désordres dont souffre ma pauvre patrie ! Elle est en pleine révolution. On s'y égorge dans les villes et les campagnes. Votre qualité d'étrangers ne vous protégerait pas, au contraire. Mieux vaut renoncer. En revanche...

Elle parla des îles Baléares, de Majorque principalement, qui ne souffrait pas, du fait de son éloignement, de la révolution.

— Le climat y est clément d'un bout à l'autre de l'année et l'air des plus sains. Vous voulez du soleil ? vous en aurez... Comptez-vous partir seule ?

George lui parla de Maurice et de Chopin.

— Chopin ! mais oui... Excellente idée. Partir seule avec vos enfants eût été imprudent. Avec un homme, vous courrez moins de risques.

George avait renoncé à se séparer de Mallefille. Il s'était montré si contrit de son geste qu'elle en avait été remuée au point de lui accorder une rémission. Clémence intéressée : elle aurait besoin de ses services pendant sa longue absence. Qui d'autre aurait pu s'occuper du domaine ?

Lorsqu'il apprit que Chopin la suivrait à Majorque, il avait fait grise mine et avait bougonné :

— Je sais bien pourquoi vous me gardez. Parce que vous avez besoin de moi. Je ne suis pas dupe, allez ! Pendant que vous folâtrerez dans cette île avec votre galant, ce pauvre Félicien s'échinera au travail.

— Je te paie pour ça ! Si ça ne te convient plus, tu es libre de partir.

— Vous savez bien que je ne partirai que si vous me chassez...

À l'occasion d'un autre rendez-vous, Carlotta apporta quelques albums et des récits de voyages aux Baléares. George, les ayant feuilletés, s'écria :

— Mais c'est l'Afrique ! Ces cactus, ces palmiers, ces orangers...

— Le paradis, chère amie, et à moins d'une semaine de voyage.

Elle s'informa de l'accueil qui lui serait fait. Carlotta la rassura : les « indigènes » lui paraîtraient de prime abord un peu « sauvages », mais elle saurait vite les amadouer. Elle trouverait peu de routes carrossables, mais on avait vite fait le tour de l'île, et par des chemins pittoresques. Il n'y avait pas non plus de routes au paradis... Elle demanda à George la date de son départ. Elle avait songé à novembre.

— Vous ne pouviez mieux choisir. Alors que nous grelotterons à Paris, vous vous chaufferez au soleil. Si vous saviez comme je vous envie...

Sa décision prise avec l'accord de Chopin, restait à trouver les fonds nécessaires pour le voyage et le séjour. Chopin assumerait une partie des frais grâce à des avances sur ses partitions ; elle irait taper Buloz, qui était revenu à de meilleurs sentiments à son égard, mais ne déliait pas sa bourse sans rechigner. Elle lui promit de travailler au roman qu'elle lui avait promis : *Spiridion.*

— Mouais..., fit-il en tapotant avec son lorgnon sur son genou. *Mauprat* se vend assez bien. Faites-moi un livre dans le même genre, avec du sang et des larmes. Les lecteurs adorent ça, nom de Dieu ! Voyez comment marchent les romans d'Eugène Sue...

Elle se garda de lui confier qu'il ne trouverait pas ce qu'il souhaitait dans *Spiridion,* dont l'action se passait dans un monastère : cette révélation lui aurait donné un ulcère d'estomac. L'essentiel était qu'il lui consentît une avance confortable. Il ne lésina pas trop. Elle serait toujours à même, pressée par le besoin, de manier la carotte et le bâton. Elle savait s'y prendre...

Malgré son état, qui s'était aggravé avec les premiers frimas, et des pluies qui faisaient craindre un retour du choléra, Chopin prit la route sans trop d'appréhension. Docile comme un enfant, il se laisserait conduire par la main. Il lui manquait un piano, mais Camille Pleyel avait promis de lui en expédier un. Il ne partait pas sans biscuit : Pleyel lui avait versé une avance sur ses préludes et son banquier lui avait prêté une forte somme.

Elle conçut une manœuvre propre à détourner l'attention.

— Nous ne pouvons partir ensemble, dit-elle. Les gens croiraient à une escapade amoureuse ou à un voyage de noces. Vous nous retrouverez à Perpignan, les enfants, la bonne et moi.

Le 7 novembre, par un temps de chien, George suivit la route du Midi par une voiture de poste. Elle prit le loisir de flâner sur le trajet qu'elle avait emprunté avec Musset, visita la Fontaine de Vaucluse, le Languedoc, les Pyrénées.

À Perpignan, le soleil des îles paraissait loin : ils y arrivèrent sous des rafales de pluie.

LIVRE V

1

« La terre est noire comme mon cœur »

Majorque : novembre 1838-février 1839

Ils avaient traversé le Languedoc sous le soleil ; la pluie les attendait à Perpignan. Un vent froid brassait, dans les rues étroites et sales, des odeurs de terre et d'eau croupie. Cette ville, pourtant, sentait déjà l'Espagne, avec ses chênes verts, ses palmiers et ses oliviers. Sur les places, dans les cabarets, grouillait une foule de gens basanés, qui parlaient une langue étrange et rugueuse.

Chopin n'était pas au rendez-vous. Elle s'en inquiéta en se souvenant de ses atermoiements. Deux jours plus tard, elle le vit descendre de la malle-poste, jambes flageolantes, regard égaré, comme s'il posait pied sur la lune. Après quatre jours de trajet dans cette guimbarde, il était, lui dit-elle, « frais comme une rose et rose comme un navet ».

— Demain, lui dit-elle, nous prendrons le bateau à Port-Vendres pour Barcelone. Vous aurez le restant de cette journée et la nuit pour vous reposer. Il n'a pas été facile d'obtenir des passeports, car, vous le savez, l'Espagne est en pleine guerre civile. Mais nous passerons sans risque au travers.

Le temps s'était levé lorsqu'ils prirent la voiture de Port-Vendres. Solange, suspendue à la portière, s'écriait qu'elle voulait voir la mer. Maurice dessinait des paysages sur son calepin. La bonne, Amélie, somnolait, la tête sur l'épaule de Chopin, qui grimaçait à chaque soubresaut de la voiture, pianotait sur ses cuisses et toussait derrière son mouchoir.

Solange sauta la première à terre, sur une placette à

auberges ornées de treilles et de futailles. George prit Chopin par le bras pour une promenade sur le quai. Ce voyage l'avait moins fatigué qu'elle l'eût cru : il marchait d'un pas allègre en fredonnant. Ils pénétrèrent dans la bourgade aux rues étroites, bordées de masures qui montraient la lèpre sous des crépis violemment colorés, plongèrent, par des chemins de vigne, dans un paysage de montagnes sombres et abruptes.

Ils dînèrent au soleil, sur la terrasse d'une auberge, entourés par une ribambelle de garçons et de filles auxquels Solange faisait des grimaces. Ils ne quittaient pas du regard le *Phénicien,* sur lequel ils devaient embarquer dans la soirée pour Barcelone. Avant de lever l'ancre, George eut le temps d'écrire quelques lettres sur un coin de table, Maurice de saisir à la volée la silhouette de personnages pittoresques et Chopin de noter quelques mesures de la mélopée qu'une femme de pêcheur chantait en reprisant ses filets.

Malgré une marinade qui frisait d'écume la crête des vagues, la traversée se fit par mer calme. La montagne enfonçait pesamment dans la mer ses pentes grises, ses côtes déchiquetées de calanques et de récifs, ses villages blancs disposés comme des jouets d'enfants.

À la nuit tombante, Barcelone était en vue, sous une couronne de sommets enneigés que le soleil couchant liserait de rose. Dans l'attente du navire qui les conduirait à Majorque, ils allaient passer près d'une semaine dans cette ville.

Ils trouvèrent à se loger à l'hôtel des Quatre-Nations, un titre prétentieux, qui cachait une auberge des plus ordinaires. Leurs nuits étaient troublées par les appels des *serenos* annonçant le couvre-feu d'une voix nasillarde, le martèlement sur le pavé des patrouilles en armes et, de temps à autre, des coups de feu qui les réveillaient en sursaut. Ils apprirent que des bandes carlistes s'infiltraient dans la ville à la faveur de la nuit.

Le mari de Carlotta les avait mis en garde :

— Promenez-vous dans la cité tant qu'il vous plaira, mais

prenez garde aux *ladrones,* surtout dans les quartiers populaires. Évitez de vous égarer dans les environs : vous risqueriez d'essuyer des coups de feu...

Il leur avait expliqué que les rebelles carlistes, partisans de don Carlos, frère du roi défunt, Ferdinand, avait refusé de reconnaître l'héritière de ce dernier, Isabelle, comme reine d'Espagne. Il avait ajouté :

— C'est plus qu'une révolution : une guerre civile entre carlistes et *cristinos,* du nom de la régente, Marie-Christine. Mais je vous rassure : à Majorque, vous trouverez la paix.

Ils embarquèrent une semaine plus tard sur un navire à vapeur : le *Majorquin,* doté d'une haute cheminée, de deux mâts et de roues à aubes, dont Maurice fit un croquis avant le départ.

On les avait prévenus que la traversée était soumise aux caprices du temps, mais, à l'heure dite, le navire prit la mer par vent calme. Enveloppés d'une épaisse couverture, George et Frédéric passèrent sur le pont une partie de la nuit. Ils somnolaient quand une voix monta de la timonerie. Un matelot qui chantait, pour se tenir éveillé, une étrange mélopée aux intonations rauques et profondes, qui semblait la voix même de la nuit, des étoiles et du vent.

Aux premiers feux du jour, l'« Île Dorée » des anciens émergea de la mer, avec son amas de montagnes austères, ses lourds promontoires dentelés, et un cailloutis de ports aux maisons blanches. Bientôt Palma sortit de la pénombre du petit jour, dominée par la silhouette dorée de sa grande cathédrale pareille à un navire échoué en pleine terre, ses remparts mauresques, ses grêles clochers aux allures de minarets, ses moulins à vent...

Il faisait si chaud lorsqu'ils débarquèrent qu'ils regrettèrent de s'être vêtus comme pour une promenade en montagne. George s'avança vers une Majorquine qui jouait de l'éventail sous son ombrelle et lui demanda où elle pourrait trouver une auberge. La dame lui répondit :

— *No lo sé ! señora.*

George laissa Chopin et les enfants à l'ombre, sur le quai, entourés de curieux, et partit en compagnie d'Amélie à la recherche d'un gîte pour la nuit. Une longue errance à travers la ville les fit échouer dans une auberge de vilaine apparence, *La Huerta del Rey*, calle de la Marina, dont les chambres se trouvaient au-dessus d'un atelier de tonnellerie. Lorsque George obtint de les visiter, elle étouffa un cri : ces galetas comptaient pour tout mobilier des lits de sangles et deux chaises ; des graffiti recouvraient les murs où pendaient des chapelets d'oignons et de piments. Comme elle protestait, l'aubergiste lui fit comprendre qu'elle ne pourrait trouver mieux.

Ils passèrent une nuit atroce, en proie aux courbatures et à une lutte incessante contre des légions de puces et de punaises.

Au petit matin, George s'éveilla en sursaut. Elle se dit, en se ruant vers la fenêtre, que l'orphéon de Palma venait leur faire une aubade. C'étaient les tonneliers qui avaient commencé à battre le fer et le bois. Elle dit à Amélie :

— Nous ne pouvons passer une nuit de plus dans ce taudis. Il faut demander l'aide du consul. Il nous tirera d'affaires. C'est un ami de Manoël Marliani.

Elles déjeunèrent d'oranges et de saucisson et se rendirent au consulat sans s'attarder en ville. George eut la surprise d'entendre M. Fleury lui dire :

— Chère madame Sand, je vous attendais.

— Vraiment ? Qui a bien pu vous informer de notre présence ?

— Des papiers administratifs et la rumeur publique. Ici tout se sait très vite. J'ai appris votre présence une heure après l'arrivée du *Majorquin.* On m'a parlé d'un couple de Français et d'une dame qui fumait un cigare... À Paris, cela ne tire pas à conséquence. Ici, ça se remarque. On vous pardonnera ce travers si vous allez à la messe. Y allez-vous ?

— Je suis croyante, mais l'église...

— Aïe ! On regarde d'un mauvais œil les gens qui s'abstiennent d'assister aux offices. L'Inquisition siégeait encore à Palma, il y a trois ans. C'est tout dire... Des révolutionnaires ont fait brûler leur couvent. Vous pourrez en voir les ruines à deux pas d'ici.

Elle lui parla de la nuit d'« épouvante » qu'ils avaient passée à la *Huerta del Rey* et lui demanda où elle pourrait trouver un gîte convenable. Il hocha gravement la tête. La guerre civile avait jeté des familles entières dans l'archipel, si bien qu'on trouvait difficilement à se loger.

— Je ne vois qu'une solution, dit-il : vous héberger ici même. Mon confrère, Manoël Marliani, ne me pardonnerait pas d'avoir laissé à la rue une romancière et un pianiste célèbres. Rassurez-vous, la maison est vaste. Ma femme fera prendre vos bagages à l'auberge. Quant à moi, je vais vous trouver de quoi séjourner agréablement dans cette île. J'ai mon idée...

Il ouvrit sa boîte à cigares, la présenta à sa visiteuse.

— Ils viennent de Cuba. *Hecho a mano* : fabriqués à la main, sans jarretière, mais de qualité supérieure.

Il ajouta avec un sourire :

— Évitez, je vous en conjure, de le fumer en public. Vous risqueriez de vous faire lapider...

Ils restèrent trois jours seulement dans le consulat, situé Illeta d'en Moragues, en face du palais Ca'n Berga : un hôtel datant de l'Âge d'or, avec des colonnes torsadées, un patio à bassin, des plantes vertes géantes et de vastes escaliers de marbre.

Un matin, George trouva un billet sous la porte de la chambre qu'elle partageait avec Amélie et les enfants. Fleury lui donnait rendez-vous dans son cabinet.

— Je crois avoir trouvé, lui dit-il, le logement que vous

cherchiez. C'est une maison de campagne proche de Palma, près du village d'Establiments. Le propriétaire, le señor Gómez, vous la louera pour un prix raisonnable. Elle s'appelle *S'on vent*... Vous pourrez la visiter quand il vous plaira.

Le señor Gómez avait fait toilette pour recevoir l'illustre romancière française, ce petit jeune homme blond qui se disait pianiste et semblait sortir d'un hôpital, accompagnés de leur famille. Il était vêtu à l'européenne, mais avec une surcharge de chaînettes sur la poitrine, et autant de bagues que de jours de la semaine. Sous son chapeau à ganse dorée, il était chauve comme une borne.

Il leur fit visiter la villa, avec un luxe de commentaires fastidieux. À l'en croire, si le Bon Dieu n'avait pas installé ici son paradis, c'est qu'on ne lui en avait pas signalé l'existence.

Il lança, comme s'il s'agissait d'un détail négligeable, le montant du loyer.

— Ce serait bon marché pour le Bon Dieu, dit-elle. Pour nous, c'est excessif. De plus, cette masure manque de confort. Il faudrait en rabattre.

Il s'y refusa, disant avec insolence que c'était à prendre ou à laisser. Les mots « masure » et « confort » parurent le choquer. Il n'y avait pas de cheminée, mais ils n'en auraient pas l'utilité et, en cas de besoin, un brasero ou deux suffiraient. Pas trace non plus de cabinet de toilette, mais ils auraient l'eau du puits, et les nécessités étaient au fond du jardin, entre les lauriers-roses, avec, par la petite lucarne de la porte, une belle vue sur la montagne...

— Eh bien, soit..., soupira George. Nous nous en contenterons, faute de mieux.

Ils emménagèrent par un temps qui tenait ses promesses. Le soleil rayonnait sur la vaste plaine de Palma, limitée, au sud, par la mer, et au nord par une chaîne de montagnes vertes et bleues selon l'heure.

Les enfants étaient ravis : ils explorèrent les environs, se bâtirent une cabane, allèrent pêcher dans le ruisseau voisin. Amélie passa trois jours à nettoyer la « masure » de fond en comble, George à organiser leur séjour et Chopin à rêvasser sur le chemin qui menait au village d'où montaient des odeurs aigres de porcherie. Il lui manquait un piano, mais le consul se démenait pour lui en trouver un.

Il écrivit à son ami Grzymala :

« Je vis parmi les palmiers, les cèdres, les cactus, les oliviers, les orangers, les grenadiers... Tout ce que le Jardin des Plantes possède dans ses serres... » Il ajoutait des détails d'orfèvre : « Le ciel est de turquoise, les montagnes d'émeraude, la mer d'azur et l'air paradisiaque... »

Dans la chambre voisine où elle avait installé son nécessaire d'écrivain, George faisait chorus pour Carlotta Marliani : « La maison est dans une très riante situation, au pied de montagnes aux flancs arrondis et fertiles, au fond d'une vallée plantureuse que terminent les murailles jaunes de Palma, la masse de sa cathédrale et la mer étincelante... »

Un torrent, la Riera, passait à proximité : un lit de rochers et de cailloux, avec quelques trous d'eau marécageuse sous des courtines de roseaux et de saules rabougris. Il longeait le village d'où montaient chaque soir des musiques de guitare et des chansons.

C'était, écrivait George, « quelque chose d'admirable pour la peinture ». Maurice partageait cet avis. Il partait dans la première chaleur avec son attirail de paysagiste et ne revenait que pour le dîner, les joues rosies par le vent et le soleil. Solange s'était prise d'affection pour les chèvres lâchées dans le pré voisin. Elle leur portait chaque matin des croûtons, des résidus de légumes et se trouvait des affinités capricantes avec certaines d'entre elles.

Un matin de décembre, changement de décor.

La pluie qui promenait à l'aube ses écharpes sur la montagne, arriva à petits pas jusqu'au village. L'hiver réclamait sa part de calendrier et s'installait. Le soir, des bouffées de vent froid éteignaient les chandelles. *S'on vent* s'appliquait à mériter son nom. L'humidité gagna les murs. Il plut dans les chambres. Le torrent se mit à chanter sa chanson d'hiver et à charrier dans ses eaux limoneuses des confetti de pétales de citronnier. On alluma les braseros, mais il fallait les éteindre lorsque Chopin, sensible à la fumée, commençait à tousser.

— Ce salaud de Gómez ! bougonnait George. Il s'est bien gardé de nous prévenir que la maison prenait l'eau. Le toit est une passoire et les murs des éponges. Nous n'allons tout de même pas dormir sous des parapluies. Et ces odeurs de rat crevé qui suintent de partout... Et ce vent qui joue de l'orgue dans toute la maison...

Lorsque Gómez revint s'enquérir de la situation des naufragés de *S'on vent,* elle lui servit son paquet : il attendrait longtemps le montant du loyer. Il y avait tromperie sur l'article. Il répliqua sans se démonter :

— Nous verrons bien. Avant la fin de l'année, si vous ne réglez pas ce que vous me devez, il faudra décamper. L'alcade vous fera prévenir.

— Ce sera sans regret, dit George.

Elle envoya Amélie à Palma chercher un médecin, l'état de Chopin s'étant aggravé en raison du mauvais temps et de l'humidité.

Il arriva dans sa carriole, sous des rafales de pluie, de mauvaise humeur, accompagné d'un commis tourné comme un vagabond et qui puait comme le bouc du voisin. Il conclut à une phtisie laryngée, mais jugea utile de faire intervenir deux autres confrères qu'il présenta comme des sommités. Ils arrivèrent le lendemain et examinèrent le malade. L'un d'eux flaira ses expectorations sanguinolentes ; l'autre lui martela le dos ; ils se concertèrent pour arriver aux mêmes conclusions que leur confrère. Ils conseillèrent un régime lacté, des vésicatoires, des cataplasmes, du sirop de gomme et des saignées...

— Des saignées ? protesta George. Vous voulez donc le tuer ?

Ces Diafoirus lui réclamèrent des honoraires dignes d'un professeur de Faculté.

Il plut sans discontinuer, des jours durant. Si les ondées faisaient relâche pour laisser le soleil se donner une fête timide sur la plaine, ce n'était que le temps d'un clin d'œil. Le *torrente*, dans sa colère, rejeta sur ses berges les débris d'un char à banc, un cadavre de bourricot, des futailles et quelques arbres arrachés à la montagne. Le village fermant sa porte aux étrangers, Amélie et George durent, chaussées de bottes, aller faire leurs emplettes à Palma. George pestait contre Carlotta Marliani :

— Ah ! je m'en souviendrai, de l'hospitalité majorquine ! Les Baléares, un paradis terrestre ? Eh ben, merde alors !

Découragée, elle avait laissé en plan *Spiridion*. Elle aurait eu d'ailleurs du mal à poursuivre : sa plume égratignait le papier humecté où l'encre se diluait. Maurice, quant à lui, n'avait pas lieu de se plaindre, l'aquarelle étant l'amie de l'eau ; il avait assez d'œuvrettes pour organiser une exposition.

À la mi-décembre, le cabriolet du señor Gómez fit halte devant le perron de *S'on vent*. Dès qu'elle le vit s'avancer vers elle, la mine rogue sous son large chapeau à ruban brodé, George comprit qu'il ne s'agissait pas d'une visite d'amitié. Il refusa la chaise et le thé qu'on lui proposait, garda son chapeau et son manteau en annonçant, sans la moindre gêne, qu'il avait décidé de donner congé à ses locataires.

— Vous nous jetez à la rue ? s'écria George. Je ne vous dois pourtant rien, que je sache. Que voulez-vous de plus ?

Ce qu'il voulait c'est qu'ils vident les lieux, et le plus vite possible. Il avait appris, par les médecins, le curé d'Establiments et la rumeur publique, que le « señor Chopin » était phtisique. Il expliqua à George, éberluée, que cette maladie ignorée des insulaires était « un fléau comparable au choléra ». Il refusait de voir sa maison de campagne, où à la belle saison il vivait en famille, contaminée par les miasmes.

— Je ne vous jette pas à la rue, comme vous dites, ajouta-t-il : vous avez une semaine pour décamper.

— Et si nous refusons ?

— Je vous le déconseille. Je serais contraint de remettre cette affaire aux mains de l'alcade, et il n'est pas commode, je vous en préviens. *Hay algo más,* señora Sand : avant de partir, vous devrez nettoyer les murs, brûler la literie du « señor Chopin », la remplacer, lessiver les murs de sa chambre et les recrépir à la chaux, poncer le parquet... Tout cela à vos frais, bien entendu. Que voulez-vous, c'est la loi ! Chez nous, on ne badine pas avec les maladies contagieuses...

Ce congé péremptoire ne prenait pas George au dépourvu, si bien qu'elle n'en fit pas une affaire d'État.

Profitant d'une journée de beau temps, elle avait, accompagnée de Frédéric et des enfants, effectué une promenade dans la montagne à dos de mulets, loués à des voisins obligeants. Sur les conseils du consul, ils avaient, par les chemins caillouteux qui longent le torrent, poussé jusqu'à la chartreuse de Valdemosa. Cet ancien sanctuaire mi-musulman, mi-chrétien, situé à une vingtaine de kilomètres de la capitale, dominait une vallée profonde, aux pentes envahies par des vignes et des oliveraies. Comme le temps leur était compté, ils n'avaient pu s'attarder pour visiter le village et les bâtiments religieux.

— Si nous sommes contraints de quitter *S'on vent,* dit George, c'est là que nous nous installerons.

— Chic ! s'écria Solange. Il y a des chèvres...

— Merveilleux..., murmura Maurice. J'y trouverai des sujets à dessiner et à peindre.

— Le site est magnifique, concéda Chopin, mais si je tombe malade ? C'est loin de Palma...

George le rassura : il fallait une demi-journée pour s'y

rendre, et il y avait une pharmacie dans la chartreuse, lui avait-on dit : celle des moines.

— On ne tombe pas malade dans un lieu aussi sublime, et tu auras bientôt ton piano. La musique guérit de tout... ou presque.

Le piano de Chopin avait pris l'apparence d'une chimère. Plusieurs fois par semaine, en allant faire les courses dans la capitale, George et Amélie se rendaient à la douane pour constater, chaque fois, que l'instrument était absent. Camille Pleyel avait dû manger la consigne, à moins que le piano ne fût en souffrance à Marseille ou à Barcelone. Et Chopin, privé de cet instrument de travail, était comme un corps sans âme.

Il proposa à George de rester à Palma pour l'attendre. Elle eut du mal à l'en dissuader. Chopin seul à Palma ! Une telle idée ne pouvait germer que dans une tête aussi folle que la sienne. Leur querelle amusait Solange ; elle chantonnait sur un air de comptine :

— Le piano ! le piano ! du petit pèr' Chopineau...

À force de démarches et grâce à l'intervention du consul, George lui en trouva un dans une famille bourgeoise de Palma : les Ripoll ; il trônait dans leur salon, voué à la décoration, et tenait du pianino de bastringue : il manquait deux touches et les pédales battaient de l'aile, mais c'était mieux que de tapoter sur le bord d'une table.

Ils profitèrent d'une nouvelle éclaircie pour prendre, entassés avec l'instrument et les bagages à bord d'un *birlocho,* grosse carriole attelée de deux mulets la route de Valdemosa. À peine avaient-ils commencé à s'installer, une lettre leur annonçait que le piano attendu avec tant d'impatience allait partir de Barcelone incessamment. Le courrier avait mis deux semaines pour leur parvenir.

Quelques jours avant, dans un accès de détresse, Chopin avait écrit à son ami Grzymala : « La terre de ce pays est noire comme mon cœur. » La lettre de Pleyel changeait la couleur du monde.

2

« Una mujer muy particular »

La tribu errante pénétra dans Valdemosa comme dans une enluminure.

Elle laissait derrière elle, au fond des vallées, un temps gris, froid, pluvieux, pour émerger dans la lumière d'un printemps qui semblait éternel. Des oliviers roulaient en boule le long des pentes, avec, dans le vent léger qui soufflait de la mer proche, des effets de lumière d'un gris de vieil argent. Les colonnes noires des cyprès donnaient au paysage la structure d'un temple grec en ruine. Avec ses restes de remparts, ses tours de guet, son clocher-minaret et les murailles vertigineuses du couvent plongeant dans des vaguelettes de potagers en terrasse, la géorgique prenait une allure à la fois guerrière et bon enfant. On pouvait songer, en observant ce site, aux œuvres de Virgile, mais aussi aux pirates barbaresques, attirés et retenus par la beauté des femmes, la douceur du climat et le goût des oranges.

— Mes enfants..., murmurait George, au comble de l'émotion. Ah ! mes enfants... C'est la Providence qui nous a conduits là.

Le *birlocho,* qu'elle appelait le *coucou-omnibus,* s'arrêta, sur ordre de George, à l'entrée du village, marquée par des piliers massifs portant gravées les armes du roi Martín I d'Aragon, surnommé *El Humano,* afin de lui témoigner de la gratitude : il avait cédé son palais aux cénobites. Elle mourait d'envie de rouler une autre cigarette, mais le *pagès,* propriétaire du véhicule, lui fit comprendre que ce serait de la dernière indécence et que, d'emblée, elle serait mal jugée.

Un chemin pavé de cailloux remontés du *torrente* conduisit la caravane au cœur du village. On aurait pu le croire abandonné, mais ces masures cachaient des regards derrière leurs persiennes. À chaque angle de mur, le vent se manifestait par un feulement bref et doux comme le bruit d'une pierre tombant dans du foin. Il soulevait en tourbillon des feuilles sèches de platanes avant d'aller se rouler comme un chien fou sur les terrasses d'oliviers.

Lorsque la voiture franchit la grande porte de la chartreuse, le silence, à l'intérieur des murs, s'apparentait à celui de la sieste. Il vola en éclats dans la musique d'un carillon tombant du clocher-minaret. Un chien aboya, un autre lui répondit dans la colline. Une persienne claqua contre un mur. Au fond d'un jardin, en contrebas des remparts, une matrone écarta le rideau en perles de bois de sa porte, bâilla en se frottant le ventre et se retira dans l'ombre de sa maison quand Solange lui fit les cornes.

En attendant que le sacristain, le señor Riotord, vînt les accueillir, Maurice, assis sur un montoir, entreprit de crayonner le clocher à toit de céramique verte datant de l'époque où la vallée du sultan Moussa, alors maître de l'île, était la réplique de la *vega* andalouse. Le village se tassait à ses pieds comme les moutons autour du berger.

En apparence, peu de choses avaient changé quant à l'aspect extérieur de l'édifice : la crête des murailles s'effritait, le lierre avait pris d'assaut les courtines qui flanquaient la grande porte, sous le passage des carrioles les pavés branlaient comme de vieilles dents.

Le consul avait prévenu George : elle serait déçue si elle comptait trouver à Valdemosa un palais à patio et escaliers de marbre. C'était une demeure de moines, austère et sans confort. Depuis belle lurette, les religieux avaient déserté ces lieux et les cierges s'étaient éteints. La porte ne s'ouvrait que si l'on montrait patte blanche.

Le sacristain faisait office de concierge pour les riches Majorquins qui, l'été venu, venaient faire retraite ou, en famille, prendre le frais dans la chartreuse. George l'avait imaginé vêtu à la mode du pays, de culottes bouffantes et du petit gilet brodé hérités des Arabes. Il portait un pantalon à l'européenne, suspendu à des bretelles dont il tirait des effets de coquetterie, et un chapeau rond bordé d'un filet rouge, posé au ras des sourcils. Avec son allure assurée, sa voix fortement accentuée, son visage massif hérissé d'une barbe de la semaine, il semblait fait pour jouer les coqs de village dans une comédie de Lope de Vega.

Sans ôter son chapeau, dans un français correct, d'une voix de basse-taille qui ne manquait pas de charme malgré sa rudesse, il souhaita la bienvenue à George. Son regard s'attarda sur Solange ; il semblait se demander s'il s'agissait d'une fille habillée en garçon ou d'un garçon qui avait le visage d'une fille.

Avec un brin d'ostentation, il apprit à George qu'il était le maître des lieux : à la fois, semblait-il, maire et alcade, et qu'il détenait la richesse et le pouvoir, à l'égal du sultan Moussa. Il vivait dans une maison de style mauresque, sous un grand flabellum de palmiers. En parlant il faisait cliqueter l'énorme trousseau de clés pendu à sa ceinture. D'un simple mouvement de menton, il désigna les deux femmes qui l'escortaient.

— La grosse, dit-il, c'est Antonia. La maigre, c'est sa fille, Maria. Vous pourrez faire appel à leurs services. Elles sont courageuses et se contentent de peu pour ce qui est du salaire. Je les emploie comme gardiennes, mais, durant huit mois de l'année, elles n'ont à garder qu'un désert...

En précédant la tribu par un jardin aux allées bordées de buis, envahi par le chiendent, il fit, à la manière d'un guide, l'état des lieux.

On aurait pu y loger un régiment : trois monastères en un ! Avant la fermeture, la chartreuse comptait seulement douze moines, dotés chacun d'une cellule de trois pièces orientées vers le midi et ouvertes sur la vallée. Ils vivaient au large et, en dehors des offices, faisaient la sieste ou cultivaient leur jardin. Personne ne venait les importuner. Une vie de cocagne...

Chopin s'enquit de savoir s'il y avait des orgues dans l'église. Riotord rejeta son chapeau en arrière en éclatant de rire.

— Des orgues, señor ? Je vous rappelle que la musique est pour les chartreux un plaisir condamnable. En revanche, rien ne vous interdit de jouer du piano dans votre cellule, à condition qu'il s'agisse d'une musique *honnête.*

Il leur montra, en secouant son trousseau de clés, l'église que George jugea sans intérêt, la fontaine de marbre où les moines faisaient leurs ablutions et puisaient leur boisson, la pharmacie qui ouvrait sur une longue galerie où hululait le vent, des alignements de statues... Enfin, il fit grincer une lourde clé dans une énorme serrure rouillée, en disant avec une expression de complicité :

— Vos *chambres,* señors et señoras... Ce sont les plus confortables. Vous y serez « comme des coqs en pâte » ! C'est bien ce qu'on dit chez vous, il me semble ?

C'étaient des pièces de bonne dimension, austères, aux murs chaulés. Le mobilier était des plus sommaires et semblait jouer aux quatre-coins. Elles ouvraient sur un éblouissement : une terrasse envahie par des orangers et des citronniers, la vallée dans toute son ampleur, ruisselante d'une lumière de printemps.

George en fit rapidement le tour. La pièce du milieu semblait consacrée à la prière et à la méditation, avec son énorme prie-Dieu adossé au mur, comme en pénitence. Celle de droite, dotée d'une alcôve en forme d'enfeu, devait servir de chambre à coucher. À gauche devait se trouver l'atelier du moine. George s'étonna de ne rien voir qui pût rappeler une cuisine. Riotord, avec un sourire mystérieux, ouvrit la porte vitrée donnant sur la terrasse et le jardin. La cuisine se trouvait au fond, en plein air, sous un auvent, avec un potager à deux fourneaux et une réserve de bois.

— Par temps froid, dit George, comment pourrons-nous chauffer ces pièces ? Je ne vois pas de cheminée.

— Vous n'en aurez pas besoin, décréta le sacristain. Ici, pas de neige, ou si peu : pour amuser les enfants. Nous ne sommes pas loin de l'Afrique...

Il ajouta :

— La terre du jardin est excellente pour les légumes. Je pourrai vous fournir à bon compte de la graine et des plants.

Chopin s'était assis sur une murette de la terrasse donnant sur la vallée. Il paraissait fasciné par cet ample mouvement de hautes collines qui cascadaient de terrasse en terrasse vers le *torrente* et les lointains de la plaine avec, tout au fond, par une échancrure entre de hauts massifs sombres, une géométrie de champs et une ligne étincelante comme une lame de couteau : la mer.

— Écoutez..., murmura le sacristain, une main en conque contre l'oreille. Écoutez bien...

— J'entends rien ! protesta Solange.

— Le vent..., dit Maurice.

— Non, mon garçon, ajouta Riotord. C'est le bruit que font les petits canaux construits au temps du sultan Moussa pour irriguer les terrasses. On dit que cette eau guérit toutes les maladies ou presque. Elle vient de la montagne et elle est très pure.

Chopin demanda où l'on pourrait trouver un médecin. Riotord sourit.

— Si vous cherchez ceux qui ont une belle plaque de marbre gravée à leur nom sur leur façade, je vais vous décevoir : vous n'en trouverez pas un seul, mais il y en a un par famille, ou à peu près. Je veux dire que les gens sont rarement malades et peuvent se soigner seuls. Si ça vous arrive, vous pourrez faire appel à notre apothicaire : un vieux moine qui s'occupe de la pharmacie. C'est une sorte de fantôme, mais il connaît toutes les herbes.

— Comment allons-nous loger cette nuit ? demanda George. Nous n'allons pas coucher sur le plancher ou à la belle étoile...

— Vous trouverez tout ce qu'il vous faut chez l'*Espagnol.* Il fournit la literie aux Palmitains en vacances. En discutant sur le prix, vous trouverez votre confort.

— Vous êtes notre Providence, dit George.

— Heureux de vous être utile, madame, dit le sacristain avec un sourire obséquieux, une main sur le cœur. Si vous avez de nouveau besoin de mes services, ma maison est à une portée de flèche. Demandez au village : tout le monde me connaît. Je reviendrai demain voir votre installation. J'amènerai avec moi deux filles pour votre service.

— Je vous en remercie, mais ce serait une trop lourde charge, et je ne suis pas riche.

— Elles seront heureuses de vous servir *gratis pro Deo,* ou pour un peu de nourriture, madame Sand. Elles ont un appétit de fauvettes. Elles s'appellent Nina et Catalina...

Le sacristain ayant pris congé avec une gratification que, par fierté, il fit mine de refuser, les voituriers achevèrent de vider le *birlocho* de son chargement dans la galerie. Un simple coup d'œil permit à George d'affecter chaque cellule à ses occupants : une pour Chopin et son piano, une pour elle et sa table de travail, la troisième pour Amélie et les enfants. Restait à trouver cinq lits de sangle. Maurice se refusait à partager celui de sa sœur qui s'agitait et ronflait. L'*Espagnol* leur donna satisfaction.

Ils passèrent les premières heures de la nuit sur la terrasse, après un souper rapidement expédié. La nuit exsudait ses odeurs de terre promise. Chopin fredonnait des airs pour des nocturnes. George, assise à l'envers sur une chaise, fumait un petit cigare en songeant à la suite du chapitre de *Spiridion* qu'elle avait commencé à *S'on vent.* Amélie somnolait dans un fauteuil antique, la tête des enfants sur ses cuisses. La nuit leur fut longue et douce, sans la moindre incursion de moustiques ou de vermine.

Au réveil, le premier soin de George fut de se mettre, avec la bonne, en quête de victuailles. Ne trouvant ni marché ni boutique, elles durent aller de porte en porte. Les habitants, habitués à ce genre de visite de la part des familles de Palmitains en vacances, les accueillirent, sinon de bonne grâce, du moins sans hostilité, et elles obtinrent ce qu'elles souhaitaient. On leur expliqua même qu'elles trouveraient du poisson au retour des pêcheurs qui jetaient leurs filets à une lieue de là, dans une crique. Du tabac ? George en trouverait chez l'*Espagnol.*

Au retour, elles découvrirent Antonia et sa fille en train d'installer le piano sous l'œil vigilant de Chopin. En savourant le café qu'Amélie lui avait servi, elle raconta, dans un baragouin où surnageaient quelques mots de français, qu'elle avait fui l'Espagne à cause de la révolution et de la misère. Avec sa forte croupe ibérique, le fard qui lui faisait un visage de vieille poupée enveloppé du *rebozillo,* elle avait des airs de maquerelle.

« Eh bien ! se dit George, nous voilà flanqués de cinq domestiques, dont quatre sont bénévoles ! Quand je vais raconter ça à Carlotta... »

Leur nouvelle existence s'annonçait sous un jour des plus agréables. Tout était à leur convenance : un printemps précoce, le calme, un logis ouvert, disait Chopin, sur « le plus beau paysage du monde », un approvisionnement aisé, des promenades pour les enfants et, pour George, la perspective de nuits laborieuses.

Elle avait reçu, à *S'on vent,* une lettre de François Buloz. Il lui réclamait la suite de *Spiridion* et des *Lettres d'un voyageur,* qu'elle comptait consacrer à Majorque. Il allait sans tarder prendre ses fonctions au Théâtre-Français et se proposait de faire jouer une pièce de George.

— Ce Buloz, s'exclama-t-elle, est un véritable esclavagiste ! Il s'imagine qu'il suffit d'ordonner pour être obéi. Qu'il me laisse au moins le temps de m'installer ! Pour le théâtre, nous verrons. Rien ne presse...

Elle avait retrouvé dans la chartreuse une ambiance conforme à celle de *Spiridion*, qui avait pour cadre un monastère. Les premiers épisodes publiés par Buloz n'avaient obtenu qu'un succès d'estime. On n'y trouvait aucun des ingrédients dont les feuilletonistes épiçaient leurs romans, mais des développements philosophiques et religieux qui laissaient les lecteurs sur leur faim.

Un soir, alors qu'elle venait de reprendre son travail, elle vit Maurice s'approcher d'elle, les mains dans le dos, avec une mine de quémandeur. Il bêla :

— Mère...

— Que veux-tu ? Je travaille. Alors fiche-moi la paix, je te prie.

— Mère... je voudrais une maison.

Elle jeta la plume sur le papier et prit le parti de rire.

— Une maison ? Mais comment donc ! Dis-moi : ça me coûtera combien ?

— Peu de chose. C'est une simple cabane : celle que nous avons vue ce matin. J'en ai fait un croquis, vous vous souvenez ?

— Mais, mon chéri, cette masure est occupée, et je doute qu'elle soit à vendre. D'ailleurs, occupée ou pas, qu'en ferions-nous ?

Ils avaient fait, dans la matinée, une excursion sur les pentes du massif situé à l'ouest, avec Solange qui galopait comme un cabri, mais sans Frédéric, attaché à son piano pour transcrire quelques thèmes. Ils étaient tombés en arrêt devant une bicoque rappelant les gourbis des Arabes : murs de pisé, toiture de palmes, terrasse minuscule... Sous une frange de cactus, un homme sarclait un carré de jardin, au milieu de ses chèvres qui broutaient les herbes du talus. Maurice avait fait un rapide croquis de cette scène biblique.

George lui caressa la tête.

— Mon pauvre amour... À moi aussi il m'arrive de penser que j'aimerais vivre du lait de mes chèvres et de ma récolte de patates, mais cette sorte de bonheur n'est pas à notre portée. Cette vie de pauvre nous ruinerait. Alors, cesse de rêver tout haut et contente-toi de me faire une belle aquarelle. Tu ne te plais pas, ici ?

— Si, mère, mais je me plairais encore davantage dans cette cabane. Je donnerais tout ce que je possède pour l'avoir à moi.

— Toute ta richesse, mon chéri, c'est ta boîte d'aquarelle, et tu n'en tirerais pas cent sous. À présent, tu vas me laisser travailler...

Sans avoir à s'évader hors des murs de la chartreuse, Maurice avait découvert une qualité de bonheur jamais ressentie. L'austère beauté des lieux se doublait d'une ambiance de mystère qui parfois, la nuit surtout, frisait une angoisse délectable. À chaque pas qu'il faisait dans ce labyrinthe, il se heurtait à des reliques et à des perspectives qui éveillaient en lui le vertige du temps.

Accompagné parfois de Solange et de leur mère, son calepin en poche, il organisait de véritables explorations. Leurs pas résonnaient dans un silence d'éternité. Ils longeaient des galeries, poussaient des portes démantibulées ouvrant sur des cellules nues ou de grandes salles encombrées d'un fatras de vieilleries : débris de retables, objets sacrés, mobilier vétuste, statues brisées... Ils faisaient des découvertes de pirates. D'une antique malle en cuir de Cordoue, ils avaient extrait des attributs sacerdotaux. Solange et lui s'en étaient affublés le soir même pour jouer, sur la terrasse, au clair de lune, une scène de comédie improvisée. Ils revenaient de ces expéditions gris de poussière et radieux.

Le climat tempéré, l'air pur, une nourriture simple mais

consistante, des sommeils paisibles, avaient transformé Maurice. À *S'on vent*, il se plaignait de ses articulations ; Valdemosa avait accompli un miracle : ses douleurs avaient disparu, il avait pris du poids et ses joues s'étaient colorées... Quant à Solange, elle était d'une santé florissante. Elle avait, à huit ans, l'apparence d'une adolescente un peu empâtée. Quand sa mère le lui reprochait, elle lui tirait la langue, écopait d'une taloche et réclamait une tartine.

Au soir d'un dimanche, le sacristain vint aux nouvelles. Les fidèles s'étaient étonnés de n'avoir pas vu les *extranjeros* à la messe. On avait pensé à quelque maladie qui les aurait retenus dans leurs cellules.

— Nous sommes en excellente santé, lui avait répondu George. Si nous n'étions pas à la messe, c'est que ça n'entre pas dans nos habitudes.

— C'est regrettable, madame Sand, très regrettable. Nos paroissiens commencent à douter de votre foi. J'ai entendu prononcer les mots d'*heréticos* et même d'*antecristos,* mais je me refuse à y croire.

— Eh bien, convoquez le tribunal de l'Inquisition et faites-moi comparaître. J'aimerais finir sur le bûcher, mais épargnez-moi la torture. Je suis douillette...

— Vous avez tort de plaisanter, madame Sand. Vous risquez de monter toute la population et le curé contre vous. Ils peuvent vous rendre la vie difficile, voire impossible.

— Vous parlez d'une cabale ? J'en ai affronté à Paris, et autrement dangereuses. Dites à votre curé que je crois en Dieu, que je respecte la foi mais que je ne me sens pas à ma place dans une église. Je suis une grande pécheresse qui refuse la contrition.

Le sacristain ne put réprimer un mouvement d'irritation. Il fit tourner son chapeau sur sa tête avant d'ajouter :

— Il y a d'autres motifs de mécontentement dans le village, madame. Vous devriez renoncer à habiller votre fille en garçon. Vous même, renoncez donc à porter des pantalons et à fumer le cigare. Antonia vous a même surprise avec une pipe aux lèvres. Elle en a parlé au curé. Il en a été scandalisé.

George maîtrisa sa colère avant de riposter :

— Riotord, vous direz de ma part à votre curé que je suis une femme libre. Avec le prix de ma location, j'ai acquis, il me semble, le droit de me comporter à ma façon, que cela plaise ou pas. Votre code de conduite n'est pas le nôtre. À bon entendeur...

Riotord n'avait pas exagéré les prémices de la réprobation générale. George et sa tribu n'allaient pas tarder à en éprouver les méfaits.

Elle aurait pourtant aimé aller vers les femmes qu'elle croisait en traversant la place, en train de broder leur dentelle sur la murette, ou de remailler les filets, jacassant et chantant. En la voyant paraître, elles se taisaient et baissaient la tête, comme les cigales qui s'arrêtent de chanter à la moindre approche. S'arrêtait-elle pour leur parler, elles se jetaient des regards narquois et pouffaient de rire. Demandait-elle son chemin à un *campesino,* il se détournait en se signant.

Dans les premiers jours qui avaient succédé à leur installation, certaines villageoises venaient d'elles-mêmes proposer leurs denrées aux *extranjeros,* comme elles le faisaient pour les Palmitains en vacances. Leurs visites s'étaient raréfiées, puis elles s'étaient abstenues. Lorsque George et Amélie se rendaient chez l'habitant pour acheter de quoi se nourrir, elles se heurtaient souvent à un mur : il n'y avait rien à vendre. On avait dû confier à Antonia le soin de prospecter la subsistance de la tribu, mais, entre les lieux de transaction et la chartreuse, le prix des denrées avait doublé.

Lorsque George et Chopin se penchaient sur leurs finances, ils constataient avec stupeur qu'elles s'amenuisaient dangereusement : il leur restait tout juste de quoi assurer leur retour.

Un jour, George s'en prit à Antonia.

— Ce poulet est hors de prix. Vous allez le rendre tout de suite et me ramener l'argent. Nous nous contenterons de légumes, de fromages et d'oranges.

— *Más, señora Sand,* protesta Antonia, *es el precio para todos !*

— Vous me prenez pour une idiote ? Faites ce que je vous dis.

— *Imposible, señora !*

— Alors, c'est moi qui irai. On verra bien si c'est *imposible* ! Par la même occasion je passerai chez l'alcade pour lui demander si ce vulgaire poulet, étant donné son prix, n'est pas la poule aux œufs d'or. À moins... à moins que vous ne fassiez danser l'anse du panier.

— *De qué se trata, señora ?*

— Je veux dire que vous me volez, Antonia. Rendez-moi la différence et n'en parlons plus.

Rouge de honte et d'indignation, la grosse femme jeta quelques pièces de monnaie sur la table et annonça que, désormais, elle renonçait à sa mission.

George n'avait pas moins à se plaindre des deux perles que lui avait généreusement procurées le sacristain.

Elles formaient, du moins quant au physique, un duo discordant : Catalina, que George comparait à une sorcière en raison de sa maigreur et de ses mines énigmatiques ; Nina, naine hirsute, frétillante et facétieuse. L'une aidait aux soins du ménage et à la cuisine ; l'autre remplaçait Antonia pour les relations extérieures... Toutes deux, prédisposées au chapardage, semblaient dotées de mains accapareuses, mais opéraient leurs larcins sans la moindre intention malfaisante, comme les bons sauvages de Rousseau, pour lesquels le sens de la propriété est une invention des Blancs.

De la nourriture et divers objets disparaissaient mystérieusement. Un jour, George constatait qu'elle avait égaré un peigne de nacre. Un autre jour, il manquait un œuf dans la corbeille. Solange se lamentait : un de ses bracelets avait disparu. Interrogées, les deux commères échangeaient des regards complices et filaient doux. Les renvoyer ? Cette mesure eût posé des problèmes : on ne pouvait compter que sur elles pour subvenir aux besoins en nourriture de la tribu. Riotord les sermonnait sans conviction. De là à supposer qu'il fût leur complice...

Une nuit, ils furent réveillés par des coups violents frappés à la porte. En un instant, toute la tribu fut sur pied, groupée autour de George comme les chrétiens dans la fosse aux lions. Elle les rassura : il devait s'agir d'une promenade nocturne de ce pauvre frère convers qui avait perdu la raison. Le sacristain lui en avait parlé, en affirmant qu'il n'était pas dangereux.

Cette épave abandonnée par le reflux des religieux n'était pas un mauvais diable, mais, porté sur la bouteille, il manifestait sa nostalgie des temps heureux par des galopades nocturnes dans les galeries, égrenant des prières coupées d'anathèmes et frappant à toutes les portes comme pour réveiller les chartreux. On le voyait rarement car il nichait dans un grenier comme un hibou. Antonia exorcisait sa peur en lui déposant au bas de l'escalier de quoi ne pas mourir de faim et de soif.

Jusqu'à ce jour, il avait laissé les nouveaux locataires en paix, impressionné peut-être par la musique du pianino. George l'avait aperçu un soir au fond d'une galerie, agenouillé en prière devant un saint de bois rongé par le temps, mais n'en avait pas parlé pour éviter d'effrayer les enfants. Ce grand vieillard barbu jusqu'à la ceinture, chauve, le regard d'un halluciné, vêtu de haillons constellés de breloques, avait disparu d'un bond, comme un feu follet.

La nuit de l'apparition, ils apprirent de lui le nom du moine qui occupait ces cellules avant eux. Il hurlait son nom :

Nicola, en frappant contre la porte avec son bourdon, pour lui demander de le laisser entrer.

Ils retrouvèrent cette relique vivante à quelques jours de cette scène d'épouvante, dans un lieu étrange : le cimetière des moines. Le cloître qui abritait cette modeste nécropole n'était qu'une ruine : galeries encombrées de débris de statues, colonnades rompues, chapiteaux épars détachés, voûtes effondrées... Les sépultures en pleine terre n'étaient indiquées que par des boursouflures du sol à travers une végétation sauvage et des croix de guingois. Ni dalles ni stèles ni nom ni dates. Le grand anonymat de la mort. Seul apparaissait vivant un immense palmier peigné par le vent, dont les palmes sèches jonchaient le sol.

Le vieillard était agenouillé devant une sépulture, appuyé d'une main à son bourdon, l'autre main posée à plat sur la terre, peut-être pour s'entretenir silencieusement avec Nicola.

Il se releva péniblement, fit un large signe de croix et soudain, se sentant observé, glapit des injures ou des menaces avant de disparaître sous la galerie.

L'année s'apprêtait à basculer. La tribu fêta Noël autour d'une dinde dénichée par le sacristain dans une ferme de la montagne et payée à prix d'or. Le jardin fournit les légumes, et le dessert ne se composa que d'une tarte à l'orange confectionnée par Catalina, qui en prit largement sa part.

Depuis leur installation, le temps était radieux, mais la température marquait, au thermomètre à alcool de la pharmacie, une baisse sérieuse.

Par précaution, George avait fait confectionner par un artisan ferblantier un poêle rudimentaire, qui prenait son tirage de la fenêtre donnant sur le jardin. Aux moindres ruades de vent, il fumait comme un solfatare et répandait une odeur écœurante, l'artisan l'ayant intérieurement tapissé de bouse, ce qui occasionnait à ce pauvre Chopin des quintes de toux opiniâtres. Il ne reprenait vie que le matin venu, lorsque le soleil inondait la terrasse.

Avant de quitter Paris, le médecin qui soignait Chopin avait prévenu George :

— Puisque vous allez lui servir de garde-malade, évitez-lui les longues promenades et le moindre effort. Veillez à ce qu'il ait du soleil, sinon il risque de s'étioler comme une plante. Dans vos rapports intimes, évitez de le surmener.

Elle le laissait agir à sa guise. Après une période difficile, il s'était senti plein de désir pour cette femme séduisante et experte. George s'efforçait d'effacer en lui les nostalgies qui le hantaient encore pour la petite Maria Wodzinska. Dans son logis de la rue Tronchet, il avait connu en compagnie de George quelques heures ardentes. À *S'on vent,* la maladie l'avait privé de désir et de la force pour l'assouvir. À Valdemosa, il reprenait goût à la vie et à l'amour.

Chaque nuit ou presque, il venait rejoindre sa maîtresse sur le sofa confortable qu'elle préférait au lit de sangle qui lui meurtrissait les reins. Elle lui conseillait la modération, mais en vain. Il se rebellait. Eh quoi ? Le prenait-elle pour un moine ? Était-il à l'article de la mort ?

Après le souper, il passait quelques heures, au piano ou à sa table de travail, dans la lumière de son bougeoir de plomb. En dépit de la qualité médiocre de l'instrument, il donnait corps, sans trop peiner, à ses préludes, que Pleyel attendait avec impatience pour les publier. Parfois il doutait de son talent et, prenant des airs de gentilhomme en exil dans ses terres, il disait à George :

— Ce que je viens d'écrire me semble dépourvu d'intérêt. Mon œuvre, j'en ai de plus en plus conscience, est à l'image de ma vie : une grande dissonance. Comment peut-on croire en moi ?

Elle le prenait entre ses bras, le berçait comme un enfant malade, le rassurait : elle avait pleuré en écoutant le *Nocturne en si bémol* qu'il avait composé à la suite d'une veillée silencieuse sur la terrasse, par un clair de lune romantique. Il faisait la moue : il n'était pas parvenu à trouver cette « note bleue » qui était son obsession.

— Mon *Nocturne en si bémol,* parlons-en, ma chérie... Trop de fioritures, de *gruppetti,* d'artifice en un mot. Il faut que je le reprenne pour lui donner plus de naturel.

Ce qu'il ne pouvait lui confier, c'est qu'au cours de cette nuit, alors que le thème de la pièce commençait à le hanter, l'image de Maria dégagée d'une buée de souvenirs s'était remodelée en lui. Oubliant cette femme qui fumait son cigare à son côté, il s'était senti en état de grâce.

Il ne pouvait lui avouer non plus qu'il s'ennuyait. Certes,

Valdemosa le submergeait d'images paradisiaques ; il y vivait des journées chaudes et bien rondes, savourait une solitude et une paix propices à son travail. Pourtant, de plus en plus fréquemment, il lui arrivait de regretter Paris, l'ambiance délicate et feutrée de son grand salon au papier tourterelle, son jardin intérieur, son piano de concert, la compagnie de ses amis polonais venus lui donner des nouvelles de l'insurrection, et surtout la présence des dames accompagnant les élèves.

George le surprenait parfois, assis devant son clavier, le regard dans le vague, comme s'il cherchait à s'abstraire de ce monde. Il avait donné un nom polonais à cet état d'âme que les Anglais appelaient *spleen* : c'était le *za...*

3

Il pleut sur Valdemosa

Dans les derniers jours de décembre, Chopin reçut du consulat un billet l'informant que son piano venait d'arriver et qu'il pouvait en prendre livraison à la douane. Pris d'une danse de Saint-Guy, il embrassa toute la tribu. Il faillit même tomber dans les bras d'Antonia qui venait de lui remettre ce pli. Elle arrêta son élan d'un regard sévère.

— George, dit-il, je vais demander au consul de m'envoyer ce piano dans les plus brefs délais.

— Eh là ! fit George, ce n'est pas si simple. Pour dégager ton piano il va falloir payer un droit dont nous ignorons le montant. Aurons-nous de quoi le régler ?

Il se prit la tête à deux mains et gémit :

— Ne me dis pas ça ! Ce piano, j'en ai besoin, tu le sais !

Elle soupira :

— Soit... Je vais me rendre à Palma et tenter de négocier. Je crains que ça ne soit difficile.

Depuis la veille, le temps s'était gâté. L'hiver préparait une offensive qui débutait par des caprices d'ondées, avec des griffures d'éclairs et des grondements de tonnerre derrière la sierra de S'on Moragues. Quelques heures plus tard, le ciel avait repris sa couleur tendre mais incertaine.

Grâce au sacristain, George avait pu négocier la location d'un *birlocho* auprès d'un *campesino* indifférent au comportement des *extranjeros,* pourvu qu'on le rétribuât convenablement.

Elle voulut partir le jour même, avec Maurice. Il s'y opposa, proposa d'attendre trois jours qu'il fût en mesure d'assumer sa promesse.

Le voiturier Gómez, son chapeau enfoncé jusqu'aux yeux, fumait un *tortillado* qui répandait une odeur âcre d'herbe brûlée. En souriant, il en proposa un à George, qui refusa. L'attelage, composé d'un vieux cheval et d'un mulet, donnait des inquiétudes quant à l'équilibre du véhicule qui, lui-même, était animé d'étranges soubresauts.

La descente se fit sans encombre. Gómez fumait et chantait, parfois les deux en même temps. Lessivé par l'orage de la nuit, le ciel était d'un bleu de lavande. De temps à autre, le voiturier, sortant de sa réserve, lançait des noms de villages : S'on Calafat... S'on Morro... Pedrera, où il dit qu'il était né.

On fut à la douane en moins de trois heures. George eut un coup au cœur en apercevant le piano enveloppé de toile à bâche comme une momie péruvienne. Un officier l'informa qu'elle pouvait le dégager sans plus tarder : il lui en coûterait la valeur de sept cents francs. Elle crut défaillir et protesta :

— Sept cents francs ! Vous plaisantez, je suppose ? C'est presque le prix de cet instrument. D'ailleurs, cet argent, je ne l'ai pas...

Elle discuta. Peut-être qu'avec une petite avance...

— *No, señora !* répondit l'officier. *Imposible. Lo siento...*

Reprendre la route sans le piano, affronter la déception et la colère de Chopin, lui parut une épreuve insurmontable. Elle n'avait d'autre ressource que de demander son aide au consul. Il lui répondit d'un air bougon :

— Je regrette ce contretemps, madame. Vous ne pouvez négocier le montant des frais, pas plus que laisser cet instrument en souffrance. En revanche, pour vous épargner les droits de porte, vous pourriez le faire décharger hors de la ville, bien que ce soit contraire à la loi. En dernier recours, vous pourriez le jeter à la mer, mais, là encore, vous risqueriez des ennuis...

— Il ne me reste donc qu'à réclamer de l'argent à Pleyel, mais cela peut demander des semaines.

Il lui déconseilla de retourner à Palma dans la soirée, l'orage menaçant de nouveau. La ville avait pris une teinte plombée. Déjà, une lourde averse crépitait sur les vitres et des gens affolés couraient s'abriter sous les galeries.

— Décidément, soupira-t-elle, rien ne m'aura été épargné. Sombre journée...

Fleury lui proposa de passer la nuit chez lui. Elle refusa, de crainte d'inquiéter la tribu. Il lui promit d'intervenir auprès de la direction des Douanes, mais sans grand espoir.

Le *birlocho* reprit la route de Valdemosa dans une lumière crépusculaire. Il était trois heures mais, avec la pluie qui redoublait, la nuit semblait proche. Enveloppé dans sa grande pèlerine de berger, le *campesino* attendait George et son fils dans la cour.

Ils quittèrent la ville d'un bon trot, par des rues désertes. Si les Majorquins ont des natures d'escargots pour ce qui est de leur comportement quotidien, ils réintègrent leur coquille à la moindre bourrasque de pluie. L'attelage garda ce train jusqu'au village de San Esglaeta, où commence la montagne. Au-delà, les choses se compliquèrent : le *birlocho* avançait à l'aveuglette dans une brouillasse qui sentait la vase et la porcherie.

Le voiturier pestait contre le temps et ces *condenados extranjeros* qui ne savent jamais ce qu'ils veulent. Pour comble, le mulet perdit un fer et se mit à boiter. Un peu plus loin, un essieu menaça de se rompre. On était à trois lieues de Palma quand Gómez s'arracha le chapeau de la tête : il s'était trompé de chemin ! Il chercha à retrouver le lit du torrent qui le mènerait sur la bonne route, tourna en rond dans des guérets marécageux et finit par trouver, entre deux fermes, l'accès qu'il cherchait.

Il avait, à l'aller, emprunté le lit du torrent, qui était presque à sec, et songeait faire de même pour la remontée.

Il le trouva gonflé d'une eau limoneuse mais pas assez profonde pour l'empêcher d'avancer.

— Cet homme est fou ! dit Maurice. Jamais nous ne pourrons arriver sains et saufs Nous aurions dû attendre à Palma, comme le consul vous le proposait.

— Imagines-tu ce pauvre Frédéric ? Il serait mort d'inquiétude. Il nous aurait crus engloutis dans les eaux du Déluge, nous et son piano...

Abrités par la capote de la voiture, ils ne recevaient que quelques gifles de pluie, mais n'en menaient pas large. Si l'essieu rendait l'âme, si l'attelage refusait d'avancer, ils en seraient quittes, comme dit George, pour « passer une nuit avec les grenouilles ».

Gómez se décida à descendre de voiture et, avec de l'eau jusqu'aux genoux, prit le mulet au mors pour le rassurer et guider l'attelage entre les rochers qui encombraient le lit du torrent.

Maurice, en dépit de ses premières inquiétudes, semblait à présent se divertir de cette aventure. Il avait l'impression d'assister, comme d'une loge de théâtre, à une tragi-comédie. Le comportement du voiturier lui paraissait si cocasse qu'il en riait tout haut, en se tapant sur les genoux. « Mon fils, songeait George, n'a peur de rien. Ce ne sera pas une poule mouillée... »

Ils eurent une nouvelle émotion, lorsque le *campesino* décida de profiter d'une échancrure dans le talus de la berge pour reprendre le chemin normal. Ce fut un moment d'épopée. Le bourricot fléchit, tomba sur les genoux avec un braiment pitoyable. Quelques cinglons de fouet et des injures le remirent sur pied. Le *birlocho* fit une embardée, vacilla et parvint à retrouver son équilibre en abordant l'assise du chemin.

Là, ce fut une autre affaire. Au lieu d'avancer, le mulet décida de reculer. La voiture heurta une roche et s'immobilisa à deux doigts du ravin qu'on venait de quitter. Gómez fit signe aux voyageurs de descendre pour l'aider à faire de nouveau avancer la carriole. Ils s'accrochèrent aux roues en riant comme des possédés, tandis que le *campesino*, tirant le mulet par les oreilles, l'accablait d'injures :

— *Hijo de puta ! Holgazán ! Adelante !*

Un nouveau sursaut de la voiture faillit se terminer en cabriole. Elle retomba lourdement, avec un grincement terrible.

À tout prendre, la progression par le chemin ordinaire était pire que dans le lit du torrent. Il fallut de nouveau que George et Maurice poussent à la roue dans des passages difficiles où la carriole s'embourbait.

Comme on apercevait la première ferme de S'on Morro, George s'écria :

— Ça suffit ! Nous allons faire le reste du chemin à pied. En suivant le torrent nous ne risquons pas de nous perdre.

Il leur fallut près d'une heure avant de distinguer, dans un gros magma de laine humide, les premières terrasses de Valdemosa. Ils avaient mis trois heures pour descendre ; il leur en fallut sept pour remonter.

Ils trouvèrent Chopin dans tous ses états, à croire qu'il avait perdu la raison. Quand il les vit surgir, trempés jusqu'aux os, il s'appuya au piano en murmurant :

— Je savais bien que vous étiez morts...

— Mais nous sommes vivants, mon chéri ! lui répondit George. En mauvais état mais vivants.

Il lui demanda où elle avait laissé son piano. Lorsque George lui eut révélé qu'il devrait encore s'en passer, il blêmit, se laissa tomber sur une chaise en bredouillant :

— Je comprends... oui... je comprends... C'est une malédiction.

George demanda à Amélie comment Frédéric s'était comporté en leur absence. Il avait passé la matinée sur la terrasse à écrire des lettres, et l'après-midi dans sa chambre, à écouter tomber la pluie et à jouer « des airs bien tristes ».

Il avait failli gifler Solange qui chantonnait pour le narguer : « Chopineau / Ton piano / Est dans l'eau ! »

Après avoir revêtu des vêtements secs, les deux voyageurs attaquèrent ce qui restait du repas et qu'il avait fallu préserver de la convoitise de Catalina et de Nina. George envoya les enfants se coucher, alluma un cigare et dit à Chopin :

— Qu'as-tu composé aujourd'hui, mon chéri ?

— Pas grand-chose : un prélude dont je suis peu satisfait. Je n'étais pas dans de bonnes dispositions, il est vrai.

— Veux-tu me le jouer ? J'aurai ainsi l'impression de ne pas t'avoir quitté.

Il se mit au piano et joua en sourdine pour ne pas réveiller Amélie et les enfants. Elle comprit, dès qu'il eut égrené les premières mesures, qu'il ne s'agissait pas d'une de ces fantaisies qui lui coulaient des doigts quand il était détendu. Elle pénétrait, note après note, comme pas à pas, dans un théâtre d'ombres, une sorte de tragédie de l'attente. Elle pouvait, les yeux clos, imaginer Frédéric, le front collé aux vitres, en train d'interroger la pluie et le vent, leur demander d'épargner sa maîtresse, son fils et le piano. Des arpèges fluaient de ses doigts, passaient comme des nuages pour faire place à des espaces lumineux où paraissaient flotter des fantômes en robe de soleil : Maria ? George ? Des images d'une fête des moissons en Pologne ? De ces vagues d'angoisse, de ces notes pesantes comme des gouttes de pluie sur un tambour, surnageaient des images lumineuses.

Interrompant une phrase musicale, Chopin, d'un geste brutal, rabattit le couvercle. George sursauta.

— Pourquoi t'arrêtes-tu ? J'aime bien cette pièce. Elle est un peu sombre, mais émouvante.

Les mains entre ses genoux, le buste agité d'un mouvement de balancier, il mit quelques instants à répondre, comme si cette musique lui collait encore à la peau et qu'il souhaitât s'en débarrasser.

— Je n'ai jamais rien écrit d'aussi mauvais ! dit-il. C'est un brouillon détestable. Il faut l'oublier.

Elle se leva, lui entoura le cou avec ses bras.

— Tu es mauvais juge de tes œuvres. Cette musique, je la sens encore vibrer en moi. Il faut l'envoyer à ton copiste et la confier à Pleyel.

Il bredouilla en se retournant pour qu'elle le prît dans ses bras :

— Vraiment ? Tu crois ? Moi, je ne sais plus. Je t'en supplie, ma chérie, ne me laisse plus jamais seul.

Julien Fontana était pour Chopin plus qu'un simple copiste : un conseiller et un ami.

La semaine précédente, le pianiste avait reçu de lui une lettre lui rappelant la précarité de sa situation financière : des dettes, des engagements non tenus remontaient à la surface en son absence. Il recevait par procuration les doléances des créanciers et des banquiers qu'il s'attachait à rassurer. Camille Pleyel entendait être payé de ses avances par l'envoi annoncé des préludes. Chopin le faisait attendre...

Aux lettres de son copiste, Chopin répondait qu'il n'enverrait ces œuvres que lorsque la série serait achevée. Il le chargeait de quelques tâches secondaires, comme de donner des étrennes à son portier et de régler la facture du fumiste.

Il écrivait : « J'ai pitié de toi, mais au plus tard dans un mois tu seras délivré des tracas que je t'occasionne... La lune est admirable, ce soir... » Parlant du piano en souffrance, il ajoutait : « On attend la décision de la Douane, qui réclame des montagnes d'or... » Il concluait par ces mots : « Ici, la nature est bienfaisante mais les hommes sont des voleurs. Ils ne voient jamais d'étrangers, aussi ne savent-ils quel prix réclamer pour ce qu'ils vendent. Les oranges sont pour rien, mais un bouton de culotte coûte des prix fantastiques... Pourtant, ce paysage est l'un des plus beaux du monde... »

On n'y avait pas cru, mais il fallait bien en convenir : l'hiver s'installait. Pas un véritable hiver, d'ailleurs, mais plutôt une morte saison hésitant entre le printemps et l'été, avec un goût d'automne dans l'air des matins, lorsque la pluie menaçait.

George et les enfants revinrent éblouis d'une promenade jusqu'au village de pêcheurs, accessible par des sentiers de montagne. Il faisait presque chaud. Le ciel était plein d'aigles et de petits nuages. Sur l'horizon de la mer flottaient des embarcations à voile latine. Des bouffées d'air tiède montaient des landes d'asphodèle et de romarin qui couvraient les pentes entre des bouquets de pins. Le chemin raviné courant entre les rochers évoluait en méandres jusqu'à la côte bordée d'une mer éblouissante, où s'alignaient quelques cabanes de pêcheurs originaires de Valdemosa.

Lorsqu'ils arrivèrent au niveau de la grève, un pêcheur venait de ramener un calmar de quatre à cinq pieds de long, que George lui acheta. Le soir même, Catalina le prépara à la mode du pays, sans oublier les condiments.

L'appétit des enfants, celui de Solange en particulier, aurait fait plaisir à voir si la tribu avait eu de quoi le satisfaire.

Ils se gavaient de nourritures banales mais roboratives, notamment de porc, élevage principal de l'île. Ils se délectaient de boudins, de jambon, de tourte de cochon à l'ail, assortis de condiments qui semblaient issus des cuisines du diable. Ils engloutissaient sans réticence des mets que George et Frédéric ne goûtaient que du bout des lèvres car ils leur incendiaient le palais.

Chopin semblait végéter et s'étioler, mais, bien que condamné par ce que George appelait ironiquement la « Faculté de Palma », il ne présentait aucun symptôme d'une aggravation alarmante. Ses quintes de toux et ses crachements de sang ne l'avaient repris qu'avec l'arrivée des pluies. Il s'imposait de renoncer aux longues promenades et George évitait de donner suite à ses élans amoureux.

La tribu ne restait pas longtemps les pieds dans le même sabot.

Chaque jour, on décidait d'une promenade, qui n'était souvent qu'une prospection des endroits mystérieux du labyrinthe, interdits parfois à la visite : les cellules des frères convers, la chapelle de l'ancien couvent, la cour entourée d'étables et de bergeries, les greniers et les caves insondables... Cet immense édifice leur réservait chaque fois des découvertes. Ils en revenaient couverts de poussière et de toiles d'araignée et en ramenaient des reliques dont ils meublaient leurs cellules.

Passé une période de temps incertain, l'hiver parut s'en donner à cœur joie.

Jusqu'à midi, les cellules baignaient dans l'ombre de la sierra de S'on Moragues ; quelques heures plus tard, le massif de S'on Mossenya prenait le relais. À la fin du jour, le brouillard montait de la vallée, escaladait les terrasses et ne laissait apparaître que le toit du clocher, brillant comme une émeraude sur un tas de laine grise. Le soleil parvenait de temps à autre à glisser un fagot de rayons qui réveillait une gamme chromatique éblouissante.

Un soir de la mi-janvier, alors qu'ils attaquaient un poulet squelettique rapporté par Nina, accompagné d'une assiettée de fromage de chèvre, une rumeur étrange les fit sursauter.

— Nous allons avoir de l'orage, dit George.

— On dirait plutôt, observa Chopin, qu'on est en train de remuer des sacs de noix dans la cour.

— Des noix ! s'écria Solange. On va manger des noix !

George envoya Amélie aux nouvelles. Elle annonça au retour, encore toute remuée, qu'il s'agissait d'une fête, d'une « sorte de carnaval ». On décida d'un commun accord de laisser le souper en plan et d'aller se divertir, les occasions étant rares...

Ils tombèrent dans une mascarade débridée. La cour de la chartreuse était envahie par une foule de diables et de diablesses qui se trémoussaient lourdement dans la lumière des torches. Une sorte de Belzébuth vêtu d'une longue cape noire, encorné comme un bouc, brandissait une fourche peinte en rouge. Autour de cette effigie démoniaque se déroulait un ballet désordonné de personnages qui, avec leurs oripeaux grotesques, rappelaient la kermesse de Bruegel le Vieux, dans son tableau *La Chute des anges rebelles.*

La fête se déroulait dans le cliquetis incessant des castagnettes, que Chopin avait pris pour le bruit des sacs de noix. Une chorale aux voix nasillardes et suraiguës entonnait de temps à autre une *coplita* aux accents mauresques.

La tribu se préparait à la retraite, quand un groupe de diablotins dansant une *seguedilla* endiablée les entoura d'une ronde sans manifester la moindre intention hostile. Solange, apeurée, se blottit contre sa mère en criant qu'elle voulait rentrer.

Ce ballet achevé, Belzébuth s'avança vers eux, s'inclina et leur tint un discours d'une emphase étudiée pour leur souhaiter la bienvenue, en ce *Día de Carnaval.* Il leur dit, dans un jargon aproximatiif :

— *No tengan miedo, señores et señoras* Vous, pas peur, madame Sand. *Yo soy abogado. Comprenden ?*

— Je comprends, répondit George : vous êtes un avocat.

— *Sí señora* : avocat.

Il leur fit signe de le suivre jusqu'à la loge d'Antonia.

Ils y retrouvèrent le sacristain habillé en Lucifer de fantaisie.

On menait grand train dans la grande salle ornée de guirlandes de lierre et de lanternes de papier multicolores. Un ensemble composé de guitares, de violons et de castagnettes jouait *jotas* et *fandangos* à la mode majorquine, avec une allégresse maladroite qui faisait grimacer Chopin et grincer son tympan. Ceux qui ne dansaient pas restaient accroupis à même le parquet et battaient des mains en cadence.

Le sacristain leur montra un colosse à l'air sévère, en train de faire des entrechats, les mains dans le dos.

— C'est, dit-il, le dernier marié de l'endroit. Il a du bien au soleil et sa femme est la plus jolie du village. S'il tient à être heureux en ménage, il devra danser toute la nuit. C'est la coutume.

L'avocat pris de boisson souhaitait que tous partagent son état, à commencer par les *extranjeros.* Il leur fit verser du *moscatel* dans des sortes de hanaps datant des cénobites, qui avaient dû y puiser des ivresses mystiques. Puis il annonça un toast en l'honneur des *Parisienses.*

George glissa à l'oreille de Frédéric :

— Ne trouves-tu pas étrange qu'ils aient tous des têtes d'enterrement ? On dirait qu'ils sont là par obligation, comme à la messe. Même le marié ! Il n'a pas un sourire en changeant de cavalière.

C'est surtout la musique qui intéressait Chopin. Il cherchait à déceler, sous les accords discordants, « quelque chose de l'occupation arabe ». Il se dit qu'il pourrait y puiser quelques mesures pour une pièce rapsodique.

Solange tirait sa mère par sa ceinture. Cette *fiesta* endiablée, ce tumulte, cette odeur écœurante d'huile rance et de sueur l'indisposaient et la fatiguaient.

— Mère, dit-elle, rentrons. Nous n'avons pas fini notre souper et j'ai faim.

Chopin travaillait assidûment à sa série de vingt-quatre préludes, dont certains avaient été conçus avant son départ mais auxquels il comptait apporter des améliorations.

Il en envoya un premier lot à Fontana, qui, après les avoir mis au propre, les confia à Pleyel contre une somme importante, mais dont Chopin ne vit pas la couleur, absorbée d'avance par les créances impayées. Il pestait contre ces vampires, ces sangsues, ces brigands qui le dépouillaient, mais il se remettait de plus belle à la tâche.

Il envoyait des pièces à Fontana comme on jette du grain à la volaille : des préludes, une ballade, un scherzo, des polonaises... Il écrivit à son copiste : « Ici, j'ai parfois des bals arabes, un soleil d'Afrique et une mer Méditerranée. Peut-être ne rentrerai-je qu'en mai, ou plus tard... »

George n'était pas en reste.

En écrivant le mot « fin » sur la dernière page de *Spiridion,* elle poussa un soupir de soulagement. Cette histoire de moines en proie aux convulsions du doute commençait à lui peser, d'autant que d'autres sujets se pressaient dans sa tête.

Elle envoya le manuscrit non à François Buloz mais à Carlotta Marliani, en lui demandant, après l'avoir lu, de le confier à l'éditeur en lui faisant supporter les frais d'envoi. Elle lui parla de la santé de Chopin, de la sienne propre et de celle des enfants qu'elle faisait étudier tous les matins. « Je suis plongée avec Maurice dans Thucydide et compagnie, et, avec Solange, dans le régime indirect et l'accord des participes... Ma vie se passe toujours à gribouiller... Je suis heureuse malgré la pluie, le travail et l'Espagne ... »

Les ermites de la chartreuse faillirent pavoiser lorsqu'ils virent s'encadrer dans la porte de leur cellule la silhouette d'un voyageur : Charles Dembowski, un Polonais de mère italienne, qui cousinait vaguement avec Manoël Marliani.

Il avait quitté Paris pour un périple à travers l'Espagne en proie aux convulsions de la guerre civile. Lorsqu'il avait appris, en quittant Paris, que George Sand et Frédéric Chopin se trouvaient à Majorque, il avait pris le bateau pour les rencontrer, avec un paquet de courrier à leur intention.

Il raconta qu'il venait de croiser sur la route de Palma une procession de porcs, de chevaux et de mulets qu'un curé bénissait sous une statue de saint Antoine. Les *campesinos* propriétaires des troupeaux portaient un masque de carnaval. Ils déposaient une offrande aux pieds du curé avant d'aller se saouler et danser.

Il ajouta au cours du dîner :

— Mes amis, on m'en a dit de belles sur votre compte en cours de route ! Vous êtes, aux yeux de la population, des personnages *non grata*. Vous vivez en concubinage, n'adressez la parole à personne, ne fréquentez pas l'église, et vous, George, vous fumez, ce qui est un péché pour une femme. Vous êtes, m'a-t-on dit, *una mujer muy particular*. Inutile de traduire, je pense ? Quant à vous, Frédéric, on vous voit rarement et vous jouez une musique profane. Ne comptez pas qu'on vous élève une statue après votre départ ! Bref, honte à vous, païens, pestiférés, maudits !

La tribu se divertit de ce numéro digne de Beaumarchais. Le voyageur donna, au dessert, des nouvelles de Paris. Le roi Louis-Philippe se maintenait au pouvoir malgré les coups de boutoir de l'opposition... La guerre en Algérie se poursuivait avec le siège de Constantine et la signature d'un traité de paix avec l'émir Abd El-Kader... La tragédienne Rachel avait joué l'*Horace* de Corneille au Théâtre-Français... La Pologne était toujours en proie à l'insurrection contre les armées du Tsar...

Dembowski était de ces voyageurs qui n'encombrent pas leur bagage d'impédiments. Il se déplaçait « à la légère » sur un mulet, couchait là où il se trouvait, se sustentait de mets rustiques, de fruits cueillis aux arbres et laissait au hasard une large place dans ses itinéraires. Son repas de midi avait consisté, dit-il, en graisse de porc au piment.

Pour ne déranger personne, il coucha dans le jardin, enveloppé d'une couverture.

Après son départ, George et Frédéric se jetèrent sur le courrier. Une lettre en particulier retint l'attention de George : celle de son demi-frère Hippolyte Chatiron. Elle en fut abasourdie : la vente de la pièce de terrain, sur laquelle elle comptait pour assurer la fin de leur séjour et leur voyage de retour, avait échoué. Elle lui écrivit pour lui demander de persister. « L'état de vie que je mène ne peut plus durer. Jusqu'ici, je n'ai vécu que de mon travail, et je suis fatiguée. J'ai fait des tours de force de ce genre, mais il y a six ans ou plus que cela dure, et je n'y pourrai plus tenir... Il faut donc libérer mes revenus. Je t'en charge. C'est presque ma vie qui est en question. Il faut que je sois de fer pour résister à ce que je fais... »

Le jour où, par un billet du consul, Chopin apprit qu'après des négociations serrées avec la Douane il avait obtenu gain de cause pour une somme très inférieure à celle que l'on exigeait, il exulta, entonna une chanson polonaise et entama une gigue avec Amélie. On ne l'avait jamais vu dans un tel état d'euphorie.

Quelques jours plus tard, le piano fit dans Valdemosa une entrée digne d'un pharaon. Il ne manquait que la guitare, les castagnettes et les chœurs, mais l'alcade était présent, ainsi que le sacristain et quelques habitants muets de surprise.

L'instrument n'avait pas souffert du voyage. Aux premières mesures qu'il en tira, Chopin exprima sa satisfaction en exécutant une polonaise. Durant une partie de la nuit, il joua, et ce fut un enchantement propre à lui faire oublier sa fièvre, sa toux, la pluie et le vent. Il se leva à l'aube pour composer un prélude dont l'idée lui était venue durant la nuit. Le pianino des Ripoll alla bouder dans un coin.

Sa confiance en lui revenue, il se prenait pour le roi des petits oiseaux. Il écrivit à Pleyel pour lui annoncer la bonne nouvelle et lui réclamer des fonds.

L'hiver n'avait fait qu'une timide visite à la chartreuse. Sur la fin de janvier, la température s'était encore radoucie et les arbres commencèrent à mettre des fleurs. Les aigles faisaient la chasse aux passereaux au-dessus des terrasses. Le soir, les habitants se réunissaient sur la place pour danser et chanter. Maurice, coiffé d'un large chapeau de paille, s'intéressait aux plantations du jardin, comme s'ils devaient rester là des mois et des années.

George écrivit à Carlotta Marliani :

« Je ne sais combien de temps nous resterons ici. Cela dépendra un peu de la santé de Chopin. L'idée de revenir à Paris m'épouvante après le silence et le calme de cette retraite, mais l'idée de vivre toujours ici me ferait l'effet de la mort... Vous ne pouvez vous figurer ce que ce peuple est arriéré... Mes enfants travaillent avec moi six heures par jour. La nuit j'écris un roman : *Lélia.* Dans une quinzaine, j'enverrai le manuscrit à Buloz. Il faudra qu'il le paie comptant ! Nous avons ici quinze degrés le jour et huit la nuit. Chopin est à vos pieds... »

Elle apprit, par une réponse de Carlotta, que Paris clabaudait sur son compte. L'aventure de ce couple insolite, disait-elle, « amusait la galerie ». George ne fut qu'à demi surprise d'apprendre que Marie d'Agoult était la première à leur tailler des croupières : « À la manière dont je les connais, disait-elle, ils ont dû se prendre en grippe après un mois de cohabitation. Ce sont deux natures antipodiques, mais c'est joli au possible... Quand George se faisait saigner, je lui disais : “À votre place, j'aimerais mieux Chopin. Que de coups de lancettes épargnées !” » Marie se demandait comment Félicien Mallefille avait pris la trahison de sa maîtresse. George avait-elle eu raison de le croire, à leurs débuts de vie commune, « sot et ridicule » ?

Cette lettre toucha George au plus sensible. Elle n'aimait guère la compagne de Franz Liszt, sans lui témoigner ouvertement la moindre antipathie. Si parfois elle se disait qu'elle et Franz auraient fait un couple exceptionnel par leur talent et leurs affinités, cette idée lui traversait la tête comme un nuage. Marie, au contraire, ressentait une vague jalousie qui altérait ses rapports avec son amie, bien qu'elle s'efforçât de n'en rien montrer.

George se dit qu'elle ne ferait pas un drame de ce qui n'était qu'un vaudeville. Elle regrettait simplement que ces dispositions biseautées pussent engendrer, entre elle et ses chers *Fellows*, sinon une rupture, du moins un de ces éloignements insensibles qui mènent à la ruine de l'amitié.

Elle traversait une période difficile, qui ne se traduisait par aucun incident grave, mais par une succession de menus événements néfastes, de contrariétés qui lui faisaient envisager sans déplaisir un retour plus proche qu'elle ne l'avait envisagé.

Elle renonça sans regrets aux services de Catalina et de Nina, que cette vieille duègne d'Antonia tenait en laisse pour l'exploitation des *extranjeros*. Les chapardages se poursuivaient. On avait beau se montrer vigilants, des objets disparaissaient comme par miracle, sans que l'on pût prendre les coupables la main dans le sac, malignes et expertes comme des singes qu'elles étaient.

— C'est un comble ! bougonnait George. Non seulement les habitants nous font payer leurs denrées au triple de leur valeur, mais encore nous nous faisons voler par ces deux pestes ! Quand je leur en fais le reproche, elles rigolent et se paient ma tête. Demain, je leur donne congé. Du vent !

À vrai dire, Amélie pouvait suffire au ménage et à la cuisine. Elle était infatigable et pétrie de bonne volonté comme du pain frais. En revanche, elle rechignait quant aux soins à donner à Chopin lorsqu'il avait ses crises, mais George y suppléait. Elle se souvenait de son premier précepteur, qui avait fait des études de médecine et l'avait initiée aux prémices de l'anatomie, à la composition des remèdes et au choix des herbes. Il arrivait que les paysans de Nohant fissent appel aux services de la « petite demoiselle du château ».

Pour soigner Chopin, George n'avait à sa disposition que la pharmacopée empirique des anciens moines, sur laquelle veillait un vieux convers sourd et presque aveugle.

Elle datait des premiers chartreux qui, au XIVe siècle, s'étaient installés à Valdemosa. La pièce, grande comme un mouchoir de poche, ne prenait jour que par la galerie et baignait dans une pénombre de caverne. Elle était, du sol au plafond, tapissée de pots de faïence, de flacons, de fioles, de coffrets décorés avec talent. On ne trouvait dans la plupart des cas que du vent dans ces récipients aux formes alambiquées, qui sentaient l'artiste plus que l'apothicaire.

Lorsque George avait corné à ses oreilles le nom d'un vulnéraire, d'un julep ou d'un purgatif, le moine balayait les étagères d'une main tremblante, comme on fait des gammes, trouvait le remède ou ne le trouvait pas.

Dans sa cellule, il revêtait sa robe de chartreux, jadis blanche, pour réciter ses prières. Frappait-on à sa porte ? Il jetait sa défroque sous son lit et s'habillait, comme un personnage de Molière, d'une veste étriquée, de culottes, de bas, et chaussait des escarpins à boucle d'argent. On avait dû le relever de son vœu de pauvreté car il faisait payer fort cher ses orviétans. Il se cachait dans son bouge comme un lièvre traqué par les chiens.

Au début de février, alors que Chopin subissait de

nouvelles crises, George avait renoncé aux prescriptions des médecins palmitains, qui épuisaient le malade sans lui apporter le moindre soulagement. Elle avait décidé de faire appel aux remèdes naturels et à une thérapeutique subtile consistant à donner confiance au patient, pour l'inciter à trouver en lui la voie de sa guérison.

Elle faisait en sorte qu'il ne prît rien au tragique, en se disant que, si l'on ne guérit pas d'une phtisie, on peut au moins en atténuer les effets et prolonger la vie du malade. Elle lui donnait une alimentation normale, lui conseillait du repos au soleil, veillait à ce qu'il ne s'épuisât ni au travail ni à l'amour.

En songeant aux propos de Marie d'Agoult, elle bougonnait :

— Je voudrais bien la voir, cette pimbêche, au chevet de Frédéric ! Il est facile d'ironiser, mais il l'est moins d'agir.

Chopin n'était pas un malade facile. Autant, lorsqu'il échappait à ses maux, il pouvait se montrer aimable, disert, plein de fantaisie et d'humour, autant, dans ses crises de *za* ou d'hémoptysie, il devenait exigeant et acariâtre. Elle passait outre, avec une patience de *mater dolorosa,* et lui disait pour le rassurer :

— Ne t'inquiète pas ! C'est le poisson que tu as mangé hier qui t'a fait mal. Une tisane de guimauve et ça passera.

Cet écorché vif avait des émois d'enfant gâté et hypersensible. À en croire George, il pouvait s'émouvoir d'un spectacle aussi banal qu'une rose fanée, un oiseau blessé, une mouche morte. Il tirait de ces émotions des thèmes pour ses compositions. Parfois ses caprices dégénéraient en humeurs délirantes : sans raison apparente, il se mettait à chanter, à raconter des histoires drôles, des contrepets ou à griffonner des caricatures.

Au matin d'une mauvaise nuit où il avait vomi du sang en abondance, George lui dit :

— Mon petit Chopinet, va falloir songer au retour. En

France, tu trouveras des médecins compétents. Nous allons prendre nos dispositions. Qu'en dis-tu ?

Il n'en disait rien. En toutes choses, il faisait confiance à George en se disant que, sans elle, il serait à six pieds sous terre. Elle prenait sa main aux doigts longs et pâles qui faisaient jaillir l'harmonie comme le bâton de Moïse. Elle y posait ses lèvres, les mouillait parfois d'une larme.

Au cours d'une promenade au Pla del Rei, un village de montagne, Solange dit à sa mère :

— J'aimerais avoir une chèvre.

— Une seule, tu es sûre ? Pourquoi pas un troupeau, avec un bouc ? Vous m'agacez avec vos envies. Ma parole, vous me prenez pour l'héritière des Rothschild ! Et où la ferais-tu paître, ta chèvre, dis ? Sur la terrasse ?

— Elle nous donnerait du lait et peut-être des chevreaux.

— Petite sotte ! Avant qu'il ne naisse un chevreau, nous serons revenus en France.

George se dit par la suite que l'idée de Solange était à considérer. Alors qu'ils regagnaient la chartreuse, elle fit demi-tour.

— Tu veux une chèvre ? Eh bien tu l'auras. Et tout de suite. Tu la choisiras toi-même.

Le *campesino* propriétaire du troupeau que Solange avait admiré ne fit aucune difficulté pour céder une de ses biques. Il en demanda le prix d'un mulet mais, devant les protestations de George, lui consentit un tarif raisonnable. C'était une petite chèvre d'Afrique au poil de chamois, dépourvue de cornes, aux oreilles pendantes et à la barbiche sorbonnarde.

— Nous l'appellerons Carlotta ! dit Solange. Elle ressemble à madame Marliani...

Amélie poussa de hauts cris. Une chèvre ! Qu'allait-on en faire ? George la rassura. Elle logerait sur la terrasse et donnerait du lait. On pourrait même confectionner des fromages.

Carlotta s'intégra sans peine à la tribu. Maurice lui trouva dans un grenier un grand coffre de cuir qui, ouvert de champ, pouvait faire office de niche, comme pour un chien. Solange lui accrocha une clochette au cou et, la tenant en laisse, la conduisit sur les chemins, autour du village, pour lui donner à brouter. Cela faisait rire les gens. Auparavant, les enfants allaient chercher le lait dans une ferme voisine ; en cours de route ils en buvaient une partie et remplissaient le récipient à une source. Le lait quotidien gagna en saveur et en densité. Amélie, qui avait gardé des troupeaux dans sa jeunesse, enseigna à Solange comment traire Carlotta :

— Tu pinces les tétines délicatement, du bout des doigts, tu presses, et ça gicle. Prends garde à ce que cette garce ne renverse pas le seau ou ne pisse dedans. C'est vicieux, ces bestiaux...

C'est ainsi que Solange, prenant son rôle au sérieux, devint la laitière attitrée de la tribu.

Une de leurs dernières promenades conduisit George et les enfants à l'ermitage de la Trinité.

L'abandon de la chartreuse avait fait refluer dans cet édifice délabré ce qui restait de religieux : pas de quoi former une longue procession. Riotord avait raconté à George que, durant ces dernières années, on avait compté de nombreuses désertions. Plutôt que de périr d'ennui et de privations, plusieurs novices, convers et vétérans, avaient fait le mur.

George ne tarda pas à regretter sa visite. L'ermitage, dont le crépi avait été rongé par les intempéries, avait, vu de loin, un aspect romantique assez séduisant. De près, il fallait en rabattre.

Le portail ouvert, ils pénétrèrent dans une vaste cour envahie par les herbes. George crut se retrouver aux abords de San Severino, l'île des Fous de Venise, où Pagello avait peut-être envisagé de faire interner Musset. Quelques moines, vêtus comme des *campesinos,* s'y reposaient des travaux des champs qui assuraient leur subsistance. Ils avaient des visages de bagnards, des barbes hirsutes, une mine souffreteuse sous des chapeaux informes. Aucun d'entre eux ne daigna se déranger pour demander aux visiteurs ce qui les amenait. Une atmosphère accablante régnait sur cette sorte de pénitencier ouvert à tous vents. Oubliés de Dieu, ils l'étaient aussi des hommes.

Il fallait en convenir : Carlotta, loin de sa ferme natale, s'ennuyait. Elle perdait l'appétit, ne donnait son lait qu'avec parcimonie et, certains jours, restait immobile sur le mur de la terrasse à flairer dans l'air des odeurs d'étable et à écouter les bêlements lointains de ses congénères. Solange songea à lui donner un compagnon. Ce fut une compagne : une brebis, que George acheta au même éleveur. Maurice eut l'honneur, à son tour, de la baptiser. Il lui donna le nom d'une ancienne servante de Nohant : Ursule. Comme si elles s'étaient reconnues, les deux pensionnaires nouèrent des liens de sympathie. Carlotta cessa de bouder et de garder son lait ; Ursule fit preuve de la même bonne volonté. On ne manquait plus de lait ni de fromage. On aurait même pu en vendre.

George revint, abasourdie, de chez Antonia. Elle lui avait prêté un livre et venait se le faire restituer. La portière lui avoua qu'elle l'avait jeté au feu.

— Comprenez-moi, madame Sand. Je me suis dit que monsieur Chopin l'avait peut-être eu entre les mains, sur son lit. Alors je m'en suis débarrassée.

— Vous aussi craignez la contagion ! lui avait lancé George. Regardez-nous donc : moi, les enfants, notre servante. Nous côtoyons notre malade tous les jours et nous ne sommes pas contaminés. Ai-je l'air malade, nom de Dieu ?

Antonia se signa furtivement.

— Peut-être que la maladie ne veut pas de vous. Tout le monde dans le village sait que monsieur Chopin crache du sang. Alors il est normal qu'on se méfie. Ce que vous ignorez, madame, c'est que les phtisiques vont en enfer, surtout s'ils ne suivent pas la messe et ne se confessent pas.

— En voilà, une nouvelle !

— Sachez que je ne lui veux pas de mal, à ce pauvre M. Chopin, mais je pense comme notre curé que, s'il meurt chez nous, il ne pourra reposer en terre chrétienne. Vous vous arrangerez de son corps comme vous pourrez. Ne comptez pas sur moi pour faire sa toilette...

« Ainsi, songea George, pour Antonia, le curé et les habitants, mon petit Frédéric est un mort en sursis. Ils doivent guetter chaque matin l'annonce de sa mort. Elle précéderait de peu le départ de ces *Franceses* qui ne vivent pas comme tout le monde et sont devenus encombrants et dangereux... »

Elle dit à Antonia :

— Si cela peut rassurer votre curé et ses paroissiens, dis-leur que notre départ est proche. Dans une semaine, vous serez débarrassés de notre présence. Que le diable vous emporte tous !

4

L'Île des Singes

Le printemps éclatait de toutes parts. Des prés tapissés de jonquilles, des amandiers par vagues, dévalaient les pentes des montagnes. Les abeilles bourdonnaient dans les orangers et les citronniers. Les passereaux avaient fait leur réapparition : ils attendaient sur la crête du toit les graines qu'on allait leur lancer ; parfois, un rapace plongeait du haut du ciel, en saisissait un dans ses serres et l'emportait. On respirait le soir, sur la terrasse, des odeurs de miel.

Les eaux printanières avaient de nouveau gonflé le torrent d'Avall que l'on voyait scintiller derrière les cyprès, et dont on entendait le grondement lointain dans le silence de la nuit. Il y eut, par ciel dégagé, quelques beaux clairs de lune.

Partir ? Renoncer à cette solitude paisible et laborieuse, à ce paysage qui évoquait la vallée d'Hébron ? Retrouver Paris, le pavé humide, les fiacres, les repas mondains ? Il le faudrait sans doute, mais ne pouvait-on retarder cette échéance, rester encore, quelques jours, quelques semaines ?

George confia à Amélie qu'elle ne savait quelle décision prendre.

— Je suis désemparée, soupira-t-elle. La santé de Chopin ne s'améliore pas et je sens qu'il s'ennuie. Moi aussi, par moments, je l'avoue. Eh oui, ma fille ! on peut s'ennuyer à mourir dans les plus beaux endroits du monde. C'est l'envers du paradis...

— Si je comprends bien, madame, nous devons nous préparer à partir ?

— C'est ça. Partir... Il faut bien s'y résoudre. J'aurais aimé rester quelques mois de plus, quelques années peut-être. Mon travail avance et les enfants se plaisent ici, mais nous ne pouvons y passer le restant de nos jours. Paris m'aurait vite oubliée. Et puis je supporte mal la bêtise et la haine de ces gens. Majorque serait le paradis sans les Majorquins. Ils vont sans doute saluer notre départ par une fête, avec guitares et castagnettes, comme pour célébrer la fin d'une épidémie.

Amélie s'inquiétait pour Chopin : comment supporterait-il le voyage ? George partageait cette inquiétude. Il se laisserait guider comme un infirme, sa main dans celle de George, incapable qu'il était, dans les circonstances difficiles, de prendre une décision. Pour le voyage en *birlocho* (cette « brouette », disait-elle), jusqu'à Palma, le pire était à redouter, plus que la traversée.

Elle écrivit au consul pour lui demander un ultime service : faire venir à la chartreuse une voiture confortable pour Chopin, et deux pour les autres passagers, les pianos et les bagages. La réponse la déçut : personne ne voudrait risquer la contagion ; de plus, il faudrait brûler la voiture ou risquer une forte amende...

Elle alla trouver le *campesino* qui lui avait vendu la chèvre et la brebis ; il accepta de les reprendre en minorant leur valeur. Pour le déménagement, on pourrait compter sur lui ; quant à la contagion, il était bien le seul à s'en moquer, d'autant qu'il compterait le prix fort pour son service.

Le départ fut fixé à la mi-février.

Valdemosa ne semblait déployer ses charmes que pour donner des regrets à la tribu. Ils comptaient les jours et les heures. Le soir, ils s'attardaient sur la terrasse. Parfois ils s'endormaient là, sous une couverture.

L'annonce de la revente de Carlotta et d'Ursule avait été un déchirement pour Solange. Elle fit un caprice, exigeant qu'on les emmenât en France ; devant le refus de sa mère, elle bouda durant trois jours et, ce qui témoignait de la profondeur de son chagrin, évita de paraître à table.

Maurice se montra plus raisonnable : il déterrait des bulbes de jacinthes et collectait des plantes pour en faire un herbier.

Le bruit du départ des *Franceses* avait couru le village, si bien que, le jour du départ, toute la population était présente sur la place pour assister à l'événement.

Les deux lourdes guimbardes louées au *campesino* n'étaient pas de la première jeunesse ; elles semblaient n'avoir pas quitté leur remise depuis l'empereur Carlos Quinto et l'âge d'or de la chartreuse. Dans l'une d'elles, on avait hissé les pianos : le Pleyel dans sa tenue de voyage et le pianino des Ripoll tout nu. Dans l'autre s'entassèrent passagers et bagages.

Lorsque Frédéric apparut, soutenu par George, un murmure courut dans les rangs des badauds. Des femmes et des enfants déguerpirent, d'autres se signèrent. Antonia et Riotord se tenaient à une fenêtre de la loge, le curé devant son église, comme pour la protéger des miasmes, tous silencieux et graves. George s'attendait à ce qu'on leur lançât des malédiction, voire qu'on les lapidât. Il n'en fut rien.

George, alors que les attelages s'ébranlaient, dit au voiturier :

— Allez doucement, je vous prie. Évitez les fondrières. Nous avons un malade parmi nous. Il craint les secousses.

Il respecta la consigne, si bien que les deux véhicules mirent trois heures avant d'arriver aux portes de la ville. Chopin supporta l'épreuve sans se plaindre, mais, lorsque la voiture ne pouvait éviter un accident de terrain, il serrait les mâchoires et s'accrochait au bras de George. Lorsqu'il se laissa aller contre elle, on crut qu'il allait pousser son dernier soupir ; il n'était qu'endormi.

Les deux guimbardes parvenues sans encombre aux portes de Palma, un douanier fit arrêter le cortège pour s'enquérir de ce qu'il transportait.

— Nos bagages, dit George. Vous pouvez vérifier.

— Et ces meubles, c'est quoi ?

— Deux pianos. Nous en ramenons un en France et l'autre restera à Palma.

— *Vale !* Il faut verser un droit d'entrée. Ça vous coûtera...

Il sortit un calepin de sa ceinture, marmonna quelques chiffres, annonça la somme. George blêmit et s'écria :

— C'est du vol ! Je n'ai pas cette somme.

Elle tenta de négocier, d'apitoyer le douanier sur la santé de Chopin (« le pianiste le plus célèbre de toute l'Europe ») et sur l'inquiétude des enfants. Il devait avoir entendu parler d'elle, Mme George Sand, « une romancière célèbre ». Il resta inflexible.

— Vous seriez la reine Christine et votre ami don Carlos, ça ne changerait rien. Le règlement, c'est le règlement.

Elle parla de faire intervenir le consul de France, M. Fleury ; le douanier ne connaissait pas ce monsieur et s'en foutait. Elle le traita de « pignouf » ; il répondit qu'elle faisait erreur, qu'il s'appelait López, matricule 325. Exécution !

Il aida à descendre les pianos sur la chaussée et veilla sur eux tandis que George se rendait à Illeta d'en Moragues, avec la ferme intention de confier à Fleury le soin de résoudre ce problème. Il lui baisa la main.

— Ainsi, dit-il, vous nous abandonnez ! J'espère que votre séjour...

— Notre séjour, monsieur le consul, nous en reparlerons. Pour l'heure, je me vois contrainte de payer un droit d'entrée pour mes pianos. Décidément, nous ne pouvons faire un pas dans cette ville sans qu'on exige de nous une redevance. À se demander si l'on ne va pas nous faire payer l'air que nous respirons !

— Je crains, soupira-t-il, de ne pouvoir rien faire pour vous.

Elle se laissa tomber dans un fauteuil, se mit à rouler une cigarette pour se calmer.

— Nous sommes perdus ! dit-elle en l'allumant. Nous avons été, durant notre séjour à la chartreuse, rançonnés et pillés par les indigènes. Malgré les avances que nous avons reçues ces jours derniers, il ne nous reste que l'argent nécessaire au voyage. Je serais même incapable de régler une chambre à la *Huerta del Rey*.

Il lui proposa, comme il l'avait fait à leur arrivée, de les héberger en attendant le départ du *Majorquin*. Elle accepta avec chaleur.

— Vous êtes notre Providence, monsieur le consul. Mais... ne craignez-vous pas la contagion ?

Il sourit dans la fumée de son cigare.

— Madame... Me croyez-vous à ce point attardé ?

Il ouvrit sa boîte à cigares, lui en offrit un.

— Un havane, dit-il avec un air de gourmandise. C'est meilleur que ce mauvais tabac que vous fumez...

Dans l'heure qui suivit, la tribu s'était installée au consulat, avec, pour Chopin, une chambre exposée au midi. George l'aida à se dévêtir. À demi inconscient, il réagissait comme un automate. À peine alité, il vomit du sang dans son mouchoir. George songea à faire appeler un médecin mais y renonça : elle connaissait trop bien les Diafoirus de Palma et n'avait pas l'argent nécessaire pour régler les honoraires.

— Les pianos ? dit-il. Que va-t-on en faire ?

— Ne t'inquiète pas, mon chéri. Ils ont souffert moins que toi du voyage et sont en sécurité.

Elle resta à son chevet, tandis que les enfants, accompagnés d'Amélie, visitaient le port et la cathédrale, dont Maurice fit quelques esquisses.

Au cours du souper, le consul informa George qu'un embarquement pour Barcelone était prévu pour le surlendemain.

— En cette saison, en raison des caprices du temps, dit-il, les navettes peuvent avoir du retard, si bien que vous auriez pu attendre des semaines.

Il lui parla des pianos.

— Celui de Ripoll ne pose aucun problème. Je vais le lui restituer. Quant au Pleyel, le mieux serait de le vendre sur place. Je vous donnerai l'adresse d'un banquier de mes amis, que cette affaire pourrait intéresser. Un piano de cette qualité, il n'y en a pas un seul dans cette île.

La démarche se révéla infructueuse. Le banquier se serait laissé tenter, mais acheter, même à bon prix, un piano sur lequel avait joué un phtisique... Impossible. Il avait des enfants...

Fleury trouva la solution : il possédait un piano de bonne qualité qu'il vendrait un bon prix, ce qui lui permettrait d'acheter le Pleyel. George bénéficierait d'une ristourne.

Affaire faite, à son grand soulagement, George dépouilla le courrier que le consul lui avait remis à son arrivée. Il y avait quelques lettres destinées à Chopin et un courrier de Buloz qui réclamait son retour : Paris l'attendait avec impatience ; des contrats à lui faire signer...

— J'espère, dit le consul, que vous ne garderez pas un trop mauvais souvenir de votre séjour.

Elle le remercia de son aide et ajouta :

— Je compte écrire une relation de ce voyage, monsieur le consul. Je l'intitulerai, en me souvenant de l'accueil des insulaires : *L'Île des Singes...*

Nohant : début été 1839

Il faut laisser Chopin terminer sa sieste, son chapeau sur le nez, les mains croisées sur sa poitrine, prier les enfants d'aller s'amuser ailleurs, et presque ordonner aux oiseaux de cesser de chanter et de se quereller.

Ils sont assis autour de lui, à l'ombre du tilleul, sur des fauteuils pliants. Nue sous sa robe de cotonnade à fleurs, les épaules dégagées, George balaie la chaleur avec son éventail majorquin, son demi-frère près d'elle, sa pipe aux lèvres. Quelques jours plus tôt, Hippolyte venu spécialement de son château de Montgivray a accueilli la tribu à son retour. George l'a serré contre elle en lui disant :

— Ben, mon colon, tu as encore forci ! Les côtelettes en moins, tu vas ressembler à Louis-Philippe...

Ce dimanche, il fait trop chaud pour aller chasser. Le matin, peut-être, et encore... Hippolyte rallume sa pipe, crache dans l'herbe.

— Aurore, tu m'avais promis...

— Quoi donc, mon chéri ?

— De me raconter ton voyage de retour. Ça fait des jours que tu me le fais attendre.

Elle soupire :

— Soit... puisque tu y tiens... Mais, avant, va chercher à la cuisine un carafon de vin rosé, deux verres, et mes cigarillos : tu les trouveras sur la console, dans le vestibule.

Il revient sans s'attarder, verse à boire à sa demi-sœur, pose le carafon dans l'herbe. Elle allume son premier cigarillo, en tire quelques bouffées, le jette : avec cette chaleur, le tabac a mauvais goût. En revanche le vin est frais.

— Tu as lu sans doute, dit-elle, l'histoire de Circé ? C'est cette magicienne qui a transformé en pourceaux les compagnons d'Ulysse. Eh bien, au cours de la traversée, de Palma à Barcelone, sur cet affreux rafiot, le *Majorquin*, j'avais l'impression d'être une nouvelle Circé, et que ce pauvre Chopin, plus mort que vif, était, lui, un nouvel Ulysse.

— Aurais-tu transformé l'équipage en pourceaux ?

— J'ai failli le croire. Il faut dire que le cochon est la première richesse des insulaires. Ils en exportent des quantités sur le continent. On en trouve là-bas sur toutes les tables. On en sert même en dessert : du porc en croûte !

On avait jeté le troupeau sur le pont. Il s'était répandu un peu partout, comme si l'on s'en servait pour boucher des trous. C'est tout juste si les voyageurs n'en trouvaient pas dans leur cabine.

— Imagine un peu, Hippolyte ! Des centaines de cochons vivants qui défèquent de peur, grognent et couinent au moindre roulis. Les gardiens qui les accompagnaient leur tapaient dessus à tour de bras avec des fouets, des bâtons, des barres de fer. Pas pour les faire taire, mais pour qu'ils oublient le mal de mer qui peut les faire crever. C'est ce que m'a expliqué le capitaine auquel je suis allée me plaindre. Sale type, ce capitaine...

La tribu sur le point d'embarquer, il avait enveloppé Chopin d'un regard suspicieux. Ils pourraient monter à bord, mais sans lui. Pas de malade contagieux sur son navire ! Sans la présence de Mme Fleury, venue accompagner les voyageurs, leur départ aurait été annulé. On lui donna la plus mauvaise cabine. À l'arrivée on ferait brûler sa literie, par ordonnance du roi Ferdinand : 6 octobre 1751. À ses frais, bien entendu...

— Cette traversée a failli être fatale à Chopin, ajoute George. Il n'était pas le seul malade à bord. Imagine un peu : la mer démontée, des vagues balayant le pont, l'odeur de la fiente, les cris des animaux torturés... L'enfer, Hippolyte, l'enfer... J'ai l'impression que Chopin ne s'est rendu compte de rien. Enfermé dans sa cabine, avec moi pour le veiller, il n'a repris conscience qu'à Barcelone, pour me demander des nouvelles de son piano. Quand il a appris ce qu'il était devenu, j'ai cru qu'il allait m'insulter. Il n'a rien dit, comme s'il était prêt à tout entendre. Il a manifesté la même indifférence que lorsqu'on a fait brûler sur le quai son matelas et ses draps.

En débarquant sur le quai, George aperçut un brick français de vingt canons : le *Méléagre.* Elle rédigea à l'intention du capitaine un billet qu'elle chargea Amélie de lui porter. Une heure plus tard, la tribu montait à bord avec armes et bagages. George eut l'impression d'avoir quitté une masure pour un palace : tout respirait le confort, sinon le luxe. Le capitaine leur fit un accueil digne de l'alcade de Barcelone. Le médecin du bord examina Chopin et le rassura : il n'était pas en danger de mort.

— Nous ne pouvions rester longtemps à bord d'un navire de guerre, ajoute George. Nous avons dû nous rabattre sur l'auberge des Quatre-Nations, où nous étions descendus à l'aller. Le patron ne nous avait pas oubliés. La vermine non plus, mais nous n'avions pas les moyens de loger dans un palace pour ambassadeurs. Nous nous en serions contentés si, le lendemain, une servante n'avait alerté le patron : elle avait trouvé des traces de sang dans le lit du *señor.* Nous n'avons coupé à l'expulsion que moyennant une forte somme, prélevée sur l'argent du piano. Nous sommes restés là une semaine, à nous morfondre, dans l'attente du navire qui nous conduirait à Marseille.

Ils revinrent à Nohant sans Amélie, après une scène pénible. Cette servante modèle annonça qu'elle ne supportait plus d'être à la fois domestique, cuisinière, garde-malade et commissionnaire. Revenue en France, elle comptait retourner dans sa famille. Elle réclama le paiement de ses gages en retard. Ce qui restait de l'argent du piano faillit passer dans sa bourse.

La tribu embarqua sur un navire français : le *Phénicien.* Elle y trouva des conditions plus agréables que sur le *Majorquin* : des cabines spacieuses et confortables, une nourriture soignée, des soins attentifs de la part du capitaine et du médecin. Tout cela pour un prix modique.

À Marseille, sur les conseils de Carlotta Marliani, ils trouvèrent un autre médecin, le docteur Cauvières. Prévenu par leurs amis, il les logea provisoirement dans sa maison de la rue de Rome. Non seulement il veillait sur la santé du malade, mais il allait promener les enfants. Son diagnostic était rassurant : il n'avait décelé aucune cavité dans les poumons, rien qui fût susceptible de provoquer des inquiétudes.

— Il nous a conseillé, dit George, de rester dans la région jusqu'à la fin du printemps plutôt que d'affronter le climat néfaste de Paris. Cette perspective m'enchantait, mais me troublait : nous n'avions plus, je te le répète, pour ainsi dire, que de la menue monnaie. Quand je l'ai confié à Cauvières, il m'a rassurée en me proposant son aide. J'ai refusé.

Elle ajouta brusquement :

— Hippolyte, tu bois trop !

— Pardon ?

— Je dis que tu bois trop et que tu dévores comme un Gargantua. Surveille-toi, nom de Dieu ! Tu vas devenir obèse, comme Casimir.

— Et toi, petite sœur, tu devrais fumer moins. Nous sommes quittes.

— Si je fume, ce n'est pas par plaisir, mais pour la concentration. Si je ne fume pas ou si je ne bois pas de café, les idées viennent mal ou pas du tout.

— À t'entendre, il semble que tu n'aies pas gardé un souvenir inoubliable de ton séjour à Majorque.

— Inoubliable n'est pas le mot, mon chéri. Je n'oublierai pas cette île. J'en suis partie à reculons, en la couvrant de malédictions, comme les anciens. J'ai fait un serment : ne plus parler de ma vie à un Espagnol !

— Tes amis, les Marliani, sont espagnols, il me semble. Tu vas donc les renier ?

— Ils sont tellement frottés de culture française qu'ils en sont méconnaissables. Carlotta surtout. Elle n'a que de lointains rapports avec les remueuses d'éventails de Palma, qui couchent avec leurs domestiques et vont à confesse.

Elle se redresse dans son fauteuil.

— Va dire à Solange d'arrêter de taper sur la piano. Ça va réveiller mon Chopinet, et il n'aime pas qu'on s'amuse avec son instrument.

À Marseille, le bon docteur Cauvières ne passait pas une journée sans rendre visite à son malade, à l'hôtel de la Darse, où ils s'étaient repliés pour ne pas abuser de son hospitalité. Il posait au malade des vésicatoires à base de camphre, offrait des friandises aux enfants et papotait avec George. Elle lui annonça son intention de louer, pour le temps qu'elle passerait encore dans la région, une bastide dans la montagne, proche de Marseille, pour retrouver l'ambiance de Valdemosa. Il l'en dissuada ; elle renonça et s'en repentit.

— Nous étions devenus, Chopin et moi, la proie des journalistes, des musiciens, des notables, des poètes qui déclamaient leurs œuvres en patois provençal... J'ai fini par leur fermer ma porte. La santé de Chopin était à ce prix.

Le nouveau roman de George, *Lélia,* et les derniers préludes de Chopin expédiés aux éditeurs, ils n'avaient rien d'autre à faire qu'à attendre l'arrivée des avances qui leur permettraient de quitter Marseille.

— Je n'aime pas cette ville de marins, de marchands et d'épiciers, dit George. Je la trouve faussement ancienne. Le mistral nous rendait fous. Pourtant Chopin y a trouvé son compte. Il s'est rétabli, a fait en ma compagnie des promenades sur la Canebière. Profitant de ces bonnes dispositions, je l'ai amené à Gênes.

— Quelle idée ! Tu connaissais cette ville.

— J'y ai séjourné avec Musset, mais j'étais trop malade pour la visiter comme je l'avais souhaité. Notre séjour ne m'a pas déçue. Chopin était radieux. Nous avons loué un coche à la journée pour nous y promener. Nous sommes allés à l'opéra entendre du *bel canto,* nous avons visité des jardins, des palais, des musées, écouté dans les auberges des barcarolles et des tarentelles Je préfère cette ville à Marseille, et même à Florence. Il est vrai qu'à Florence j'étais, là aussi, malade à crever. J'aurais aimé pousser jusqu'au lac d'Albano, où Liszt et Marie d'Agoult ont loué une villa où ils vivent comme des princes russes en exil. Entendre Chopin et Liszt jouer à quatre mains, quel rêve ! Il ne s'est pas réalisé. Il fallait revenir à Marseille.

Ils y avaient retrouvé le vent et la pluie. Comme elle sentait se réveiller ses rhumatismes, elle fit appel au docteur Cauvières, mais c'est surtout Chopin qui prenait soin d'elle.

— Mon petit Chopinet... Il m'a soignée avec autant d'attention que je l'avais fait pour lui. J'en ai pleuré d'émotion...

Le voyage de retour n'avait pas été de tout repos.

George avait couru quelques voituriers pour en trouver un qui consentît à les conduire jusqu'à Nohant, afin d'éviter l'inconfort et la promiscuité des chaises de poste et des diligences. Elle souhaitait rendre ce dernier trajet le moins pénible possible pour son compagnon et ses enfants. De guerre lasse, elle avait écrit à son fidèle Boucoiran pour lui demander de lui envoyer sa voiture de Nohant avec son cocher, le vieux Sylvain. On se rendrait en Berry par petites journées, en logeant dans des auberges, « comme de vieux bourgeois ».

Au moment du départ, le bon docteur Cauvières était venu leur faire ses adieux. Plus que des clients, c'étaient des amis qu'il perdait. Il mouilla de quelques larmes la joue de George.

LIVRE VI

1

Dans la chaleur de l'été

Malgré l'épaisseur des murs, et bien qu'on prît soin de fermer fenêtres et persiennes aux ardeurs de la matinée, la chaleur ne tardait pas à s'installer dans la maison. Après le dîner, George montait à sa chambre et s'endormait dans le bourdonnement des mouches et des frelons qui s'acharnaient contre le lustre en verre de Murano.

Un jour, alors qu'elle baignait dans la torpeur de sa sieste, allongée nue sur son lit encourtiné, une voix murmura à son oreille :

— George, fais-moi une petite place.

La silhouette de Chopin s'interposait entre le lit et la fenêtre tigrée de soleil donnant sur les cèdres.

— Mon chéri, tu es fou. Avec cette chaleur...

La voix se fit suppliante :

— Juste une petite place...

Ce sont les mots qu'il employait d'ordinaire lorsqu'il sollicitait une étreinte. Elle balbutia en s'écartant :

— Il ne faut pas te fatiguer, tu le sais. Le médecin t'a conseillé la modération.

— Ne crains rien, mais... si je t'importune...

— Tu es bête ! Allons, viens...

Il ôta sa chemise qui lui collait à la peau, s'allongea contre son corps frais et souple.

— Il y a longtemps, dit-il. La dernière fois, c'était...

— À Gênes. Tu avais abusé du vin blanc et il faisait chaud,

comme aujourd'hui. Tu t'étais surpassé, mon chéri, mais après, oh ! là là... Je me souviens. Une crise...

Il lui posa sur la bouche une main qui sentait le papier et l'encre ; il venait de copier une partition et lui exprimait à sa manière la satisfaction du travail réussi. Elle murmura :

— Doucement, mon chéri. On dirait parfois que tu montes à cheval pour donner l'assaut à une forteresse, alors que cette forteresse est toujours prête à s'ouvrir pour toi.

Il dit d'une voix haletante, en la pénétrant :

— Je t'en prie, mon Georgeot, ne dis plus rien. Tu parles toujours trop...

Elle se dit qu'il avait franchi le seuil qui séparait son mal d'une vie normale. Il portait encore sur sa peau des odeurs de fièvre, de pommade et de tisane, mais elles étaient de moins en moins perceptibles. Jamais elle ne l'avait senti aussi ardent, aussi généreux dans ses élans, soucieux de donner du plaisir autant sinon plus que d'en recevoir. Il l'avait possédée avec une lenteur et une âpreté de tigre.

Alors qu'il se retirait d'elle, George murmura, comme pour elle-même :

— Ré-sur-rec-tion...

Il lui demanda de répéter. Elle lui dit en riant :

— Ce n'est rien, mon chéri. Un mot en l'air. Reviens dans ta chambre et repose-toi. Je suis épuisée, et toi de même. Tu es en sueur.

Il éclata de rire, sauta hors du lit, se rassit sur le bord.

— Épuisé, moi ? Écoute plutôt...

Il se mit à fredonner, en jouant sur un clavier imaginaire, le thème vibrant et léger comme un vol d'alouette dans le soleil, de la composition qu'il venait d'achever.

— C'est un *allegro vivace,* dit-il.

Elle penchait plutôt pour un *scherzo sostenuto.*

— Un *scherzo sostenuto* ? Tu as peut-être raison. *La... si... la...* Je vous jouerai ce thème au piano, chère madame, quand vous aurez fini votre sieste.

Il lui embrassa les paupières, se répandit sur le corps l'eau du broc réservé à la toilette et s'épongea avant d'enfiler sa chemise.

Depuis le jour où ils étaient devenus amants, elle ne l'avait jamais vu dans un tel état d'euphorie. À Valdemosa, leurs rapports s'étaient raréfiés sans perdre de leur intensité, mais ces brèves étreintes la laissaient, chaque fois ou presque, insatisfaite, inquiète qu'elle était des conséquences sur la santé du « petit ».

Ce jour d'été, sans crier gare, il sortait de son apathie et niait les séquelles de sa maladie. Il l'avait fait jouir, oui ! mieux qu'avec le plus expert de ses amants, mieux qu'avec Marie Dorval. Elle l'avait mordu au cou. Elle avait crié.

Au soir de cette journée torride, après une joyeuse veillée au cours de laquelle on avait dansé, elle était remontée tard dans sa chambre, seule. Les fenêtres ouvraient sur un tiède clair de lune qui dispersait sa lumière dans les cèdres. Elle avait allumé sa lampe carcel et avait écrit à la plume, sur le mur, la date de ce jour faste : *19 juin 1839*.

Revenir à Paris ? Au cours de cet été, ni l'un ni l'autre n'en avait envie. D'ailleurs, leurs amis et leurs relations étaient loin de la capitale.

Lorsqu'elle songeait à ce retour inéluctable, George se demandait comment ils allaient s'organiser : chacun chez soi ou à la manière d'un couple ? Elle ne pouvait concevoir l'idée de le laisser abandonné à lui-même ou avec un valet, et de ne le revoir que de temps à autre. Leur intimité de Valdemosa ne pouvait déboucher sur une séparation dont l'un et l'autre pâtiraient. Leurs épreuves les avaient soudés, mieux que ne l'aurait fait un bonheur sans nuage.

Elle redoutait aussi que, sensible comme il l'était aux approches des femmes, il ne se laissât subjuguer par une de ces créatures qui lui rendraient visite : ces dames froufroutantes qui lui amenaient leurs filles. Sa maladie ne le protégeait pas de ces tentations ; elle pouvait même les exacerber. Sortir ses griffes, défendre son « petit » contre les manœuvres plus ou moins discrètes de ces femmes insatisfaites, elle ne pouvait l'envisager froidement. Ce dont elle était sûre, c'est qu'elle aurait l'œil sur lui, où qu'il pût se trouver.

En attendant le retour, ils travaillaient.

Le temps n'était pas compté à George. Elle n'avait plus, comme à Valdemosa, à s'occuper de sa maison, à veiller sur ses dépenses. Jules Boucoiran était là pour ça et, comme Mallefille avant lui, il prenait ses fonctions au sérieux. Chopin éprouvait-il une alerte ? En moins d'une heure, le médecin était à son chevet.

Elle mit la dernière main à la pièce de théâtre que lui réclamait Buloz : *Cosima, ou la haine dans l'amour*, mais, déjà, des idées de roman bourgeonnaient dans sa tête. Elle aurait voulu que les jours durent quarante-huit heures et l'été plusieurs saisons.

Chopin avait trouvé à Nohant le havre de paix propice à la création. Un jour, à l'heure du déjeuner, il dit à George en train de lui préparer ses tartines de confiture :

— Ce matin, en poussant mes persiennes, j'ai ressenti une étrange impression. J'ai cru me retrouver dans ma maison familiale de Zelazowa-Wola, dans la campagne proche de Varsovie. Il me semblait entendre la voix de ma mère parlant aux paysans, et au loin la musique qui accompagne la fête des moissons. Je m'attendais à voir paraître de grandes femmes blondes portant sur leur tête une gerbe de blé enrubannée, des enfants avec des fleurs piquées dans leurs cheveux. Je me souviens : on dansait sur la place du village jusqu'au lever du jour en s'enivrant de vodka... J'étais alors amoureux de filles qui s'appelaient Jadwiga, Pola, Wanda... Elles chantaient d'une voix claire comme une source.

Un matin, en descendant de sa chambre, il avait surpris dans la cuisine un manège de conspirateurs. Les servantes et le jardinier le regardaient en pouffant derrière leurs mains devant la batterie de casseroles en cuivre. Solange trépignait. Maurice souriait en regardant voler les mouches.

George lui prit la main pour le conduire jusqu'au salon.

— Pour toi..., dit-elle simplement.

Le piano Pleyel brillait dans la lumière du matin comme un trône attendant son souverain. Il chancela, s'accrocha à George en balbutiant :

— Un piano... un piano Pleyel... Je crois rêver ! Dis-moi que je ne rêve pas.

— Tu ne rêves pas, mon chéri. Il est arrivé hier. Nous avons profité de ce que tu étais en promenade avec Solange pour l'installer.

Ce matin-là, il oublia de déjeuner et joua toute la matinée, jusqu'à midi. George dut l'arracher à son tabouret. Plutôt que de s'abandonner à sa sieste quotidienne, il continua à jouer tout l'après-midi, ne s'interrompant que pour prendre du thé, ses remèdes, et faire quelques pas jusqu'à la chapelle du village.

Possédé par une fièvre de travail qui inquiétait George, il composa en quelques jours deux nocturnes, une sonate lente et grave comme une marche funèbre, et un scherzo. Il se sentait loin, pour son inspiration et sa création, de l'ambiance de Valdemosa, des accords maussades et des tempêtes mal maîtrisées qu'il plaquait sur le pianino des Ripoll.

George disait au médecin, après qu'il avait examiné Chopin :

— Alors, Gustave, comment as-tu trouvé mon « petit », ce matin ?

— Comme la dernière fois, ma chère. En tout cas en meilleure santé que toi. Ça veut dire quoi, ces rides, cette peau de vieille, ces cernes aux paupières ? Je parie que tu passes encore tes nuits à griffonner tes paperasses ! Repose-toi, tonnerre de sort !

— Que vas-tu croire ? Que je mène une existence de galérienne ? Je me promène, je fais du cheval, je vais me baigner tous les jours dans l'Indre et, si je travaille la nuit, je me réveille tard et je fais la sieste. Je suis bien obligée de travailler pour subvenir aux besoins de la tribu. Nous avons tous les jours dix à douze personnes à table. Si tu crois que les écus tombent du ciel comme des alouettes ! Je dois trimer, mon gars...

— Toujours est-il que je te trouve mauvaise mine. Je vais te faire prendre des remontants. Un julep gommeux, tiens...

— Fous-moi la paix, vieux sorcier ! Va plutôt ausculter Maurice. Ça n'a pas l'air d'aller très fort ces temps-ci.

— Il fait sa crise de puberté. Rien de grave.

— Et Solange ?

— Elle se porte comme une oie grasse. Elle est jolie mais elle tourne dondon. Faudra la surveiller. Elle bouffe trop, je te l'ai déjà dit.

— Pourtant, ce n'est pas faute de se donner de l'exercice. Elle nage, elle monte à cheval, elle grimpe aux arbres...

George était l'amie de Gustave Papet depuis le temps où, derrière un buisson, il faisait le guet pour favoriser ses rendez-vous avec Sandeau en l'absence de Casimir. Il possédait dans les parages un domaine et un castelet. Il repartait rarement le ventre vide.

Le mois d'août s'ouvrit en fanfare à Nohant.

On vit un soir débarquer sans prévenir deux vieilles connaissances : Albert Grzymala et Emmanuel Arago.

Ce dernier était le fils de François, un savant chargé au début du siècle par le Bureau des longitudes de mesurer l'arc du méridien terrestre jusqu'à l'archipel des Baléares. Son fils s'intéressait plutôt à la politique : il manifestait une foi laïque et républicaine inébranlable, si bien qu'il passait aux yeux des sbires royaux pour un dangereux agitateur. Plus jeune que George de huit ans, il semblait attendre son heure. Si l'on en croyait ses pairs, elle ne tarderait pas à sonner. Elle l'appelait, Dieu sait pourquoi, Bignat. Il devait peser son quintal.

Durant la quinzaine qu'ils passèrent à Nohant, l'ambiance

de la maison fut comme exaltée. C'était une fête perpétuelle à laquelle participait toute la maisonnée. Outre ses activités politiques, Bignat écrivait des vaudevilles pour les théâtres des boulevards. À la veillée, il organisait de petites scènes de comédie satirique.

Le départ de ces deux joyeux drilles replongea la demeure dans sa torpeur estivale, malgré les visites qui se poursuivaient : celles, notamment, des anciens amis de George, venus mettre les pieds sous la table sans bourse délier. Chopin supportait mal leurs manières, leurs propos vulgaires, leurs histoires grivoises, leur indifférence à la musique et à la littérature. Il se demandait quelles affinités les liaient à George.

Attristé par le départ de Grzymala, il fit une rechute, avec des délires qui rappelaient, en moins violents, ceux de Musset et cet « étranger vêtu de noir, qui lui ressemblait comme un frère », dont le poète parlait dans une de ses *Nuits*.

George et Frédéric avaient parfois, l'un vis-à-vis de l'autre, des comportements singuliers.

Autant, dans la vie de tous les jours, ils semblaient proches l'un de l'autre et tendrement épris, autant, dès que le travail les possédait, ils devenaient étrangers. Ils s'enfermaient, lui dans son salon, au clavier, elle dans sa chambre, devant ses plumes et son encrier. Ils s'entretenaient peu de leur travail, comme s'ils avaient à en protéger le secret. Commençait-il à lire un roman de George ? Il lui tombait des mains au bout de quelques chapitres. Elle se plaisait à écouter ses dernières compositions, mais, dès qu'il l'entreprenait sur sa technique, elle perdait pied et bâillait.

Au fond, qu'importait ? Une intrusion plus profonde dans leurs domaines réservés eût peut-être entraîné des frictions susceptibles de dégénérer en mésentente.

Au cours d'un déjeuner, il dit à George :

— J'ai reçu ce matin une lettre de mon copiste. Il vient de terminer l'aménagement que je lui ai confié de mon nouveau domicile, rue Tronchet. Il sera plus vaste et mieux aménagé que celui de la Chaussée-d'Antin, que tu as bien connu.

George sentit son cœur se serrer comme sous l'effet d'un vulnéraire. Elle laissa choir la tartine qu'elle lui préparait. Ses mains se mirent à trembler.

— Ce que tu m'annonces, dit-elle, c'est la fin de notre séjour à Nohant. Quand souhaites-tu partir ?

— Rien n'est encore fixé, mais nous ne pouvons nous éterniser ici, tu en as bien conscience. Je m'y plais beaucoup et mon travail s'en ressent, mais ma présence à Paris devient nécessaire. Tu le sais comme moi : loin de Paris, nous nous faisons oublier. Mais, si cela peut te rassurer, mon appartement ne sera pas prêt avant plusieurs semaines.

« Danger provisoirement écarté... », se dit-elle.

Elle reprit la tartine pour l'enduire de confiture à la framboise.

2

Les eaux mortes de l'amour

En pénétrant pour la première fois dans son appartement de la rue Tronchet, Chopin dut être déçu. Le quartier de la Madeleine était animé, sans risquer de troubler ses méditations et son travail, mais son logis lui rappelait la villa de *S'on vent*, par son humidité et sa mauvaise orientation. Il se dit qu'il n'y resterait pas longtemps sans risquer d'y mourir à petit feu.

En revanche, Fontana avait respecté ses consignes pour la décoration intérieure : du papier et des rideaux gris tourterelle pour le salon réservé au piano, blancs pour sa chambre, ainsi que la disposition du mobilier. Surtout, lui avait dit le pianiste, rien qui « fasse épicier ».

Invitée à visiter cet appartement, George témoigna de son indignation.

— Comment Fontana a-t-il pu ignorer qu'il te faut de la lumière et de la chaleur, que l'humidité t'est néfaste ? Je vais lui passer un savon dont il se souviendra !

Elle avait renoncé aux appartements de fortune, indignes d'abriter un auteur qui allait être joué au Théâtre-Français. À sa demande, Grzymala s'était mis en campagne. Il lui avait découvert, au 16 de la rue Pigalle, deux pavillons entourés d'un jardin. En attendant que l'un d'eux fût habitable, Carlotta Marliani lui proposa de l'héberger au square d'Orléans, rue des Petits-Augustins. Elle s'étonna que son amie pût envisager de vivre sans Chopin, et demanda s'ils avaient rompu. George la détrompa : ils auraient leur indépendance, sans renoncer à se voir.

Ils se voyaient plusieurs fois par semaine pour courir les antiquaires, les brocanteurs, et dépenser sans compter dans les boutiques de luxe. Au retour de leurs prospections, ils dînaient ou soupaient ensemble, et parfois ne se quittaient pas de la nuit. Ils avaient trouvé un consensus pour assurer l'équilibre de leurs rapports. George faisait en sorte qu'il ne manquât de rien, à commencer par ces bouquets de violettes dont il aimait s'entourer, en souvenir de Maria Wodzinska, qui en portait souvent sur elle. George passait plus de temps chez lui que chez son amie.

Une ombre au tableau : la jalousie de Chopin. Toutes ces relations masculines qu'elle allait découvrir ou retrouver le rendaient soupçonneux. Si Musset la croisait de nouveau, n'allait-elle pas renouer avec lui ? Elle en riait ou le rabrouait :

— Si tu crois que j'ai le temps ou l'envie de penser à la gaudriole... Mon pauvre chéri, tu sais bien qu'il n'y a que toi dans ma vie. Toi et mes enfants. D'autres aventures ? Dieu m'en garde...

Elle s'attacha à rendre habitable et coquet son pavillon de la rue Pigalle. Avec ses grands arbres peuplés d'oiseaux, ses hauts murs couverts de chèvrefeuille limitant le jardin, son silence, il lui convenait en tous points. Elle témoigna sa gratitude à Grzymala et lui promit de l'inviter quand tout serait en place.

Chopin avait pris en grippe Marie Dorval. Lorsqu'il apprit que George venait de l'imposer dans le rôle de Cosima, il bougonna :

— Cette femelle ! toujours elle ! À t'entendre, on pourrait croire qu'elle seule peut incarner Cosima. Je la déteste. Elle a moins de talent qu'on le dit. Elle est grosse et laide.

George réagit avec la vigueur des accusés pris en défaut.

— C'est ton avis. Ce n'est pas le mien. Marie jouera Cosima. Tes arguments sont absurdes. À moins... à moins que tu n'aies un autre grief que tu n'as pas le courage de me dire. Regarde-moi en face et dis-moi ce que tu crois, *vraiment* !

— Je sais ce que je sais, dit-il d'un air sombre. Elle et toi, il y a quelques années... Tout Paris était au courant.

Elle ne s'en défendit pas. Marie avait été pour elle une amie très chère.

— Il est vrai que nous nous sommes aimées. Et alors ? Elle est arrivée à point nommé pour me consoler des caprices et de l'ignominie de Musset. Est-ce que tu peux comprendre ça, innocent ? Quant à m'en repentir, n'y compte pas !

C'est lui qui fit sa contrition, ajoutant, penaud, que cette jalousie était de sa part une preuve d'amour.

— Je sais, dit-elle. Et toi, tu es le grand amour de ma vie. Es-tu satisfait ?

Il lui répondit par une telle avalanche de caresses qu'elle ne le quitta pas de la nuit.

George se jeta avec fièvre dans l'aménagement de son nouveau logis. Elle s'installerait dans un des pavillons, avec Solange et les domestiques, Maurice aurait son atelier dans l'autre. Avec Chopin.

Carlotta, à qui elle fit part de ce projet, sursauta.

— Avec Chopin, dites-vous ? Il n'est pas à la rue, que je sache.

— Non, mais c'est tout comme. Passer l'hiver rue Tronchet, c'est risquer de nouvelles crises. Ici, il sera à l'abri. Il aura ce qui lui est le plus précieux pour sa santé et son travail : le calme et la lumière.

Dès les premiers frimas, comme les migrateurs, Chopin quitta sa garçonnière insalubre de la rue Tronchet pour émigrer rue Pigalle. Il trouva le lieu à sa convenance et accepta sans barguigner la présence de Maurice au premier étage de son pavillon. George avait fait la leçon à son fils :

— Tâche de supporter Chopin, même si ses leçons de piano te dérangent. Je suis persuadée que vous vous entendrez bien, comme à Valdemosa.

Maurice avait mis un frein à la jalousie instinctive qui l'avait dressé contre Chopin. Il n'avaient plus qu'un seul motif de controverse, d'ailleurs sans orages : leur opinion sur le peintre Eugène Delacroix, ami de George, qui l'avait reçu à Nohant. Maurice admirait le caractère violent de ses œuvres ; Chopin les jugeait bâclées. Delacroix avait fait le portrait de la romancière, sans qu'on pût déceler entre eux la moindre intimité suspecte.

Peu à peu le pavillon de George prenait une tournure agréable.

Lors d'une première visite, Balzac le trouva à son goût et, dès le lendemain, en fit part à Mme Hanska. Le tapissier Touzelin avait accompli des miracles de goût, dans une tonalité café au lait. Balzac avait surtout admiré le mobilier de chêne richement sculpté, la note exotique du salon, les grands vases chinois débordant de fleurs. Il avait moins apprécié la chambre située à l'étage, peut-être parce qu'en raison de son embonpoint il s'était essoufflé dans l'escalier de meunier par lequel on y accédait. Il s'était montré surpris de trouver, à la place d'un lit, deux matelas posés à même le parquet, « à la turque », et un mobilier des plus sommaires.

Ils bavardèrent en buvant du champagne. Balzac lui parla de ses derniers romans, qu'il avait appréciés, mais avec des réserves : trop de digressions fastidieuses, une fâcheuse propension à développer des idées philosophiques qui risquaient de lasser le lecteur...

— Avouez-le, maître, dit George : vous trouvez mes romans ennuyeux !

Il ne la démentit pas. Elle ajouta :

— J'en ai conscience, mais je refuse la facilité. Écrire pour les grisettes et les petites bourgeoises ne me tente pas, même si je devais y trouver mon profit. J'écris avec ma tête, ma chair et mon sang. Mes éditeurs me le reprochent. Ils voudraient des romans qui ruissellent de bons sentiments, ou bien de sang et de larmes. Ils souhaitent que j'écrive comme Eugène Sue. Dieu m'en garde !

Voir s'amenuiser le nombre de ses lecteurs était pourtant le pire qui pût lui arriver. Écrire était son métier. Les revenus de son domaine n'auraient pu la faire vivre comme elle le souhaitait. Elle aimait la campagne, mais pas pour s'y enterrer. Il lui fallait de l'argent, toujours plus, mais pas au point de satisfaire à la facilité ou aux compromissions. Lorsque Buloz lui avait proposé de solliciter du ministre une avance sur *Cosima*, elle avait regimbé.

— Je refuse quelque secours officiel que ce soit, d'où qu'il vienne et quelle que soit ma situation. Je veux garder mon libre arbitre et défendre les opinions que vous connaissez : celles d'une républicaine.

Il avait rétorqué :

— En agissant ainsi, vous risquez de vous mettre à dos les lecteurs de la *Revue*. Ils vous trouvent suspecte et certains, à la lecture de vos romans ou de vos articles, nous renvoient leur abonnement. Tenez ! avec votre *Spiridion*... Oser annoncer la fin du christianisme traditionnel ! Vous avez soulevé des tempêtes dans les bénitiers. Avec *Cosima* pour le théâtre, je crains des réactions violentes. Attaquer le mariage, c'est risquer d'ébranler la société. Je vous ai soutenue et publiée depuis trop longtemps pour renoncer à vous défendre, mais je crains d'avoir à le faire si vous persistez dans la provocation.

À quelques jours de cette semonce, George dit à Carlotta :

— Ma chérie, je suis lasse de me battre pour des idées que le plus grand nombre réfute. Je suis seule contre une armée ! À certains moments je me sens vieille et inutile, au point que la plume me tombe des mains. Mais voilà : je ne puis renoncer. C'est plus fort que moi.

George dut pourtant, en diverses occasions, faire une entorse à ses principes.

Si Chopin détestait les salles de concert, il acceptait volontiers de jouer en privé, dans des maisons bourgeoises où l'on côtoyait davantage de bien-pensants que de révolutionnaires. George le suivait et veillait sur lui.

Ils étaient reçus dans des familles titrées, montaient des escaliers de marbre encadrés de valets en livrée tenant des chandeliers, étaient accueillis par de grandes bourgeoises ou des marquises, des messieurs en frac à basques « queue de morue », monocle à l'œil et cigare aux lèvres. Cette belle société toisait avec une condescendance un brin narquoise ce garçon vêtu à la dernière mode, qu'on disait poitrinaire, tenu au bras par cette dame en robe noire, sans bijoux, qui aurait pu passer pour sa mère malgré la fraîcheur de son teint.

Ces concerts ne réunissaient, en général, qu'un public réduit. Le grand salon plongé dans le silence et la pénombre, lumières voilées, créait autour de l'artiste une ambiance de vénération et, pour certaines femmes, de convoitise. Ces moments, qui tenaient de l'intimité et de la ferveur, sublimaient le génie de l'artiste. Devenu Orphée au milieu d'un cercle d'Eurydices, il éveillait des passions refoulées.

Il revenait de ces soirées dans un état second, épuisé, les traits tirés, comme habité encore par sa musique, se plaignant à George d'imperfections imaginaires dans l'exécution de telle polonaise ou de tel nocturne.

Lorsqu'il reçut de la famille royale une invitation à jouer au château de Saint-Cloud, un soir d'octobre, il jubila. C'était une consécration sur laquelle il ne comptait pas. Elle refusa de l'accompagner : si c'était un honneur pour lui, c'eût été, pour elle, une trahison. Il insista : si elle persistait dans son refus, il renoncerait. Elle accepta, quitte à essuyer les reproches de ses amis politiques. Ils lui en firent grief, mais sans plus.

Cosima s'annonçait sous de mauvais augures.

Marie Dorval passait ses vacances dans le Midi et ne semblait pas pressée d'affronter la scène. Buloz se montrait sceptique quant à l'accueil du public : il considérait cette pièce comme un brûlot contre les institutions, redoutait une action des ligues de vertu et une nouvelle bataille d'*Hernani*.

Pour « faire la salle », George battit le rappel de ses amis et de ses relations, les Berrichons et les Parisiens. Certains s'empressèrent ; d'autres s'abstinrent. Il n'y eut pas de cabale, mais ce fut pire : la pièce ne recueillit qu'indifférence et froideur, si bien qu'elle ne resta pas longtemps à l'affiche. George se dit qu'elle ne devrait plus compter sur le théâtre pour affirmer son talent. Au propre comme au figuré, elle tira le rideau.

Si elle avait compté sur les recettes pour renflouer ses finances, elle aurait dû en rabattre. Sa situation devenait dramatique. Consciente de devoir modérer son train de vie, elle vendit, pour honorer ses dettes les plus criantes, sa calèche, son attelage, quelques objets d'art, se priva d'une femme de chambre et de son cocher. Un crève-cœur.

Nohant lui coûtant plus cher que Paris, elle refusa d'y séjourner, du moins le temps de décourager les parasites qui s'y incrustaient, parfois durant des semaines. Hippolyte lui envoyait des signaux de détresse : on abusait de sa générosité en son absence, on la volait, on la pillait. La vente de terres et de quelques arbres n'était qu'un pis-aller. L'argent recueilli disparaissait comme dans le tonneau des Danaïdes.

Si seulement elle avait reçu quelque satisfaction de la part de ses enfants... Ils la décevaient, mais elle s'estimait responsable, pour ne leur avoir donné qu'une éducation et un enseignement aléatoires. Six heures de travail par jour, n'était-ce pas suffisant ? Ça ne l'était pas. Il leur aurait fallu un précepteur, mais elle n'en avait pas les moyens. Maurice avait refusé de réintégrer le collège et il était inconcevable d'y placer Solange : elle y aurait fait scandale par ses humeurs et ses caprices.

Après les chèvres, Solange s'était prise de passion pour les chiens. Elle adoptait des corniauds abandonnés, que sa mère expulsait, le sien, Pistolet, et celui de Chopin, Mops, lui suffisant. Elle se refusait à transformer la maison en chenil et le jardin en crottoir.

George eut du mal à faire renoncer Solange à cette lubie. Son besoin d'affection dévia vers Chopin. À douze ans, elle ne manquait pas de charme et en avait conscience. Elle en usait envers lui, avec un brin de coquetterie et de perversité, s'asseyait sur ses genoux, l'embrassait dans le cou, lui faisait des confidences, restait des heures à l'écouter, assise sur le tapis, contre le piano.

Maurice, pour s'affranchir de la tutelle de sa mère, désertait souvent le pavillon pour se rendre chez son père, à Guillery. Il y menait une existence de gentilhomme-farmer, passait des heures à chasser, le reste du temps à griffonner des esquisses, à peindre ou à dormir. Il avait renoncé à ses études et ne donnait des nouvelles à sa mère que par des billets d'une navrante brièveté. Il venait d'avoir dix-sept ans.

Entre George et Frédéric passaient des ombres.

D'un lieu à l'autre, du pavillon littéraire au salon de musique, il n'y avait que quelques enjambées, mais elles se faisaient de plus en plus longues. Leurs vies avaient pris de la distance. Ils osaient de moins en moins dépasser les limites implicites qu'ils s'étaient fixées. La pelouse était devenue une sorte de *no man's land* que seuls les deux chiens dédaignaient. Ils servaient de prétexte à des rencontres entre les repas, qu'ils partageaient encore.

— Sais-tu, disait George, où est passé Pistolet ? Je ne l'ai pas vu de la matinée.

— Sans doute avec Mops. Ils sont inséparables.

Les silences de Chopin... Il semblait parfois, au cours d'un repas, s'abstraire du reste des convives, oubliant de manger, pianotant sur le bord de la table, ne se mêlant à la conversation que lorsqu'on l'interrogeait sur sa musique, mais répondant à tort et à travers. Habité par sa dernière œuvre en gestation ? Sans doute. Par le *za* ? Peut-être. Par cette fille de financier devenue depuis peu son élève ? Ce n'était pas impossible.

Lorsqu'ils avaient des invités et qu'elle le voyait en train de naviguer sur un nuage, George lui poussait la jambe sous la table. Il sursautait, reprenait pied dans la réalité, s'excusait. Il avait consenti à ouvrir une fenêtre, mais il la refermait aussitôt.

George revit Musset par hasard. Ils avaient été invités à un repas donné par Buloz.

Sainte-Beuve était présent, la bedaine avantageuse, le visage fleuri d'un sourire de notaire, dans un cercle de collaborateurs et d'amis de l'éditeur. Au moment de passer à table, George redouta qu'on ne la fît asseoir à côté du poète ; elle en fut suffisamment distante pour ne pas être dans l'obligation d'échanger une conversation.

Elle le trouva changé. Son visage avait pris des boursouflures et une pâleur de cierge. Sa chevelure, jadis blonde et bouclée, s'était aplatie comme une galette, avec quelques traînées grises. Ses paupières s'étaient alourdies. Il semblait porter sur son visage les sentiments de désespoir qu'il exprimait dans ses poèmes. Le séducteur qu'il avait été semblait une ombre sortie de ses *Nuits.* George se souvenait de ce qu'il disait en parlant de lui : « Je suis gai comme un catafalque... »

De toute la soirée, ils n'échangèrent pas un mot. À peine, de temps à autre, à la dérobée, un regard. À la fin du repas, quand il s'inclina cérémonieusement devant elle en l'appelant « madame », elle constata que ses cheveux se raréfiaient et que sa main tremblait. Elle lui répondit d'un simple sourire.

Cette rencontre aurait pu la bouleverser ; elle ne fit que susciter en elle des frissons rétrospectifs et quelques images qui se télescopaient : Venise... ce spectre qui avait demandé le secours de sa main pour sortir de la gondole qui l'avait conduit à Mestre... le sinistre Lido...

Ce soir-là, de retour rue Pigalle, elle trouva Chopin et Solange en tête à tête dans le salon. Lui caressant Mops allongé sur ses genoux, elle en train de lire le *Magazine des enfants*, Pistolet à ses pieds. Du bout des lèvres, Chopin lui demanda comment s'était passée sa soirée et qui elle y avait rencontré. Elle lui parla de Musset sans éprouver de gêne, et ajouta que, pour elle, il était aux oubliettes.

Il soupira :

— Aux oubliettes... Moi aussi, un jour, tu m'y jetteras.

Elle protesta. L'oublier ? Allons donc ! Ce serait impossible.

— Et si je meurs ?

— Si tu meurs, ce ne pourra être que dans mes bras. D'ailleurs je mourrai sans doute avant toi.

Elle ajouta d'un air joyeux :

— Eh bien, les amoureux, je vais vous laisser pour aller travailler.

— Je comptais, dit Chopin, te faire entendre ma dernière composition. Un nocturne qui...

— Pas ce soir, mon chéri. Demain, il fera jour.

Sa chambre. Une petite table, la boîte à cigares près d'un bouquet de plumes et de l'encrier, une liasse vierge de papier bleuté, le verre d'eau sucrée, la théière... Ses personnages l'attendaient. Autant de destins suspendus, comme dans ce jeu d'enfant où les partenaires, après avoir exécuté un mouvement de danse, se figent dans leur dernière attitude.

Elle allait retrouver les personnages des *Compagnons du tour de France*, un roman qui bouleverserait des idées préconçues, jetterait une lumière nouvelle sur le monde mystérieux du compagnonnage qui vise à redonner sa noblesse au travail manuel.

Elle allait retrouver ce soir Pierre Huguenin et le « Beau Corinthien », deux héros de la confrérie, ainsi que le comte de Villepreux, sa petite-fille Iseult, la belle marquise... Tous ces personnages baignés dans une ambiance feutrée, propice aux intrigues, d'une bâtisse seigneuriale. Elle passa ses personnages en revue et remit en marche le mécanisme de la création.

Elle remettrait ce manuscrit à Buloz dans une semaine, à un ou deux jours près. Elle lança à haute voix :

— Si ça ne lui convient pas, à ce vieux filou, je lui envoie mon manuscrit à travers la gueule...

Un soir, au moment de passer à table, Chopin parut en proie à une agitation insolite. Habituée qu'elle était à ces humeurs changeantes, George n'y attacha guère d'attention.

Elle avait bien remarqué, depuis quelques jours, qu'il avait cessé de composer pour ne jouer que des partitions de Bach, de Mozart ou de Schumann.

Il avait à peine achevé son potage qu'il dit en s'essuyant les lèvres :

— J'ai fini par accepter la proposition de Camille Pleyel. Un concert est prévu pour le 26 avril.

George répondit d'un air pincé :

— Tu m'en vois ravie. Pourtant, tu aurais pu m'en parler plus tôt. La date est toute proche.

— Si je ne t'en ai rien dit, c'est que j'hésitais à accepter. Tu sais que pour moi c'est une épreuve redoutable. La foule m'impressionne au point que je risque de perdre mes moyens. Une fausse note, une dissonance, et je perds la tête. Tu imagines quel supplice pour moi.

— Tu aurais eu tort de refuser, mais il n'est peut-être pas trop tard.

— Si. Les affiches et les programmes sont à l'impression. D'ailleurs, comprends-moi : je ne puis vivre à tes crochets jusqu'à la fin de mes jours.

Elle maîtrisa sa colère pour répondre :

— À mes crochets ? Il me semble que tu paies ta part de loyer et que tu participes aux frais divers. Je vois autre chose dans ta décision : tu souhaites reprendre ton indépendance, comme Maurice. Je vous pèse donc tant ?

Il rougit, blêmit, se trémoussa sur sa chaise, protesta que telle n'était pas son intention, mais qu'il n'apportait pas suffisamment de ressources à leur vie commune. Ce concert allait donner à leur couple une aisance nouvelle.

Elle protesta :

— Alors, pourquoi tous ces secrets ? Crois-tu que j'aurais pu te déconseiller ce concert ? Je m'en réjouis, au contraire. Ce sera un triomphe, j'en mettrais ma main au feu.

La satisfaction qu'elle manifestait à le voir sortir de sa coquille était assombrie par une appréhension : la célébrité qu'allait lui attirer ce concert n'allait-elle pas l'éloigner d'elle ? Ne serait-il pas pour lui le seuil d'une nouvelle existence et pour elle la fin d'un grand amour ? Fragile qu'il était, naïf, mal préparé à affronter les pièges de la vie mondaine, il risquait d'y sombrer.

Elle répéta en pétrissant une mie de pain :

— Oui, je te le souhaite de tout cœur, mon chéri. Ce succès, tu l'auras mérité.

Camille Pleyel avait bien fait les choses. Le Tout-Paris des arts et des lettres se pressait dans la grande salle de concert lorsque l'artiste parut, un peu gauche, pâle dans son habit blanc. Il avait rencontré en coulisses Franz Liszt qui, connaissant sa timidité, l'avait réconforté.

— L'angoisse du premier concert, mon ami, nous l'avons tous connue. Allez-y hardiment. Dès les premières mesures, une fois dans le cœur de la partition, le reste suivra et vous finirez par oublier la salle.

Chopin joua divinement, sans avoir éprouvé la moindre gêne, du moins en apparence. Il eut des rappels, toute la salle debout pour des applaudissements interminables. Des mouchoirs voletaient, des femmes pleuraient.

À la sortie, George trouva sur le trottoir un Grzymala exalté, brandissant sa canne comme une épée, la moustache humide de larmes. Il recevait les compliments de ses compatriotes comme s'il eût été le père du virtuose. Elle lui proposa de faire quelques pas.

— J'ai parfois l'impression, dit-il d'une voix étranglée par l'émotion, que le triomphe de Frédéric est un peu le nôtre, le vôtre surtout, pour être juste. Vous l'avez couvé comme une mère poule, soigné, sauvé peut-être. Il est conscient de votre sacrifice. Il me l'a écrit.

— Que va-t-il faire à présent qu'il a le pied à l'étrier ? On va lui faire d'autres propositions, en France et à l'étranger. Va-t-il parcourir l'Europe, comme Liszt ? Refuser serait renoncer à sa carrière.

— Vous l'accompagnerez.

— S'il me le propose, pourrais-je refuser ? Il a besoin de moi comme moi de lui.

Avant leur départ pour les Baléares, Grzymala avait demandé à son ami s'il n'envisageait pas un mariage avec George. Il lui avait rappelé un proverbe polonais : « Avant de partir pour la guerre, fais une prière. Fais-en deux avant de t'embarquer sur la mer. Fais-en trois avant de te marier... » Non, il ne tenterait pas l'aventure. Il avait failli en passer par là avec la petite Maria Wodzinska, mais, à la réflexion, il eût été difficile de concilier la carrière de la cantatrice qu'elle était devenue, avec celle d'un mari pianiste de concert : trop de voyages, de séparations, d'accrocs dans la robe nuptiale...

George, elle, y avait songé, mais, séparée de Casimir, elle n'en était pas pour autant bouleversée, et, l'un comme l'autre, n'envisageaient pas d'en venir à cette extrémité. Elle formait avec Frédéric un couple solide, fondé sur l'amour et l'affection. De là à envisager un lien plus étroit...

En cette année 1841, un mouvement de balance parut régler leur vie commune. À l'ascension fulgurante de Chopin répondait en négatif l'insuccès de George.

Elle ne s'attendait pas au coup que venait de lui porter

François Buloz : le refus de son dernier roman, *Les Compagnons*, et d'une bluette destinée à faire oublier l'insuccès de *Cosima* : *Anzoletto*, qu'elle avait écrit en une semaine. Elle n'échapperait pas au procès dont il la menaçait pour avoir rompu leur contrat, et aurait à rembourser les avances, alors qu'elle tirait le diable par la queue. La *Revue indépendante*, fondée par ses amis républicains, accepta de publier les ouvrages refusés, mais elle n'en tirerait qu'un maigre profit.

Elle s'enferma à double tour pour écrire *Consuelo*, à raison d'une vingtaine de pages par jour.

Le début de ce roman la ramenait à Venise. Elle promena son héroïne, une fille de Bohême, au milieu d'un décor puisé dans ses souvenirs. Fantômes, chers fantômes... Les pluies grises de l'hiver sur la lagune semblaient imprégner sa feuille et diluer son encre, une brume grasse envelopper ses personnages. La fatigue occasionnée par ce travail s'accompagnait d'une émotion subtile : il énervait sa main et lui arrachait des gémissements de plaisir. Consuelo, devenue cantatrice à l'opéra de la Fenice, donnait la réplique au jeune pêcheur Anzoletto, avec, en coulisses, une réplique de Chopin, attentif au respect de la musique et du chant. Anzoletto, jaloux des succès artistiques et amoureux de Consuelo, la suivait en cachette dans les rues de la cité...

Une image de son séjour à Venise l'obsédait : Musset, pâle comme un cadavre, encore fébrile, enveloppé dans sa cape de pluie sur le quai de Mestre, dans l'attente de la diligence. Il tenait à peine debout et son regard semblait porter encore les reflets de ses délires nocturnes, de ses terreurs d'enfant. Elle se disait : « Mon Dieu, pourquoi l'ai-je poussé à quitter Venise ? Était-il devenu importun au point de lui imposer ce long voyage solitaire ? Pour rester seule avec Pagello ? Triste calcul. L'air de Paris a soufflé notre amour comme une bougie ! Ah ! folle... folle que tu es ! »

Elle prêtait à Consuelo des traits d'une nouvelle amie : la cantatrice Pauline Viardot, qui partageait quelques affinités équivoques avec Marie Dorval. Sœur de María de la Felicidad

García, qu'on appelait la Malibran et que Musset avait célébrée dans un poème, elle lui avait emboîté le pas dans l'art lyrique.

George l'avait invitée un été à Nohant, avec son mari. La maison, des heures chaque jour, avait retenti de musique et de chant comme un conservatoire. Tandis que George couvait Pauline d'un regard de convoitise, Maurice, qui en en avait fait son égérie, la croquait dans toutes ses attitudes, en attendant de le faire, peut-être, pour de bon.

Au cours de ce même été, Chopin avait fait grise mine en voyant surgir, entouré de quelques acolytes, un gros homme à face léonine, mal soigné, avenant comme la porte de Sainte-Pélagie : Pierre Leroux.

Avant de militer dans les partis d'opposition, cet ancien typographe avait inventé une machine dotée d'un clavier et qui fondait des lignes de plomb : le Piano-Type. Devenu journaliste, il avait lancé, avec le soutien financier de George, la *Revue indépendante*, et, à Boussac, dans la Creuse, une « Imprimerie égalitaire ». Il professait une religion : celle de l'homme, et plaçait la société au-dessus de la famille, de la patrie et du profit. Ses amis l'avaient érigé en prophète des temps futurs, mais s'interrogeaient sur la pérennité de son organe de presse qui, malgré la collaboration de George, végétait.

À près de quatorze ans, Solange était déjà une adolescente et faisait, disait-on, « plus que son âge ». Solide comme le Pont-Neuf, jolie de visage comme une madone italienne, elle s'apprêtait à faire tourner des têtes.

George s'était résolue à la mettre en pension, afin de maîtriser sa nature impétueuse. Ses jours de congé, elle allait faire du cheval aux Champs ou au Bois, en compagnie de sa mère qui lui disait :

— Sol, ma chérie, cesse de lancer des œillades aux hommes. Tu es encore trop jeune. Maîtrise plutôt ton cheval et reprends le pas. Nous ne sommes pas aux courses de Chantilly !

C'est à Chopin qu'elle réservait ses coquetteries les plus délicates. C'était moins le talent du pianiste qui la séduisait que son allure d'ange jeté sur terre, privé de ses ailes. George veillait au grain. Elle lui faisait la leçon :

— Sol, ma chérie, cesse d'agacer Frédéric par tes gamineries. Tu finiras par l'importuner. Il me l'a dit.

— C'est pas vrai ! Il m'aime plus que toi...

Le comportement de sa fille donnait à George des inquiétudes et une sorte de vertige. À la pensée que son « petit » pourrait flamber pour cette fille délurée, lui venaient des sueurs froides et des insomnies. Frédéric, quant à lui, semblait insensible à ces provocations, mais peut-être en viendrait-il un jour à considérer Solange comme une femme.

Le navire du couple connut une période de forte turbulence.

La fondation de la *Revue indépendante* avec le concours et le secours de George, les prises de position politiques et sociales de la romancière, son procès avec Buloz, autant d'événements qui, ajoutés à son idylle avec Chopin, suscitaient l'intérêt des journalistes. Comme à Marseille, ils faisaient le siège de sa maison.

Le concert de Pleyel avait ouvert à Chopin une voie royale. Après la rue Tronchet, son nouveau domicile, rue Pigalle était devenu le lieu de ralliement de compatriotes, comme le poète Adam Mickiewicz, chantre de l'insurrection polonaise, qui vivait à Paris depuis dix ans. Chaque jour, à la suite de son triomphe, il consacrait quatre heures à ses leçons et refusait des élèves. Il lui restait peu de temps pour la création, et sa santé souffrait de ce remue-ménage incessant.

Ses relations avec George avaient fini par se borner à des rencontres. Ils n'avaient que le jardin à traverser pour se retrouver, mais cette distance grandissait de jour en jour. Depuis leur retour de Majorque, ils avaient espacé leurs rapports amoureux et avaient fini par y renoncer. S'il en prenait aisément son parti, elle déplorait cette carence. Il ne restait entre eux qu'une affection légère, un tissu d'habitudes qui se reconstituait au moment des repas et des veillées, des journées en forme de pelote de laine qui se resserrait et durcissait avec le temps comme la balle d'un jeu de paume. George sentait venir le jour où il n'y aurait plus entre eux qu'une borne marquant des limites infranchissables.

George reçut comme un soufflet la nouvelle redoutée : elle venait de perdre son procès contre François Buloz. Outre l'humiliation, cette décision de justice la jetait dans un cruel embarras : jamais sa situation financière n'avait été aussi alarmante. Les revenus de Nohant s'amenuisaient ; Leroux peinait à faire vivre la *Revue indépendante* et lui réclamait sans relâche des subsides ; les enfants devenaient de plus en plus exigeants sur le chapitre de la toilette : Maurice pour séduire Pauline Viardot ; Solange pour plaire à Frédéric et attirer les regards des messieurs au cours de ses promenades.

Elle redoubla d'ardeur à la tâche et y passa des nuits. Après avoir achevé *Consuelo,* elle se lança dans la suite : *La Comtesse de Rudolstadt.* Une partie de ses journées se passait au chevet de Chopin qui, souffrant de fièvre et de quintes de toux accompagnées de crachements de sang, lui donnait de nouvelles alarmes. De passage à Paris, le docteur Papet ne cacha pas ses inquiétudes à George.

— Cet endroit ne lui convient pas. C'est très beau, ces grands arbres, cette pelouse, ce chèvrefeuille, mais ça ne lui vaut rien, du moins en hiver. Il faudrait déménager, sinon je ne réponds plus de rien.

— Décidément, soupira George, nous passerons notre vie à changer de domicile. Je me plaisais ici, mais, puisqu'il le faut...

Elle se souvint d'une proposition que lui avait faite, quelques mois auparavant, Carlotta Marliani : venir loger près de chez elle, au square d'Orléans, entre Sainte-Anne et le cimetière Montparnasse. Elle lui avait dit :

— C'est un lieu agréable, ouvert sur un jardin ensoleillé. Les Viardot y sont installés et ne s'en plaignent pas. Il reste deux appartements proches du mien. Je puis les retenir pour vous...

L'idée de Carlotta, toujours très entreprenante, était de faire de l'immeuble qu'elle habitait, une sorte d'académie. Elle recouvrait ce projet d'un mot savant : *phalanstère.* Veuve, sans enfants, un peu bas-bleu, elle reportait son affection sur les écrivains et les artistes, son énergie et son argent à les recevoir et les aider.

Pauline Viardot, se souvenant des heures lumineuses de Nohant, l'y encourageait. Si George acceptait d'emménager square d'Orléans, elle aurait pour ainsi dire sous la main à la fois Chopin pour l'aider à répéter ses opéras et le petit Maurice pour lui rappeler qu'elle était encore séduisante.

Carlotta avait usé, pour enlever la décision, d'un argument irrésistible : les loyers étaient bon marché. George céda, sinon de bonne grâce, car elle se plaisait rue Pigalle, mais avec une satisfaction : le « petit » respirerait un air plus salubre. Quand elle lui parla de ce changement de domicile, il n'eut pas une réaction : là ou ailleurs, peu lui importait, pourvu qu'il ait son piano...

Ils habitaient de nouveau des appartements séparés. Celui de Chopin occupait un rez-de-chaussée ; elle, à l'étage un espace plus vaste. Ils avaient accepté de faire table commune avec leurs amis, chez Carlotta, à frais partagés : elle se chargerait de la cuisine et gaverait les convives de *zarzuelas,* de *paëllas,* de *tapas* et des vins qu'elle faisait venir de Catalogne.

Elle recevait toute sorte de gens, des étrangers de passage surtout, attirés par l'originalité de ce *phalanstère.*

George se souviendrait longtemps de ce jeune fonctionnaire allemand, ami de Liszt, von Lentz, dont le sans-gêne l'indisposait. Il entrait sans frapper, prenait une cigarette et s'installait dans un fauteuil.

Elle lui demanda des nouvelles des *Fellows*.

— Comment, dit-il, vous n'êtes pas au courant ? Ils ont rompu. Franz court l'Europe en donnant des concerts et Marie écrit des romans sous le pseudonyme de Daniel Stern. Je regrette cette séparation. Ils étaient faits pour s'entendre, mais Marie a un caractère acariâtre, et ses scènes de jalousie étaient devenues insupportables.

George en fut peinée. Le souvenir des *Fellows* était indissociable d'images de montagnes et de lacs, dont elle retrouvait l'écho dans la musique du pianiste, que Chopin interprétait parfois. Elle avait tant rêvé de les entendre jouer à quatre mains ! Rêve impossible : Liszt était un nomade et Chopin un sédentaire. Elle aurait aimé rendre visite à Marie, qui vivait seule avec les enfants qu'elle avait eus de son amant, moins pour la consoler que pour parler littérature. Elle y renonça, de crainte de se heurter à des humeurs dont elle avait éprouvé naguère l'aigreur. Quant à Liszt, il s'était épris d'une princesse polonaise qui l'avait entraîné dans son domaine de Woronince.

George se souvenait de ce que Marie lui avait dit de Liszt dans une lettre : « Celui que j'aime n'a connu que la surface de mon amour. » Ce grief avait-il suffi pour provoquer une rupture ? George aurait pu, il est vrai, en dire autant de Musset et de Chopin : le premier avait soulevé des tempêtes à la surface de leur amour ; le second n'avait fait que jeter une pierre dans une eau morte : il n'y aurait pas entre eux de *coda amorosa*.

Une fin d'après-midi, au retour d'une promenade avec Solange, George entendit, venant de sa chambre, un bruit de sanglots. Chopin était allongé sur son lit, une lettre dans sa main. Elle se pencha vers lui ; il gémit :

— Mon père... Il vient de mourir. Ma sœur Louisa me l'annonce dans cette lettre. Lis...

Chopin n'avait pas revu sa famille depuis son départ de Pologne, treize ans auparavant, mais ils entretenaient une correspondance régulière et affectueuse. Nicolas Chopin n'avait pas eu à pardonner au fils prodigue un départ hors du cocon familial : il était le premier à l'avoir souhaité, persuadé que Paris, mieux que Varsovie, serait favorable à l'essor de ce génie. Il l'avait observé de loin et conseillé, notamment pour sa conduite dans la société parisienne. Après George, il était l'être qu'il chérissait le plus. Il lui était reconnaissant des sacrifices consentis pour son éducation musicale.

George s'agenouilla près de lui, le prit dans ses bras, le berça comme un enfant. Elle faisait sienne sa douleur et le conjurait d'affronter avec courage cette épreuve.

Chopin mit des jours à se remettre. Refusant l'idée de finir sa vie sans avoir revu un membre de sa famille, il demanda à Louisa de venir le rejoindre. Il l'aimait de toute son âme. Parfois, en composant une polonaise ou une mazurka, c'est son image qui se dessinait dans sa mémoire.

La mort du père l'avait si profondément affecté qu'il resta une semaine à vivre portes closes. George lui apportait ses repas. Il refusait de manger. Elle se fâchait.

— J'imagine ce qu'il en coûte de perdre un être cher, mais il faut vivre ! Fais un effort pour te dominer, nom de Dieu ! Remue-toi ! Remets-toi au piano !

Il la repoussait.

— Va-t'en ! Je ne veux plus te voir. Tu ne sais pas ce que c'est que la mort d'un père. Tu avais quatre ans quand le tien a disparu et tu n'as jamais aimé ta mère.

Sa mère... Elle ne contestait pas qu'il n'y eût jamais entre elles la moindre affection. Lorsqu'elle avait disparu, George n'avait pas eu une larme. On ne pleure pas un être qui ne vous comprend pas et, qui plus est, vous déteste.

Elle disait à Chopin :

— Ce soir, nous recevons à souper des amis de Maurice : Victor Borie et Eugène Lambert. Viens te mêler à nous, cela te changera les idées.

Il ne voulait pas « changer ses idées ». Pour ce faire, le moment venu, il aurait son piano...

George montait souvent dans la pièce qui servait à Maurice à la fois de chambre, d'atelier et de lieu de réunion. Il y recevait des amis de son âge, une jeunesse débraillée, hirsute, qui pétunait, buvait et s'exaltait en refaisant le monde. Elle se plaisait en leur compagnie, fumait avec eux les *trabuccos* que Carlotta faisait venir de La Havane et buvait des liqueurs fortes. Elle participait à leurs discussions et tenait tête à leurs excès idéologiques. Cette ambiance de révolution en chambre la ravissait ; elle retrouvait, jusque dans leurs outrances, une part d'elle-même, mal étouffée. Certains la tutoyaient et l'appelaient par son prénom. Elle était aux anges.

Comment aurait-elle pu imaginer Chopin dans ce milieu ? Il se serait bloqué dans son silence ou aurait pris la porte. La dernière fois qu'elle l'avait vu perdre son sérieux, c'était à

Nohant, quand il s'était lancé dans une imitation de Pierre Leroux. Le rire de Chopin : une perle dans une poignée d'argile.

La *Revue indépendante* ayant sombré, George avait publié chez un autre éditeur ses derniers ouvrages. Ils se vendaient mal. Elle comptait sur la publication de son *Voyage à Majorque* pour ranimer l'intérêt des lecteurs.

Elle ignorait ce qui pouvait bien se passer à Nohant et s'en inquiétait car les revenus continuaient à baisser. Elle faisait confiance à Hippolyte, mais jusqu'à un certain point. Il avait pris avec Casimir des habitudes d'ivrognerie et préférait chasser plutôt que d'aller visiter ses fermiers.

Elle venait de terminer un roman qui avait pour cadre sa province : *Jeanne*, que le *Constitutionnel* avait accepté de publier. Cela lui laissait un peu de temps pour passer quelques semaines à Nohant. Elle laissa Chopin, qui attendait la visite de sa sœur Louisa, à la garde de Carlotta, et partit avec Solange. Elle considérait ce séjour comme une bénédiction : elle n'aurait plus, durant quelque temps, à subir les humeurs grincheuses de son malade, à préparer ses tisanes, à accourir dans la nuit à la moindre quinte de toux...

Elle appréciait la jovialité d'Hippolyte, ses bons mots, son éloquence chaleureuse quand il parlait politique, les propos salaces qu'il adressait aux jeunes servantes et ses excentricités quand il était ivre. Elle chaussait ses bottes, à cause des vipères, pour le suivre à la chasse, faisait trempette dans l'Indre par temps chaud, passait avec lui et avec Solange des soirées à jouer aux cartes. Elle ouvrit le livre de comptes que son demi-frère négligeait et remit de l'ordre dans ce fatras.

Un matin, en poussant ses persiennes, elle aperçut une calèche qui venait de s'arrêter dans la cour. Maurice en descendit. Elle s'écria en tombant dans ses bras :

— Bouli – mon Bouli ! Viens vite ? Tu dois être affamé...

En lui taillant des tartines dans la tourte, elle lui demanda des nouvelles de Chopin. Il supportait assez bien son absence, mais se disputait souvent avec Carlotta. L'arrivée de Louisa et de sa petite famille lui avait rendu sa bonne humeur. Il était facile de comprendre les dissentiments qui l'opposaient à l'artiste : il couvait une jalousie latente, sensible au ton de ses propos.

Maurice débarquait avec sa panoplie de peintre. Son talent commençait à être reconnu : on lui confiait des illustrations pour des gazettes ou des livres. À ses débuts, Eugène Delacroix avait découvert en lui plus que des promesses. Il disait, en feuilletant ses croquis, en examinant ses aquarelles et ses huiles : « Il ira loin, ce petit, à condition qu'il veuille travailler sérieusement... »

Autant George avait été ravie de l'arrivée de son fils, autant celle que Chopin lui annonçait la contraria : il viendrait accompagné de sa sœur, de Joseph, son mari, docteur en droit en Pologne, et de leurs enfants. Il les lui amenait comme une chatte apporte ses petits à sa maîtresse.

À peine installée, Louisa confia à George ses inquiétudes : elle trouvait son frère en plus mauvaise santé qu'elle ne l'avait imaginé. George la rassura : cela faisait six ans qu'il était dans cet état. Il devait être de ces malades qui enterrent tout leur entourage...

George revint sur ses préventions. Louisa était une personne solide à tout point de vue, intelligente, sensible et discrète. Elles firent bon ménage, vaquèrent ensemble à la cuisine, dissertèrent de la politique et des événements au cours de longues promenades.

Chopin conversait interminablement avec son beau-frère. Il semblait, jour après jour, reprendre vie, découvrir de nouvelles raisons d'aimer cette grande maison et cette campagne monotone. Il eut même envers George des élans auxquels elle se déroba. Il l'avait incluse dans sa famille et tenait à se comporter en époux légitime.

Il raccompagna Louisa et Joseph à Paris, puis revint à Nohant dans un état d'esprit qui rappelait les pires heures de

Valdemosa. Il se sentait plus seul que jamais. Autant la visite de sa famille l'avait comblé, autant son départ l'affligeait. Il retrouvait en George son refuge traditionnel ; elle le consolait de son mieux, mais sans succès.

Elle occupa le temps de loisirs qu'il lui laissait à écrire un nouveau roman : *Le Meunier d'Angibault,* dont l'intrigue se déroulait dans les parages. Elle attendait beaucoup de cette œuvre.

Leur séjour se poursuivit jusqu'au début de l'hiver. Lorsque Chopin eut à nouveau des quintes de toux, elle décida qu'il était temps de retourner dans la capitale. Il allait devoir reprendre ses leçons et elle des contacts avec ses nouveaux éditeurs, ce qui était moins urgent. Soucieuse de finir son roman, elle le laissa partir seul. Plusieurs heures par jour, elle battait la campagne autour du moulin qui figurait dans le roman, prenait des notes, interrogeait les paysans, engrangeait impressions et émotions. La nuit venue, elle trempait sa plume dans une encre qui lui semblait avoir l'odeur de la terre.

Chaque jour ou presque, George écrivait à son « petit ». Elle lui donnait des consignes pour sa santé, lui conseillait de porter trois épaisseurs de flanelle à l'extérieur, d'éviter les courants d'air. Carlotta l'avait alarmée en lui signalant que son malade souffrait de catarrhes à répétition et que son absence lui était préjudiciable.

Arrivée à Paris, après avoir réconforté Chopin, elle alla porter le manuscrit du *Meunier* à Pierre Véron pour une publication dans le *Constitutionnel.* Il était lui-même auteur de romans légers. Il lut l'ouvrage qu'il avait commandé et le refusa.

— Ma chère, lui dit-il, qui va s'intéresser à votre histoire campagnarde de vieux grigou qui dépouille sa famille et fait le malheur de sa fille ? Tout ça est sombre comme un cimetière. N'avez-vous rien d'autre à me proposer ?

Elle lui parla d'un roman qu'elle avait en train : *La Mare au diable.* Il parut intéressé.

— Cette histoire d'amour dans une ambiance virgilienne, avec un brin de tragédie, ça me plaît. Quand me le porterez-vous ?

— Dans une semaine.

Il se trémoussa dans son fauteuil, une main sur le front.

— Une semaine, dites-vous ? Décidément, vous n'avez pas fini de me surprendre. Vous ne prenez donc jamais le temps de vous reposer ?

— Jamais. Il sera bien temps lorsque je serai au cimetière.

Le succès semblait de nouveau lui sourire. Quelques jours plus tard, un autre éditeur, Pérotin, lui faisait lire les épreuves de ses œuvres complètes.

Les vacances que George et Chopin prirent en Berry, durant l'été de 1845, eurent un goût d'amertume.

Chopin se montrait odieux. Il faisait le malade quand ça l'arrangeait, notamment pour couper aux promenades ou éviter des visiteurs qui l'importunaient. Il avait tenté d'imposer à la maisonnée la présence de son valet de chambre polonais, Jan, qui se conduisait en maître et en butor auprès des autres domestiques, au point que George pria son maître de s'en séparer, ce qu'il fit, non sans manifester sa rancune par des bouderies et l'abandon de son piano auquel il reprochait d'être désaccordé. On le surprit même endormi sur le couvercle du clavier. Sa ferveur et son pouvoir créatif semblaient l'avoir déserté.

George, persuadée que – Dieu sait pourquoi ! – il l'avait prise en grippe, le secouait.

— Qu'est-ce qui t'arrive, mon petit Chop ? Ta muse te fait des infidélités ? Tu souhaiterais peut-être qu'on retourne à Majorque pour y retrouver l'inspiration ? Réponds-moi, nom de Dieu ?

Il bougonnait : qu'on lui fiche la paix ! il était en vacances et entendait vivre à sa guise, travailler ou se reposer.

Il s'était pris, envers Maurice, d'une sorte de hargne. Cela faisait de beaux éclats dont retentissait la maison et dont George prenait ombrage. Ils furent même sur le point d'en venir aux mains, mais elle intervint pour les séparer. Pauvre

Chopin ! il n'eut pas pesé lourd, face à ce garçon solide comme un roc. Il dit à George :

— Je sens que je n'ai plus ma place dans cette maison. On me méprise, on m'humilie, on me fait faire des promenades à dos d'âne...

— Eh bien, si vous voulez partir, personne ne vous retiendra ! s'écria Maurice. Vous empoisonnez cette maison par vos caprices.

George passait de l'un à l'autre pour tenter d'arrondir les angles et éviter les motifs de friction. Ce manège l'épuisait. Elle finit par admettre que son fils et son amant étaient irréconciliables.

Un soir, Chopin étonna son monde.

Pris de boisson, peu familier qu'il était de ce genre d'excès, il anima la veillée avec une fougue et un humour inhabituels. Il improvisa des jeux, des séances de mime, joua sur son piano des airs endiablés pour faire danser la compagnie, chanta à tue-tête des airs populaires de Pologne en imitant l'accent et les attitudes de son ami Grzymala.

Le lendemain, à l'aube, alors qu'elle venait de passer la nuit à sa table de travail, George le surprit occupé à faire ses bagages.

— Qu'est-ce qui te prend ? dit-elle. Tu nous quittes ?

— Comme tu vois. Il faut que je revienne à Paris.

— Qu'y a-t-il d'aussi urgent ?

— Ça me regarde ! D'ailleurs, les soirées commencent à fraîchir et ça ne me vaut rien, tu le sais.

Il se laissa soudain tomber au bord du lit, ses mains ballant entre ses genoux, comme accablé.

— J'ai un mauvais pressentiment, dit-il. Il me semble que je ne reviendrai plus jamais...

3

Petit théâtre de la ville et des champs

Paris-Nohant : été 1847

Partagée entre Paris et Nohant, George allait devenir le personnage crucial d'une pièce de théâtre « aux cent actes divers », oscillant entre comédie et tragédie, tantôt actrice, tantôt spectatrice, mais toujours impliquée, activement ou passivement, sur la scène ou au premier rang du parterre.

Le *deus ex machina* de cette pièce tragi-comique : Solange.

Ce vibrion de femelle mettait le feu partout où elle passait ; elle aguichait, provoquait, séduisait et rejetait des personnages qui ne demandaient qu'à aimer cette grande fille, ronde et rose, qui faisant alterner des airs de marquise et des allures de grisette, avec tantôt un langage affecté, tantôt un argot de barrière, semblait jouer plusieurs personnages à elle seule. Ce qui aurait pu passer pour du talent dans l'art de la séduction n'était chez elle que parodie.

Chopin avait commencé à prendre pour du bon pain des agaceries trop ostensibles, quand, cette année-là, Solange tomba amoureuse.

Fernand de Préaux était presque un voisin. Le château ancestral se situait à Ouvaise, près de Valençay. Son regard avait croisé celui de Solange à Mézières, dans la Brenne, durant une course de chevaux. À leur seconde rencontre, ils se dirent que leur vie pourrait pousser plus loin leur amitié. Elle avait dix-huit ans, lui vingt-quatre. Ce qui plut en lui à Solange, c'est son allure un peu raide de gentilhomme, tempérée par la douceur de son regard. De plus, Fernand était un cavalier de première classe : il montait son cheval « à la cosaque » et cheveux au vent.

Quelques jours après la course, il vint prendre des nouvelles de Solange, mais c'est avec Augustine qu'il eut le plus long entretien. Tout le monde appelait « Titine » cette vague cousine que George avait retirée à une famille indigne pour veiller sur son éducation. Elle était gracieuse et discrète. Elle était à Solange ce que l'ombre est à la fleur.

L'idylle entre le prince et la bergère aurait pu mieux finir que dans les légendes, si Fernand n'avait soupçonné un concurrent sérieux en la personne de Maurice, qui occupait déjà le terrain et le défendait.

George, apitoyée par le chagrin du jeune cavalier, se posa en consolatrice. Elle eût sans doute été agréée, en raison de quelques affinités portant sur leur goût commun de la nature et des chevaux, si Solange se fût désistée. Elle oublia sa rancune et, quelques semaines plus tard, les deux familles échangèrent des projets de mariage. On avait évité la catastrophe : un de Préaux épouser une Titine !

Il n'empêche : quelques membres de la famille firent entendre des grincements de dents. Certes, Solange était la fille d'un illustre écrivain, mais qui menait la vie scandaleuse d'une femme « séparée », autant dire une catin. Lorsqu'on parlait de cette créature, les vieilles baronnes de la Brenne et du Boischaud glapissaient de concert. Pourtant, si le petit Fernand était vraiment épris, on se ferait une raison.

La maison de Nohant fut imprégnée d'une ambiance prénuptiale et connut un été radieux.

Chopin avait pris sans trop de regret son parti de l'événement et, de Paris, envoya ses compliments, puis, alors que l'on n'y croyait plus, il débarqua en calèche à deux chevaux, flambant neuve, conduite par un cocher en livrée.

Comme George s'étonnait qu'il n'eût pas pris la chaise pour venir de Châteauroux, il lui dit d'un ton cérémonieux :

— Madame, cette voiture vous est offerte par votre serviteur.

Daignez l'accepter comme l'expression de sa gratitude. Consentiriez-vous à l'étrenner en sa compagnie ?

Elle lui dit qu'il était devenu fou, qu'il avait dû dépenser une fortune. Il lui répondit d'un ton badin :

— Chère madame, qui aime ne compte pas.

Ainsi, il l'aimait encore. C'était à n'y pas croire. Il était parti avec la quasi-certitude de ne plus revenir, et voilà qu'il surgissait comme le Prince charmant venant enlever Cendrillon. Si ce n'avait été émouvant, c'eût été grotesque.

Elle battit des mains pour faire venir son monde : Solange, Fernand, Maurice, Titine, et en route pour La Châtre ! Ils traversèrent la ville, debout dans la voiture, brandissant leur chapeau, riant et chantant. Ils s'arrêtèrent dans une auberge où Chopin leur offrit du muscat. Au retour, on fit bombance, autant pour honorer la présence de Fernand que pour arroser la « calèche à Frédéric ».

C'est à quelques jours de cette fête que les orages commencèrent à envahir l'horizon de ces radieuses journées.

La générosité de Chopin paraissait inépuisable. Avec la calèche, il avait offert à sa maîtresse un objet étrange qu'elle tourna et retourna entre ses mains. Il s'amusa de sa perplexité avant de lui révéler qu'il s'agissait d'un appareil à fabriquer des glaces en un quart d'heure : le dernier cri de la science ménagère. Il ajouta à ces présents un petit chien havanais qu'il avait appelé Marquis, pour qu'il tînt compagnie à Pistolet et à Mops. La tribu passa des heures à le regarder gambader, virevolter, se rouler sur la pelouse, courir après les merles. Un soir, Chopin joua au piano un air léger qu'il intitula la *Valse du petit chien*.

Le moral de la tribu s'obscurcit à l'occasion d'une querelle entre George et Hippolyte, à propos du personnel.

En épluchant les comptes, elle avait découvert des preuves flagrantes de l'incompétence, sinon de la malhonnêteté de son demi-frère. Elle lui reprocha d'avoir passé son temps à chasser, à courir les auberges et le cotillon plutôt que de surveiller le domaine. Hippolyte protesta qu'il avait prévenu sa demi-sœur de quelques malversations et qu'elle avait paru s'en désintéresser. Elle lui reprocha de n'avoir rien fait lui-même pour les éviter, alors que c'eût été son rôle. N'avait-il pas constaté que les domestiques de la maison en prenaient à leur aise, banquetaient, invitaient des parents, des amis, des voisins à se goberger aux frais de la princesse ?

Elle fit le ménage, renvoya trois domestiques, y compris son jardinier.

Cette foucade dissipée, George, profitant des bonnes dispositions de Chopin, lui dit :

— Que penserais-tu d'un voyage ? Tu sembles en bonne santé, et rien d'urgent ne t'attend à Paris.

Interloqué, il lui fit répéter sa question.

— Ben, oui, quoi ? Un voyage à l'étranger. Je pensais à l'Italie...

— Tu veux revoir Venise ?

— Je pensais plutôt aux lacs italiens. C'est presque la montagne. Le climat te serait bénéfique et ce séjour m'aiderait dans la rédaction de mon nouveau roman : *Lucrezia Floriani.*

Il ne se montra pas hostile à ce projet, d'autant qu'il avait longtemps rêvé de visiter les lieux qui avaient inspiré Franz Liszt. Dans les jours qui suivirent, George lui fit lire quelques chapitres de son roman dont le principal personnage masculin, le prince Karol, présentait des similitudes avec lui et dont l'héroïne avait, à quelques détails près, les traits et le caractère de l'auteur. Il n'en parut pas conscient, sensible qu'il avait été avant tout à la description des paysages.

À Nohant, la flambée d'alacrité qui avait accueilli l'annonce du mariage de Solange et l'arrivée inopinée de Chopin s'était rapidement dissipée. Maurice ne portait d'intérêt qu'à

Titine, Solange et Fernand se querellaient pour des vétilles. George et Hippolyte sortaient leurs griffes à chaque occasion de dispute. Quant à Chopin, dont chacun semblait se désintéresser, il retrouvait ses humeurs maussades. Lorsqu'il daignait accepter de participer à une promenade, on lui proposait de suivre sur un âne, en le traitant de « Sancho Pança ». Il le prenait mal et boudait. Lorsqu'il rappelait à George son projet de voyage, elle temporisait.

Le premier acte de la tragi-comédie s'acheva sur un air de fête. Le mariage était prévu pour avril. Un titre se serait imposé pour cette scène divertissante : *Solange et Fernand*, si, après quelques pirouettes des acteurs, on n'avait dû en choisir un autre : *Solange et Clesinger.*

Jean-Baptiste Clesinger s'était choisi un prénom plus conforme à sa nature orgueilleuse : Auguste. Il avait à peine entamé une carrière militaire dans la cavalerie qu'il avait senti s'éveiller en lui une vocation artistique qui devait beaucoup à l'atavisme : son père, sommité dans la sculpture, travaillait dans le plâtre ; Auguste choisit le marbre. Après quelques gammes, il se fit remarquer par une œuvre à caractère érotique : *Femme piquée par un serpent*, présentée au Salon, qui lui valut la hargne des bien-pensants et l'admiration de la nouvelle génération artistique.

George reçut un jour de Clesinger une lettre délirante d'admiration, mais à l'orthographe approximative, qu'accompagnait une petite sculpture. Il lui proposa timidement de faire son buste. Elle accepta et prit rendez-vous pour une première pose.

Elle fut sur-le-champ impressionnée par la stature massive de cet homme de trente-deux ans, aux manières et au langage très libres.

— Madame Sand, lui dit-il, veuillez poser votre auguste postérieur sur ce tabouret, le temps de quelques esquisses préparatoires.

George revint à plusieurs reprises, accompagnée de Solange. Il les divertissait par sa faconde vulgaire, son goût immodéré pour le rhum, les chansons grivoises qu'il fredonnait en travaillant.

— Ce garçon a du génie, dit George.

— Peut-être, lui concéda Solange, mais je le trouve laid, et il a de mauvaises manières.

— Moi, s'il me faisait des avances, je crois que je me laisserais tenter...

Elle n'en eut pas l'occasion : Solange la précéda.

Il lui avait proposé d'exécuter, après le buste de la mère, celui de la fille. Solange en fut ravie. Durant les séances de pose, en l'absence de George, il lui parla avec passion de son art, lui annonça qu'il comptait présenter ces bustes au prochain Salon, et fit sa conquête.

Un matin, alors que l'on attendait sa robe nuptiale, Solange dit ex abrupto à sa mère :

— Je dois te faire un aveu qui me coûte. Je crois... je crois que je n'aime plus Fernand.

— Allons, bon ! Et que lui reproches-tu ?

— En fait, rien. Je ne l'aime plus, voilà tout. J'ai beau faire, je ne peux le considérer que comme un ami. Il faut tout arrêter, dès aujourd'hui.

La nouvelle fit chez les de Préaux l'effet d'un pavé dans une mare aux grenouilles. Les hymnes nuptiaux leur restèrent dans la gorge. Ils crièrent au scandale. Cette renonciation parut si humiliante au fiancé qu'il en fit une maladie.

— Ma fille est folle ! fulminait George. Mais qu'a-t-elle donc dans le cœur ?

Solange n'avait dans le cœur que son artiste : elle le voulait passionnément, et lui ne voulait qu'elle. En cas de résistance dans la famille, il était décidé à l'enlever.

Apprenant qu'elle avait posé nue pour une statue en pied, Maurice se fâcha :

— Le derrière de ma petite sœur exposé au Salon... C'est insupportable !

Eugène Delacroix, qui connaissait parfaitement le Tout-Paris des arts, n'aimait guère Clesinger. Il en parla en termes propres à décourager Solange : il avait des maîtresses, des dettes, s'adonnait à l'ivrognerie et à la débauche. Solange haussait les épaules et songeait : « Jalousie d'artiste... »

Exit Fernand de Préaux, elle annonça qu'elle comptait bien épouser son sculpteur. Persuadée de longue date qu'aucun obstacle ne pouvait faire revenir sa fille sur une décision, George soupira :

— Eh bien, soit ! Fais comme il te plaira, mais nous t'aurons prévenue : tu seras malheureuse avec cette brute.

Au mois de mai de l'année 1847, Mlle Solange Sand épousait à l'église M. Jean-Baptiste (dit Auguste) Clesinger. Ce fut une cérémonie très bourgeoise. Le marié transpirait dans son frac et sa cravate à trois tours. On avait jugé convenable d'inviter Casimir ; il accepta sans faire de manières. George se frotta les paupières en le voyant : il était presque chauve, obèse et presque sourd. Ils se firent bonne figure, mais gardèrent leurs distances. Maurice était présent : il revenait de Hollande en compagnie de son ami, le peintre Théodore Rousseau, qui fut invité au repas nuptial.

Mauvais présage : avant la cérémonie, George se foula une cheville ; on dut la transporter en calèche à l'église. En coulisses, au cours de cet acte en blanc et rose, Rousseau fit la cour à Augustine, tandis que cet autre ami de Maurice, Victor Borie, tentait une manœuvre de séduction en direction de George. Elle semblait n'être pas insensible aux avances de ce garçon un peu lourd de corps mais vif d'esprit, dont elle épousait, de plus, les opinions politiques. Une nuit, il frappa à la porte de sa chambre ; elle la lui ouvrit.

Le troisième acte pourrait s'intituler *Maurice et Pauline.*

Comme on dit dans les romans, Maurice était tombé amoureux, dès leur première rencontre, de la cantatrice Pauline

Viardot. Elle était son aînée de deux ans. En apparence, elle profitait, pour se laisser séduire, de la complaisance de son mari, Louis Viardot, homme de lettres d'opinion socialiste, auteur de traductions et d'ouvrages d'art, qui dirigeait le Théâtre des Italiens. Maurice s'engouffra dans la brèche, tourna autour d'elle comme un papillon, sans oser se déclarer. Il faisait en sorte de se trouver à Nohant en même temps que le couple, mais sans obtenir autre chose que des sourires. Se sentant dédaigné, il avait poursuivi ses coucheries avec Augustine, sans se flatter de ces exploits faciles. Elle se vengea de l'inconstance et du mépris de son amant avec Théodore Rousseau.

Pauline était devenue pour Maurice l'obsession majeure. En observant son visage rond et large, ses pommettes saillantes, ses yeux légèrement bridés, ses traits presque masculins, en croisant ce regard sombre qui glissait sur lui en l'ignorant, il rêvait de l'Espagne dont elle était originaire.

Le couple avait fait l'acquisition d'un château à Courtavenel, près de Rosay-en-Brie. Maurice ne se fit pas faute de s'y rendre, sous le prétexte fallacieux de s'entretenir avec Louis des dernières publications artistiques, en fait pour retrouver son égérie, la couver des yeux, respirer son parfum et l'écouter répéter ses partitions.

Pauline avait une voix d'une qualité exceptionnelle : une tessiture presque masculine de soprano inclinant vers le contralto. Edmond de Goncourt disait d'elle, comme de George, qu'elles était de « nature hystérique » et que, si l'on procédait à une autopsie, on trouverait des « organes masculins ».

Le jour où Pauline annonça son départ pour Saint-Pétersbourg, où elle allait chanter la *Norma,* de Bellini, Maurice crut défaillir. Il lui dit :

— Pauline, j'ai l'impression que nous ne nous reverrons plus.

— Allons donc ! protesta-t-elle. De nos jours, les grands

voyages ne sont plus une aventure. D'ailleurs, je ne vais pas m'éterniser dans ce pays.

— Je crains moins pour votre vie que pour la mienne. Quand vous reviendrez, peut-être aurai-je disparu. La vie sans vous m'est insupportable.

Amusée par ce chantage sentimental cousu de fil blanc, elle éclata de rire, lui savonna la tête d'une main ferme et lui jeta un baiser au coin des lèvres.

S'il fallait un titre au troisième acte, on pourrait choisir : *Rousseau, Augustine et Clesinger.*

Le sculpteur avait présenté au Salon de 1847 la statue de Solange en Diane chasseresse. On ne voyait pas son « petit derrière », comme l'avait craint son frère, mais on le devinait sous les plis transparents de la tunique. Après ce qu'il considérait comme un étalage impudique, Maurice ne décolérait pas, comme si la vertu de Solange était en danger. Il exerçait toujours envers elle une mission de protecteur.

Cette même année fut marquée par les préparatifs d'un autre mariage : celui de Théodore Rousseau et d'Augustine, que George s'était décidée à adopter.

— Comme si je n'existais plus pour elle ! bougonnait Solange. Augustine est une intrigante. À peine sortie du ruisseau, elle se prend pour une aristocrate. Que ma mère fasse davantage pour son mariage que pour le mien, et elle aura affaire à moi !

Persuadé que George n'avait jamais vraiment aimé sa fille et ne perdait aucune occasion de l'humilier, Clesinger surenchérissait. Solange poussa la perversité jusqu'à tenter de faire échouer ce mariage. Elle fit comprendre à Rousseau que Maurice avait eu avant lui les faveurs de Titine, qu'en quelque sorte « on lui servait les restes ». Cet innocent se dit qu'il avait été le jouet de toute la tribu, y compris de Chopin qu'il vénérait pourtant, qui paraissait survoler les problèmes ordinaires mais qui, n'ayant rien perdu des événements et des manœuvres, devait être du complot.

Il se dit que le mieux qui lui restait à faire serait de décamper, mais non sans une explication avec Augustine, cette catin qui lui avait caché sa faute.

Stupeur d'Augustine ! Elle jura ses grands dieux que Maurice n'avait fait que la courtiser, qu'elle n'avait jamais eu l'intention de devenir sa maîtresse, ni l'ambition de l'épouser, l'assura que tout cela n'était qu'une machination inventée par le couple Clesinger pour faire échouer leur mariage.

— Clesinger ! s'écria Rousseau. C'est lui l'auteur de ce complot, j'aurais dû m'en douter. Je vais m'expliquer avec lui.

Il le trouva à la cuisine, en compagnie de George et de Solange. Il fonça sur lui comme un *toro bravo* en hurlant :

— Salaud ! Tu me dois une explication. Toi et Solange, vous avez bien distillé votre venin. Qu'y a-t-il de vrai dans cette histoire de coucherie entre ma fiancée et Maurice ? Rien, sans doute. C'est une invention destinée à nous séparer. Osez le nier !

— Il est fou ! jeta Clesinger.

— Fou à lier, ajouta Solange.

— Voyons... voyons..., dit George, de quoi parlez-vous ? Allez-vous me mettre au courant, à la fin ?

— Madame, dit Rousseau, si je m'en prends à votre fille et à ce « tailleur de pierre », c'est qu'ils ne supportent pas que vous m'ayez laissé courtiser votre fille adoptive. Solange est venue me révéler qu'Augustine...

— C'est faux ! hurla Solange.

— Tu me traites de « tailleur de pierre », dit Clesinger, toi qui n'as jamais su peindre que des vaches. Tu vas me payer cette insolence !

Ivre de fureur, il courut à travers la cuisine pour chercher une arme, trouva le couteau à pain et le brandit en se ruant sur Rousseau qui, droit comme un « i », les bras croisés, l'attendait en souriant. C'est George qui faillit payer pour lui. Elle s'élança, s'interposa entre l'agresseur et l'agressé, souffleta Clesinger pour arrêter son élan et reçut dans la poitrine un coup de poing qui la fit chanceler et s'écrouler dans les bras de Rousseau.

Clesinger jeta le couteau sur la table, prit Solange par le bras et l'entraîna dans le vestibule en criant :

— Ma parole, nous sommes dans une maison de fous ! Sol, nous partons ! Nos vœux de bonheur pour les futurs époux et salut la compagnie !

Le lendemain, aux premières heures de la matinée, ils entassèrent dans la calèche de la maison leur bagage ainsi qu'une moisson d'objets, d'œuvres d'art et de petit mobilier : un pillage que Solange dut juger licite, mais dont sa mère se montra profondément irritée.

Au moment de prendre les rênes, Clesinger jeta à Rousseau qui les observait de la fenêtre de sa chambre :

— Sois heureux avec ta catin, jean-foutre ! Et tâchez de faire de beaux enfants si vous le pouvez, vermine !

Augustine prit le bras de George pour la ramener à la cuisine et lui faire prendre son déjeuner. Muette, inerte, elle paraissait flotter à la surface d'une tempête.

Elle s'accrocha des deux mains au rebord de la table, comme si un séisme allait provoquer la chute de sa maison. Dans l'abstrait, c'est bien ce qui venait de se produire. Elle ne regrettait pas sa brouille avec son gendre – qu'il aille au diable, cet énergumène ! – mais Solange, sa Sol, sa Solangette ? Elle était souvent insupportable, soit. Ses caprices minaient le bon équilibre de la maison, sans conteste, mais elle était là, elle, pour le rétablir et la ramener à la raison. Elle ressentait son départ, sans esprit de retour semblait-il, comme l'ablation douloureuse d'une tumeur qui avait cessé de l'inquiéter.

Elle avala quelques gorgées d'un café au lait qui lui parut plus amer que d'habitude, repoussa les tartines beurrées que lui avait préparées Augustine et roula une cigarette qu'elle alla fumer dans les allées.

Elle se demanda comment Chopin, qui adorait sa petite Solange, allait prendre l'événement. Il n'avait jamais rien compris aux débats, aux querelles de la famille ni rien de ce qui n'était pas sa musique. Dès que le ton d'une conversation montait, il allait s'asseoir à son piano.

Une chose semblait certaine : après que Solange l'aurait informé de la dispute (ce qu'elle ne manquerait pas de faire dès son retour à Paris), il prendrait son parti, en le dissociant de celui de Clesinger, qu'il n'aimait guère. Cette querelle aurait, elle le craignait, des conséquences redoutables : elle risquait de provoquer, outre l'éclatement de la tribu, une rupture entre elle et son amant et une annulation du mariage entre Augustine et Rousseau. Toutes ces ruines pour une indiscrétion de Solange !

Dans cette épreuve, qui semblait annoncer des situations difficiles, elle se demanda à quelle affection se raccrocher ?

À Maurice ? Il n'avait pas renoncé à poursuivre de ses assiduités Pauline Viardot, mais, dans l'attente, rien ne comptait plus pour lui que les marionnettes qu'il confectionnait dans son atelier pour son théâtre.

À Augustine ? Elle n'avait guère plus de cervelle qu'un pinson et, après l'algarade, n'était pas en mesure d'accueillir ses états d'âme.

À Hippolyte ? Il aurait reçu ses confidences avec une affectueuse condescendance, mais il était dans son château, malade à la suite de ses excès, et George ne savait quand elle le reverrait.

Elle ne pouvait songer à Casimir. Depuis le mariage de Solange, George ne l'avait pas revu. Lui aussi, comme Hippolyte, filait un mauvais coton.

Elle se dit que la pire des solitudes est celle que l'on ressent au sein de sa famille. L'orage passé, le rideau tombé sur le spectacle, chacun retournait à ses préoccupations avec sa charge de rancœurs qu'elle ne pouvait rien faire pour dissiper.

La journée serait belle. La miellée coulait du tilleul par bouffées, mêlée à l'odeur des romarins et des buis qui bordaient les allées et sur lesquels scintillait la dernière rosée du matin.

George allait rester trois jours sans écrire une ligne.

Dans son courrier, Eugène Delacroix ajoutait quelques mauvaises nouvelles à celles qu'on pouvait lire dans les journaux.

Un terrible hiver avait sévi dans les campagnes. Le trône de Louis-Philippe vacillait sous les coups de boutoir de l'opposition républicaine. Des scandales et une crise économique sans précédent depuis un siècle ébranlaient la société bourgeoise. Pour comble, une épidémie de choléra menaçait de nouveau les villes.

Le pire des scandales et des drames avait pour théâtre l'Algérie. Bugeaud y poursuivait une aléatoire guerre de conquête et réclamait des subsides que le gouvernement lui refusait ou lui mesurait. Les atrocités se poursuivaient sans laisser prévoir le bout du tunnel. À Oued-Rhia, les militaires français avaient fait enfumer dans une caverne cinq cents indigènes, femmes et enfants compris, qui s'y étaient réfugiés. L'émir Abd El-Kader, chef de la guerre sainte, avait fait massacrer trois cents prisonniers, Bugeaud ayant refusé un échange.

Lorsque Chopin, peu après le départ en fanfare des époux Clesinger, fit ses propres préparatifs, George eut envie de lui dire, comme César à Brutus : *Tu quoque, mi fili*... Il avait argué de prétextes fallacieux pour s'extraire de ce nœud d'embrouilles auquel il ne comprenait rien, et où il n'y aurait eu que des coups à prendre : Camille Pleyel sollicitait sa présence pour organiser un nouveau concert en début d'année... Sa nouvelle gouvernante, Marie des Rozières, s'inquiétait de sa longue absence... Ses élèves le réclamaient...

— Eh bien, soupira George, je ne te retiens pas. Pleyel, ta Rozières, tes élèves, Solange... C'est beaucoup de monde à t'attendre.

— Pourquoi Solange ?

— Ne fais pas l'innocent, mon chéri. Je ne suis pas dupe de votre manège dans la querelle qui a éclaté l'autre jour, et qui, je te le rappelle, vise à compromettre le mariage d'Augustine. Tu t'en es tenu éloigné, et tu as eu raison. Il n'empêche, dans cette affaire, c'est le parti de Solange que tu prendras. Tu aimais cette gamine et tu l'aimes toujours.

Elle lui tourna le dos, le laissant éberlué et sans voix.

Marie des Rozières... George ne savait que penser de cette fille montée en graine et de ses rapports avec Chopin. Elle tenait de Carlotta qu'elle était toute dévouée à celui qu'elle considérait comme son idole. Ancienne élève de Chopin, elle avait donné elle-même des leçons à Solange, avant de devenir une amie, une confidente et, à l'occasion, un chaperon. Insensiblement, elle avait creusé sa place auprès de l'artiste et avait pris de l'ascendant sur lui. Elle lui rapportait les potins glanés dans l'ancien phalanstère du square d'Orléans. En un mot, elle avait su se rendre indispensable, en écartant de lui ceux qui pouvaient lui nuire ou ne lui étaient d'aucune utilité.

Par ces mêmes courriers, Delacroix apportait à George des nouvelles de Musset et de Liszt.

Le poète triomphait au Théâtre-Français avec une comédie : *Le Caprice*. Il avait fait de son actrice principale, Louise Allan-Despréaux, à la fois son égérie et sa maîtresse, en dépit de son embonpoint. En revanche, il usait sa patience dans le siège qu'il faisait de la princesse italienne Christine Trivulzio, épouse d'Émile Belgiojoso, dont elle vivait séparée.

Proche de la quarantaine, Musset vieillissait mal. Las de sa vie et de ses amours, il proclamait ses intentions d'en finir, mais avec tant d'insistance qu'il n'était plus crédible. Delacroix avait joint à l'un de ses envois un quatrain résumant les états d'âme du poète :

J'ai perdu ma force et ma vie
Et mes amis, et ma gaîté
J'ai perdu jusqu'à la fierté
Qui faisait croire à mon génie...

Il était possédé depuis longtemps, se disait George, par un incurable mal de vivre tenant à la fois de ses exigences et de ses doutes. Il s'acharnait, avec une obstination de crocheteur, à découvrir dans l'ordure le diamant qui lui donnerait conscience, à la fois, de son génie et de la nécessité de l'exprimer. Ce grand seigneur déçu traînait derrière sa pèlerine noire une impuissance qui s'accentuait avec le temps. Ses *Comédies et Proverbes* n'étaient qu'une écume scintillante à la surface de son génie.

Solange et Clesinger revenus à Paris, la solitude se referma sur George comme les portes d'un couvent.

Ses amis berrichons lui rendaient visite, mais le cœur n'y était plus : il manquait à la grande maison le rire de Solange, les plaisanteries du sculpteur et, en filigrane, la musique de Chopin. Quelques-uns poussaient plus loin leur assiduité, restaient tard à la veillée et, comme ils demeuraient parfois assez loin, trouvaient refuge dans une chambre d'amis. Ainsi de Victor Borie, ami de Maurice, ce garçon un peu lourd mais au visage agréable, plein d'esprit et qui était dévoué à George corps et âme.

Ce n'était plus chez elle cette quête éperdue d'affection, d'amour, de sensualité, qu'elle avait menée auprès de Sandeau, de Musset, de Chopin et de quelques autres, mais une satisfaction propre à conforter son orgueil. À quarante ans passés, elle refusait une retraite sentimentale, préliminaire au renoncement.

Delacroix ne lui révélait de Franz Liszt que ce que les gazettes lui en disaient, et qui tenait souvent du ragot.

Il avait demandé à Marie d'Agoult une « permission d'infidélité », qu'elle lui avait refusée en lui disant : « Je veux bien continuer à être votre maîtresse, mais pas l'une d'entre elles », et en le traitant de « Don Juan parvenu ».

En la quittant, il avait libéré ses instincts volages. Oublieux des élans mystiques qui l'avaient orienté jadis vers la prêtrise, il s'était épris d'une Irlandaise qui, pour sacrifier à la mode de l'hispanisme, se faisait appeler Lola Montès. Il la vit une nuit danser la *cachutcha* à la Porte Saint-Martin et en fut ébloui. La vie de cette créature aurait pu remplir des livres de souvenirs : elle revenait de Calcutta où, sans aliéner sa liberté, elle avait épousé un officier britannique.

Ses relations avec Liszt avaient duré le temps de quelques entrechats. Elle aurait aimé poursuivre cette chorégraphie ; lui non. À la suite d'une violente dispute, il l'avait enfermée dans sa chambre d'hôtel. Elle s'en était évadée pour tenter de séduire le roi de Bohême. Astreint à courir les capitales et les grandes villes pour ses concerts, Liszt oublia vite ce coup de folie.

Il se consola des vulgarités de Lola dans le salon de la princesse Caroline de Wittgenstein. Il aurait bien poussé jusqu'à la chambre, mais cette grande dame, modèle de vertu, ne voulait entendre parler que d'amitié.

Alors que Marie trompait son abandon et sa solitude, disait-on, avec ses valets et en écrivant des romans, Franz passait de comtesse en duchesse, en se disant qu'il serait toujours temps, l'âge venu, de penser au salut de son âme.

Lorsque George se retrouva à Paris, Carlotta lui confirma la fin du phalanstère. Cette ruine ne tenait encore debout que par les souvenirs qui la hantaient. Avec l'âge, Carlotta avait perdu de son entregent et de sa pétulence andalouse.

George avait insisté pour que Maurice revînt avec elle. Il avait renâclé : son théâtre de marionnettes requérait toute son attention et tout son temps. Il avait confectionné une collection de personnages hauts en couleur, réplique de ceux qu'il avait autour de lui. Cette activité avait peu à peu supplanté la peinture ; il avait compris qu'il ne serait jamais un nouveau Delacroix.

George n'était pas dupe : si son Bouli voulait rester en Berry, c'est qu'il attendait la visite que Pauline Viardot, étourdiment, lui avait annoncée pour échapper à son insistance.

— Mon pauvre chéri, lui dit-elle, ce n'est pas à ta mère qu'il faut conter ce genre de sornettes. Si tu as décidé de rester, j'imagine pourquoi, mais tu risques d'attendre longtemps. Pauline ne sera jamais ta maîtresse. Tu poursuis une chimère. Alors, mieux vaut renoncer de toi-même. Tu souffriras moins.

Le couple Clesinger menait un train d'enfer. Au dire de Carlotta, ils ne se refusaient rien, accumulaient les dettes mais paraissaient peu s'en soucier. Elle mit George en garde contre une éventuelle démarche en vue de leur permettre, grâce à George, de se remettre à flot.

— Eh bien ! protesta George, qu'ils n'y comptent pas ! Il faudrait, pour éponger leurs dettes, que je travaille deux fois plus, c'est-à-dire que j'accepte de crever dans six mois. Je suis fatiguée, ma chérie, et je n'ai pas l'esprit de sacrifice poussé à ce point.

— J'ai craint qu'ils ne forcent la porte de votre appartement pour le piller. Ce serait bien dans les manières de cette brute de Clesinger.

— C'est aussi ce que je craignais. C'est pourquoi j'ai demandé par courrier à Marie de Rozières de leur refuser la clé.

Elle ajouta :

— Cet appartement, je vais devoir m'en séparer. Le loyer est trop lourd. On m'en a proposé un, plus économique, rue d'Antin. Il sera libre dans quelques mois.

George demanda à son amie où en étaient les relations entre les Clesinger et Chopin. Ils se voyaient assez fréquemment, faisaient ami-ami, et c'était tout. Carlotta avait appris de Marie des Rozières que Solange montait Chopin contre sa mère, avec le même leitmotiv : elle lui préférait Maurice et Augustine.

— Quand elle n'a pas de motifs de rancœur, elle en invente. Marie l'a surprise en flagrant délit de mensonge. Solange a répondu en riant : « J'en conviens : il m'arrive de mentir, mais c'est parce que le mensonge blanchit les dents. » Je me demande où elle a trouvé cette expression...

— Elle l'a sûrement inventée. C'est une peste de la pire espèce, mais elle n'est pas sotte.

Elles parlèrent de Chopin. Carlotta le voyait de temps à autre se promener dans le jardin avec ses deux chiens. Comme il pianotait toutes fenêtres ouvertes par beau temps, elle bénéficiait de concerts gratuits, de nuit comme de jour. De temps en temps, lorsqu'il jouait une valse ou une mazurka, elle dansait, seule, dans son salon, sous l'œil ébahi de sa bonne. Deux à trois fois par semaine, des compatriotes polonais se retrouvaient chez lui, s'enivraient de vodka, de discours et d'hymnes de Dombrovski à la gloire de l'insurrection polonaise.

— Vas-tu lui rendre visite ? demanda Carlotta. À ma connaissance, vous n'êtes pas fâchés ?

— Quelles raisons aurions-nous de l'être ? Je lui écris, il ne répond pas, mais cela ne veut rien dire. Je vais l'inviter à souper chez Pinson un de ces soirs. Il aura sûrement des choses à me raconter...

Lorsque Marie de Rozières ouvrit la porte, Marquis, ayant reconnu son ancienne maîtresse, tourna en aboyant autour d'elle. La grande fille maigre ne parut pas surprise : elle avait aperçu la visiteuse sur la terrasse de Carlotta et avait prévenu Chopin, qui attendait sa venue. Il venait de donner sa dernière leçon.

— Je vais le prévenir. Il va prendre son thé. Si cela vous agrée...

« Voilà beaucoup de cérémonie... » songea George. La salon baignait dans une moiteur et une odeur de serre : des fleurs par bouquets, par gerbes, en pots et des plantes vertes largement épanouies, avaient envahi la pièce tapissée de couleur café au lait, celle que préférait Chopin, avec des moulures en trompe-l'œil. Une toux venait de la pièce voisine. George se souvint du mot de Marie d'Agoult : « Il tousse avec une grâce infinie... »

Pas plus que sa gouvernante, il ne parut surpris de cette visite. Il était vêtu avec une sobre élégance : linge de batiste, spencer et pantalons gris pâle à sous-pieds, cravate de soie. Une trace de sang colorait la commissure des lèvres.

Ils s'embrassèrent. Chopin la remercia cérémonieusement de sa visite, et, observant un vouvoiement inhabituel, lui demanda en rangeant sa partition des nouvelles de sa santé.

Tandis que Marie leur servait le thé, il lui parla de sa santé à lui, du docteur Mollin, qui le soignait avec de petites pilules dites « homéopathiques », un traitement nouveau, dont il se montrait satisfait. Ses nuits étaient plus calmes, il toussait moins et n'avait pas eu d'hémoptysie depuis plusieurs semaines.

Elle lui demanda ce qu'il avait composé depuis son départ de Nohant. Il parut gêné. Il semblait assez satisfait des *Chants polonais* qu'il venait d'achever, mais il s'était mis à travailler sur des œuvres anciennes. Pleyel avait prévu, pour le début de l'année, un concert en l'honneur de la famille royale.

— Vous me connaissez, dit-il. Cela me flatte mais me donne des cauchemars. Serai-je à la hauteur ?

Il paraissait mal à l'aise, parlait avec effort, adressait à Marie des regards implorants, comme pour la conjurer d'abréger cet entretien. Le mouvement de métronome de ses genoux trahissait chez lui impatience, irritabilité, ou les deux à la fois.

George se demanda ce qu'elle faisait là. Ils n'étaient plus, se disait-elle, que de vieilles connaissances qui se rencontrent par politesse, sans en tirer ni intérêt ni plaisir. Pourtant, elle ne pouvait se résoudre à rompre brutalement cet entretien. Elle attendait qu'il lui demandât, comme elle l'avait fait pour lui, des nouvelles de son travail. Il ne dit rien.

Des questions lui restaient au bord des lèvres : quels étaient ses rapports avec le couple Clesinger ? quels commentaires lui avaient-ils apportés de la querelle ? voyait-il souvent Solange ? Peut-être attendait-il ces questions, en les redoutant. Les poser, se dit-elle, eût été tourner le couteau dans la plaie, et peut-être, fragile qu'il était, lui causer une crise de nerfs ou une syncope. Après tout, si elle voulait en savoir davantage, elle pourrait l'obtenir de Carlotta.

Elle se leva en soupirant, fit sauter sur la carpette le chien qui grattait ses puces dans son giron. Chopin resta assis, ne fit pas un geste, ne dit pas un mot pour la retenir.

— Vous partez déjà ? s'étonna faussement la gouvernante. Vous avez à peine goûté à mon thé. Prenez au moins un gâteau.

George se pencha vers Chopin pour l'embrasser.

— Je crois, dit-elle, qu'il est inutile que nous reparlions de ce projet de voyage en Italie. Vous vous portez comme un charme et vous avez à votre côté une gouvernante exemplaire. Si pourtant, l'été prochain, vous souhaitez revoir le Berry, vous y serez le bienvenu. Vous aussi, Marie.

— Je crains, madame, répondit la gouvernante, que ce ne soit impossible. Il faut éviter au maître les fatigues d'un voyage, même en chemin de fer. Et puis, le maître a ses leçons...

George profita de son séjour à Paris pour rendre visite à ses éditeurs.

Buloz aux oubliettes, elle avait trouvé à le remplacer avantageusement. Le *Journal des débats* avait accepté de publier son dernier roman : *François le Champi*. Le *Courrier français*, l'année précédente, avait accepté trois romans, dont *La Mare au diable*. La même année, elle avait confié deux autres romans à la *Revue sociale* et à l'*Éclair de l'Indre* : *Les Paysans* et *La Vallée noire*.

À propos de *François le Champi*, comme naguère pour *Lucrezia Floriani*, les bonnes âmes décelèrent dans ce livre une tentative de justification du propre comportement de la romancière.

Dans ses romans comme dans sa vie, on découvrait une femme éprise d'un homme plus jeune qu'elle, socialement inférieur à peu d'exceptions près, de la descendante de Maurice de Saxe, auprès duquel elle faisait office d'initiatrice, de mère et, le cas échéant, de garde-malade. Elle avait beau protester que seul le hasard pourrait faire croire à une assimilation, on n'en démordait pas. Aurait-elle pu nier qu'elle eût été, pour Musset et Chopin, à la fois une maîtresse et une mère ? Dans ses moments de tendresse elle les appelait « mon petit ». Dans les passes difficiles, ils la trouvaient toujours prête à les aider et à les réconforter.

Séparée de Chopin, elle écrivait à sa gouvernante de veiller à ce que le « petit » eût chaque matin son bain chaud, sa tasse de bouillon ou de chocolat selon son humeur et, au coucher, sa tisane.

Elle était plus que jamais curieuse de savoir comment il avait accueilli la nouvelle du mariage de Solange. En apprenant qu'il en avait été malade, elle avait failli se précipiter à Paris pour le consoler. Les dernières années qu'ils avaient vécues ensemble, elle avait, disait-elle, été avec lui « comme une vierge » et s'était « sentie vieillir avant l'âge ». Elle ajoutait même : « Voilà neuf ans que, pleine de vie, je me suis liée à un cadavre. » Un cadavre récalcitrant...

Quelques semaines après son retour à Paris, George eut la surprise de recevoir une lettre de Chopin. Elle s'attendait, en la dépliant, à un retour de flamme, peut-être à l'annonce de sa visite. Elle fut déçue : ce n'était, sur un ton prêchi-prêcha, qu'une sorte d'homélie pastorale faite de conseils, de reproches, de sermons. Si cette lettre, se dit-elle, n'avait pas été inspirée par Solange, du moins y avait-elle instillé, par sa présence fréquente au square d'Orléans, quelques gouttes de ce venin qu'elle savait si bien élaborer. En outre, à certaines allusions transparentes, il était aisé de deviner la jalousie qu'il ressentait de la présence auprès d'elle de Victor Borie. Venu assister au mariage en tant qu'ami de Maurice, il n'était pas reparti.

Des mois passèrent sans qu'il donnât signe de vie. Elle attendait pourtant, sans trop y croire, une autre lettre, voire une visite.

C'est Solange qui vint à Nohant, par un doux temps de novembre où la campagne exhalait des odeurs de cimetière sous la pluie. Elle se faisait chaperonner par un couple, les Duvernet, vieilles connaissances de La Châtre, qui avaient une apparence d'huissiers en mission. Solange, enceinte, cachait la rondeur de ses hanches sous l'ample pèlerine de voyage qui la couvrait jusqu'aux pieds.

George n'osa lui demander le motif de ce voyage accompagné. Elle apprit le soir même, de la bouche de Duvernet, que Solange souhaitait une réconciliation. George n'y était pas opposée, mais elle estimait que ce devait être au coupable de cette discorde, Clesinger, de venir à Canossa. Solange lui laissa peu d'espoir : son époux était pétri d'un orgueil inflexible ; il aurait considéré cette démarche comme une humiliation.

Alors, allait-on en rester là ?

George ne tarda pas à comprendre ce que sa fille – et son mari – attendaient d'elle : de l'argent. Ils étaient aux abois ; les dettes s'accumulaient sans les faire renoncer à leur vie princière. George découragea en quelques mots cette requête : elle-même avait du mal à joindre les deux bouts ; elle avait perdu l'espoir de l'emporter dans le procès qui l'opposait à la Société des gens de lettres, et le domaine rapportait si peu qu'il valait mieux n'en pas parler. Les livres ? Certes, mais ils lui permettaient tout juste de faire vivre sa maison et de payer son loyer parisien.

On en resta là.

Lorsque Solange monta dans sa chambre, elle eut un hoquet de surprise : la grande pièce avait été transformée en salle de spectacle, avec un petit théâtre de marionnettes. Comme elle protestait, George lui reprocha d'avoir déserté cette pièce en même temps que la maison, mais, en plus, après l'avoir pillée.

Le lendemain, lorsque le trio, la mine maussade, remonta dans la calèche en direction de La Châtre, il n'y eut ni embrassades ni promesses de retour. Il ne fut même pas question de la grossesse de Solange.

George essuya une larme de dépit en regagnant d'un pas lourd sa chambre. De la pièce voisine montaient les voix de Maurice et de Victor qui parlaient du travail qu'ils venaient d'entreprendre : une traduction dans le français contemporain, des ouvrages de Rabelais, que Maurice allait illustrer.

Elle s'assit à sa table de travail où l'attendait un manuscrit : *Histoire de ma vie.* Elle roula sa première cigarette, l'alluma à la chandelle et se dit qu'elle allait avoir, pour terminer cet ouvrage, un hiver bien tranquille.

En ce mois de février 1848, Paris était en ébullition. Pouvait-on parler de révolution, comme on le lisait dans l'*Éclair de l'Indre* ? Victor Borie y croyait et en était bouleversé, au point d'aller rejoindre Maurice à Paris.

— Patiente un peu, lui dit George. Il doit s'agir d'une intrigue entre ministres qui tombent et ministres qui veulent monter.

Elle écrivit à Maurice dans le même sens : « Dis-moi ce que tu auras vu *de loin*. Ne va pas te fourrer dans la bagarre ! Te faire assommer serait trop bête. Le mieux est que tu reviennes... »

Maurice lui répondit qu'il s'agissait d'autre chose que d'une simple « bagarre ». Le peuple de Paris s'était soulevé, comme en trente, avait édifié des barricades et fait le coup de feu contre les forces royales. Lamartine avait pris la parole à l'Hôtel de Ville, devant des dizaines de milliers d'émeutiers ; il avait choisi et brandi le drapeau tricolore, de préférence au drapeau rouge des extrémistes et aux fleurs de lys.

Les appels à la révolte du peuple excédé par la misère, il y avait longtemps que George les avait faits siens. Elle réclamait une presse libre, le droit aux réunions et au travail, l'arrêt de l'importation des machines anglaises qui vouaient les ouvriers au chômage, la fin de l'esclavage aux colonies... Sa solitude de Nohant commençait à lui peser ; elle s'y sentait comme en exil.

Un matin, elle lança à Borie :

— Victor, prépare ton bagage. Nous partons pour Paris.

— Vous allez laisser votre travail en plan ?

— L'*Histoire de ma vie* peut attendre. Pas la Révolution. Je veux en être. Nous allons faire notre devoir de citoyens.

Le soleil rouge de la révolution naissait dans la pluie et le brouillard. La foule brandit le drapeau tricolore, compta ses morts et se donna un gouvernement. La Garde nationale ayant pris le parti des insurgés, les képis fraternisaient avec les casquettes. Après avoir abdiqué, le roi Louis-Philippe avait pris avec sa famille la route de l'Angleterre.

George, en attendant que son nouvel appartement fût libre, et plutôt que d'habiter celui du square d'Orléans, où elle aurait rencontré quotidiennement Chopin, choisit d'habiter avec Maurice et Victor, la chambre d'étudiant de la rue de Condé. On dut se serrer un peu.

Le soir même, elle écrivit à Augustine :

« J'ai vu passer ce matin, en causant avec Lamartine, quatre cent mille personnes allant de la Madeleine à la Colonne de Juillet. Pas un gendarme, pas un sergent de ville, et cependant, tant d'ordre, de décence, de recueillement... Le peuple de Paris est le premier peuple du monde ! Tous mes maux physiques, toutes mes douleurs morales sont oubliés. Je vis, je suis forte, je suis active et j'ai vingt ans... »

Elle abordait Paris comme un domaine préparé pour la recevoir. Elle y retrouvait de vieux amis, des connaissances qui avaient longtemps macéré dans le marigot de la répression, de l'exclusion, de l'exil intérieur : Leroux, bien sûr, Arago, Ledru-Rollin, Blanc, Barbès... À peine avait-elle paru, ils en firent leur égérie. Elle était la parole incarnée de la révolution ; elle en serait la plume.

Nouvelle lettre à Augustine :

« Une vie nouvelle commence pour moi. On est fou, on est ivre, on est heureux. On s'est endormi dans la fange et l'on se réveille dans les cieux... »

En se réchauffant à la flambée d'enthousiasme qui soulevait le peuple, elle était prête à faire une croix sur son passé, à reconnaître ses erreurs, ses amours frelatées, ses passions dévorantes, à absoudre les fautes de ses adversaires. Elle jetterait ce fatras au ruisseau d'un coup de balai. Ce monde nouveau, en train de naître sous ses yeux, l'éblouissait.

On utilisa ses talents et on en abusa. Elle écrivit des *Lettres au peuple*, des articles, des proclamations, des discours pour les orateurs. Choisie comme muse de la révolution, elle en devint le scribe. Elle n'avait rien à refuser à ses amis. Elle y usait sa santé, s'y tuait à petit feu, mais, chaque matin, elle avait rendez-vous avec le peuple et se refusait à le trahir.

Elle croyait en avoir fini avec Chopin, quand le hasard le plaça sur sa route.

Le matin du 4 mars, décidant de rendre visite à Carlotta, elle se fit accompagner par un jeune artiste peintre ami de Maurice, Eugène Lambert, qui peignait des chats et en vivait bien.

Elle s'apprêtait à tirer le cordon quand la porte s'ouvrit sur celui qu'elle aurait préféré éviter : Frédéric Chopin, accompagné d'un ami polonais, sortait de chez Carlotta Marliani.

Ils se saluèrent poliment. Chopin lui tendit la main en soulevant son chapeau ; elle sourit et hocha la tête. Il avait descendu quelques marches, quand il se retourna.

— Madame, dit-il, y a-t-il longtemps que vous n'avez pas eu de nouvelles de madame votre fille ?

— Cela fait quelques semaines. Pourquoi cela ?

— Vous n'en avez donc pas eu ces temps derniers ?

— Non, je vous le répète. Pourquoi en aurais-je ?

— Eh bien, madame, parce que vous êtes la grand-mère d'une petite fille. Elle est née chez son grand-père, à Guillery.

Elle se dit que sa fille avait pu lui écrire à Nohant, mais que peut-être Augustine tardait à lui envoyer la lettre. Chopin souleva de nouveau son chapeau et s'inclina, une main sur la rampe.

George le regarda descendre de son allure hésitante, comme s'il comptait les marches. Elle allait tirer le cordon lorsque l'ami polonais qui accompagnait Chopin remonta.

— Madame, dit-il, il faut pardonner à notre ami. Étourdi comme il l'est, il a oublié de vous dire que la mère et l'enfant se portent bien, malgré des couches difficiles.

— Merci, mon ami, mais Frédéric... Comment va-t-il ?

— Le mieux serait que vous le lui demandiez vous-même. Il m'attend dans l'allée.

Elle descendit, le trouva en train de dessiner des signes dans le sable avec la pointe de sa canne.

— Pardonnez-moi, dit-elle : j'ai omis de vous demander de vos nouvelles. À ce qu'il semble, vous vous portez bien ?

— Au mieux, madame, au mieux, je vous remercie. J'ai passé un hiver sans trop de tracas. D'ici peu, je pourrai même entreprendre un voyage. Je suis attendu en Écosse. Oh ! j'en ai conscience, ce n'est pas l'Italie, mais l'air y est sain et sera favorable à ma santé. Je vous souhaite le bonjour...

Carlotta était assise au coin de la cheminée, en train de feuilleter un journal de mode, lorsque la soubrette lui annonça madame Sand et monsieur Lambert. Elle s'excusa de ne pas se lever, à cause d'une faiblesse des jambes. Elle avait encore grossi ; deux rides verticales lui barraient le visage.

Elle dit avec un sourire complice :

— Vous avez sans doute croisé notre artiste dans l'escalier. Comment l'avez-vous trouvé ? Lui avez-vous parlé ?

— Il est... comment dire ? égal à lui-même : pâle, fluet, guindé, la main molle, le regard éteint... Nous n'avons échangé que quelques mots. Il m'a appris que je suis grand-mère, ce qui n'est pas une surprise.

— Un événement susceptible de vous réconcilier avec les Clesinger, je suppose ?

— J'en doute, tout en le souhaitant, comme toute mère le

ferait. Il m'a appris une curieuse nouvelle : son prochain départ pour l'Écosse... En savez-vous plus ?

George apprit qu'il était attendu par deux Écossaises : Jane Stirling et sa sœur, Mrs Erskine. Elles étaient folles de lui, Jane surtout, une de ses anciennes élèves. Il parlait de ce voyage à Édimbourg comme d'une promesse de résurrection.

— Je crains, ajouta Carlotta, qu'il ne revienne plus malade qu'avant. Il est évident que ce climat lui sera néfaste. En revanche, l'Italie, où vous aviez prévu de l'emmener...

Elle ajouta en balayant l'air de sa main :

— Mais c'est assez parlé de Chopin, ma chère ! Que dit-on de la politique ce matin ? Je lis vos articles, vous savez. Quelle verve, quel lyrisme...

Chopin, à la mi-avril, quitta Paris, flanqué de ses deux égéries. Lui qui ne se consolait pas d'avoir échappé à l'insurrection polonaise, souhaitait se soustraire à l'agitation parisienne.

Informés de sa venue, les mélomanes l'attendaient avec impatience. Il donna en Angleterre des concerts publics et privés. Ce parcours éreintant fut accompagné de déboires : il refusa de jouer un concerto avec un orchestre qui ne lui convenait pas ; il apprit avec tristesse que le concert prévu pour la reine Victoria n'aurait pas lieu en raison d'un deuil dans la famille royale ; la rigueur du climat anglais entraîna une crise d'hémoptysie. En revanche, il eut le bonheur d'accompagner au piano son amie Pauline Viardot.

Jane Stirling l'assura qu'il trouverait en Écosse un climat moins néfaste. Il était pire. Dans la chambre glaciale qu'il occupait au château de Calder House, il regrettait le soleil de Valdemosa où, en cette saison, orangers et citronniers étaient couverts de fruits.

Jane et sa sœur voulaient tout lui montrer des merveilles du pays. Elles le présentaient à leurs amis comme une bête curieuse, le soumettaient au supplice du piano devant des assistances somnolentes qui préféraient le bag-pipe. Et que ces deux péronnelles étaient ennuyeuses !

Un soir, Jane dévoila ses batteries : elle souhaitait l'épouser. L'épouser, lui, Chopin, qui avait toujours proclamé son aversion pour le mariage ! Il se dit que ces vacances forcées n'avaient que trop duré et qu'il risquait d'y laisser sa santé. Un soir de novembre, alors que Mrs Erskine lui lisait en les commentant des extraits de la Bible, une quinte de toux providentielle interrompit cette lecture. Il fallait, dit-il, qu'il retourne sur le continent. Sa santé était à ce prix.

— Eh bien, partons ! lui dit Jane. Nous allons vous raccompagner jusqu'à Paris.

Elles étaient de ces femmes qui, devant les évidences les plus flagrantes, se refusent à désespérer. Elles ramenèrent leur protégé, plus mort que vif, au square d'Orléans. Lorsqu'il tenta de leur faire comprendre que leur belle escapade avait pris fin, elles pleurèrent et partirent en laissant sur le guéridon une somme rondelette.

Le square d'Orléans ne convenant plus à sa santé, il s'installa sur la colline de Chaillot où Marie lui avait trouvé un appartement ensoleillé. Là, au moins, il était sûr de ne pas faire de « mauvaises rencontres » dans l'escalier. C'est ce qu'il se disait, mais le croyait-il ?

Carlotta lui avait appris une triste nouvelle : la petite Jeanne était morte peu après sa naissance, mais Solange était de nouveau enceinte.

4

Comme un flocon de neige...

Nohant : octobre 1849

George mettait la dernière main, un matin d'octobre, à un nouveau roman de la terre qu'elle intitulerait *La Petite Fadette*, quand Augustine déposa sur sa table de travail une lettre de Carlotta. George écrasa sa cigarette, posa sa plume et se renversa dans son fauteuil. À peine avait-elle entamé sa lecture, un voile sombre lui tomba sur les yeux. Elle posa la lettre, prit sa tête entre ses mains en étouffant un sanglot.

— Qu'avez-vous, mère ? lui demanda Augustine. Une mauvaise nouvelle ?

— Chopin..., bredouilla George. Il vient de mourir.

Carlotta lui apportait des détails sur les derniers jours de l'artiste et les circonstances de sa mort. Au retour d'Écosse et malgré l'air salubre de la colline de Chaillot où Marie l'avait installé, sa santé avait périclité. Elle l'avait fait transférer dans un nouveau domicile, au numéro 12 de la place Vendôme, afin qu'il fût plus proche de ses médecins. Précaution inutile. Son état avait empiré et aucun remède ne paraissait capable de le guérir.

Dès qu'elle avait appris la nouvelle de sa mort, Solange était accourue. Il était trop tard pour que George pût assister au service funèbre au cours duquel une ancienne amie du pianiste, la princesse Potocka, avait chanté le grand air de la *Norma*, de Bellini. En aurait-elle eu le temps qu'elle n'aurait pu affronter ce voyage : elle souffrait de migraines et de rhumatismes.

Carlotta ajoutait à la fin de sa lettre :

« Deux jours avant sa mort, notre artiste, à demi inconscient, a dit à l'un de ses amis : "Pourquoi George n'est-elle pas là ? Elle m'avait pourtant assuré que je ne pouvais mourir que dans ses bras..." »

George reprit la lettre, la relut à travers ses larmes, s'arrêtant à chaque phrase pour s'essuyer les yeux avec son mouchoir. Ce post-scriptum ne pouvait la surprendre, mais il la choquait. Elle se répétait cette banalité : un artiste de cette qualité, un tel génie, ne devrait pas mourir. Il vivrait, certes, à travers ses œuvres, mais, avec le temps, son image perdrait de ses formes, de sa couleur et de sa vérité.

Il était si fragile, se dit-elle, que tout espoir de le voir assumer encore longtemps son parcours terrestre eût été illusoire. Un souffle, un choc ou une désillusion avaient dû réveiller la mort qui sommeillait en lui.

Une jeune Américaine de passage à Paris avait dit à des amis, à la suite du dernier concert chez Camille Pleyel : « Il semble fragile comme un flocon de neige... »

George se leva, s'avança en titubant vers la commode et en sortit un coffret. Il contenait une mèche de cheveux couleur de feuille morte reposant sur un fond d'étoffe violette : les cheveux de Chopin.

Un soir, à Valdemosa, alors que le soleil se couchait derrière la montagne et qu'il reposait, allongé dans un fauteuil sur la terrasse, après une courte promenade, elle avait pris une paire de ciseaux et lui avait volé cette mèche qu'elle avait nouée d'une cordelette de satin.

Elle porta la mèche à ses lèvres, la posa sur sa table de travail et l'enveloppa d'une feuille de papier sur laquelle elle écrivit : « *Poor Chopin : 17 octobre 1849.* »

Les êtres chers tombaient autour d'elle comme des feuilles mortes sous un souffle de vent.

L'année passée, deux jours avant Noël, Hippolyte l'avait quittée, victime de ses habitudes d'ivrognerie et de bonne chère. Marie Dorval, partie pour l'autre monde au mois de mai dernier, avait fait écrire sur sa tombe : « *Plus de chagrin* ». Jeanne, fille de Solange, avait à peine eu le temps de voir la lumière du soleil.

Un monde s'enfonçait dans la nuit ; un autre naissait et s'épanouissait.

On avait fini par marier Augustine. Victor Borie lui avait présenté un Polonais en exil, Karol de Bertholdi, professeur de dessin à Tulle, en Limousin. Ils s'étaient mariés dans l'intimité, à Nohant. Augustine, dès le premier mois, était enceinte.

Solange elle-même avait accouché d'un garçon prénommé Georges. À la suite de sa rupture avec Clesinger, qui la brutalisait et la méprisait, elle était revenue, repentante, dans le giron maternel, laissant son époux à des honneurs qui comblaient son orgueil : une médaille au Salon, la Légion d'honneur...

D'une main tremblante, George alluma une nouvelle cigarette, plaça la lettre de Carlotta dans un tiroir avec le coffret, puis tenta de reprendre le fil de son roman. Les mots ne venaient pas. Elle écrivit quelques phrases, les biffa, jeta la plume sur la feuille. Elle sursauta quand elle entendit la voix de Maurice :

— Venez, mère, nous avons besoin de vos conseils.

Elle se leva de nouveau, péniblement. Il fallait bien se résoudre à vivre, à assumer ce que Vigny appelait la « longue et lourde tâche », dans la *Mort du loup*. On allait encore lui demander de choisir entre tel ou tel costume pour le théâtre de marionnettes. Une séance était prévue pour la fin du mois, dans la salle récemment agrandie et aménagée. Il y aurait foule : des gens de Nohant, de La Châtre et même de Paris, qui viendraient rire des démêlés du notaire de province avec sa fille, amoureuse d'un jeune paysan...

Maurice lui avait confié, pour cette pièce, un rôle de premier plan : celui de l'*Amoureuse*. Elle avait certes, malgré l'abus du tabac, une voix encore claire, mais il y avait quelque indécence à lui faire tenir cette partie. À moins que l'on n'y vît quelque malice... Elle esquissa un sourire et soupira :

— À mon âge, me faire jouer le rôle d'une gamine amoureuse, quelle idée...

Table

Ouvrages de Michel Peyramaure (suite)

Louisiana, Presses de la Cité ; France-Loisirs et Presses Pocket.
Un monde à sauver, Bartillat, prix Jules-Sandeau.
Henri IV :
 1. *L'Enfant roi de Navarre*, Laffont.
 2. *Ralliez-vous à mon panache blanc !*, Laffont.
 3. *Les Amours, les passions et la gloire*, Laffont.

Lavalette grenadier d'Égypte, Laffont ; France-Loisirs.
La Tour des Anges, France-Loisirs ; Laffont.
Suzanne Valadon :
 1. *Les Escaliers de Montmartre*, Laffont ; Grand livre du mois.
 2. *Le Temps des ivresses*, Laffont ; Grand livre du mois.

Jeanne d'Arc :
 1. *Et Dieu donnera la victoire*, Laffont.
 2. *La Couronne de feu*, Laffont.

Les Chiens sauvages, Laffont.
Vu du clocher, Bartillat.
La Cabane aux fées, Le Rocher.
Soupes d'orties, nouvelles, Anne-Carrière.
Le Roman des Croisades :
 1. *La Croix et le royaume*, Laffont.
 2. *Les Étendards du Temple*, Laffont.

Le Roman de Catherine de Médicis, Presses de la Cité.
La Divine. Le roman de Sarah Bernhardt, Laffont.
Le Bonheur des charmettes, Table Ronde.
Balades des chemins creux, Anne-Carrière.
Fille de la colère. Le roman de Louise Michel, Laffont.
Un château rose en Corrèze, Presses de la Cité.
Les Grandes Falaises, Presses de la Cité.
Les Bals de Versailles, Laffont.
De granit et de schiste, Anne-Carrière.

POUR LA JEUNESSE

La Vallée des mammouths, Grand Prix des Treize, Laffont, collection « Plein Vent » ; Folio-junior.
Les Colosses de Carthage, Laffont, collection « Plein Vent ».
Cordillère interdite, Laffont, collection « Plein Vent ».
Nous irons décrocher les nuages, Laffont, collection « Plein Vent ».
Je suis Napoléon Bonaparte, Belfond Jeunesse.

ÉDITIONS DE LUXE

Amour du Limousin (illustrations de J.-B. Valadié), Plaisir du Livre, Paris. Réédition (1986) aux éditions Fanlac, à Périgueux.
Èves du monde (illustrations de J.-B. Valadié), Art Média.
Valadié (album, Terre des Arts).

Tourisme

Le Limousin (Larousse).
La Corrèze (Ch. Bonneton).
Le Limousin (Ouest-France).
Brive (commentaire sur des gravures de Pierre Courtois), R. Moreau, Brive.
La Vie en Limousin (texte pour des photos de Pierre Batillot), « Les Monédières ».
Balade en Corrèze (photos de Sylvain Marchou), Les Trois-Épis, Brive.
Brive (Casterman).
Les Montagnes du jour, éd. « Les Monédières ». Préface de Daniel Borzeix.
Sentiers du Limousin, Fayard.

Cet ouvrage a été composé et mis en pages
par ÉTIANNE COMPOSITION
à Montrouge.

Cet ouvrage a été imprimé par

FIRMIN DIDOT

GROUPE CPI

Mesnil-sur-l'Estrée

pour le compte des Éditions Robert Laffont
24, avenue Marceau, 75008 Paris
en avril 2004

Imprimé en France
Dépôt légal : mai 2004
N° d'édition : 44929/01 – N° d'impression : 67944